Accedi
ai **servizi riservati**

COLLEGATI AL SITO
EDISES.IT

ACCEDI AL
MATERIALE DIDATTICO

SEGUI LE
ISTRUZIONI

Utilizza il codice personale contenuto nel riquadro per registrarti al sito **edises.it** e accedere ai **servizi** e **contenuti riservati**.

Scopri il tuo **codice personale** grattando delicatamente la superficie

Il volume NON può essere venduto, né restituito, se il codice personale risulta visibile.
…cesso ai servizi riservati ha la durata di **un anno** dall'attivazione del codice e viene garantito esclusivamente sulle edizioni in corso.

…Per attivare i **servizi riservati**, collegati al sito **edises.it** e segui queste semplici istruzioni

Se sei registrato al sito

- …cca su *Accedi al materiale didattico*
- …erisci email e password
- …erisci le ultime 4 cifre del codice ISBN, riportato in …sso a destra sul retro di copertina
- …erisci il tuo **codice personale** per essere reindirizzato …tomaticamente all'area riservata

Se non sei già registrato al sito

- clicca su *Accedi al materiale didattico*
- registrati al sito o autenticati tramite facebook
- attendi l'email di conferma per perfezionare la registrazione
- torna sul sito **edises.it** e segui la procedura già descritta per *utenti registrati*

Il nuovo concorso a cattedra – CCS1 – Tracce svolte di Scienze umane e sociali
Copyright, 2020 EdiSES S.r.l. – Napoli

9 8 7 6 5 4 3 2 1 0
2024 2023 2022 2021 2020
Le cifre sulla destra indicano il numero e l'anno dell'ultima ristampa effettuata

> A norma di legge è vietata la riproduzione, anche parziale, del presente volume o di parte di esso con qualsiasi mezzo.
> L'Editore

A cura di: Claudio Foliti, Karin Guccione, Alessandra Pagano, Livio Santoro

Progetto grafico: ProMedia Studio di A. Leano – Napoli
Grafica di copertina: curvilinee
Fotocomposizione: Oltrepagina – Verona
Stampato presso Tipolitografia Petruzzi Corrado & Co. S.n.c. - Zona Ind. Regnano – Città di Castello (PG)
per conto della EdiSES – Piazza Dante, 89 – Napoli

ISBN 978 88 3622 084 7

www.edises.it
info@edises.it

I curatori, l'editore e tutti coloro in qualche modo coinvolti nella preparazione o pubblicazione di quest'opera hanno posto il massimo impegno per garantire che le informazioni ivi contenute siano corrette, compatibilmente con le conoscenze disponibili al momento della stampa; essi, tuttavia, non possono essere ritenuti responsabili dei risultati dell'utilizzo di tali informazioni e restano a disposizione per integrare la citazione delle fonti, qualora incompleta o imprecisa.

Realizzare un libro è un'operazione complessa e nonostante la cura e l'attenzione poste dagli autori e da tutti gli addetti coinvolti nella lavorazione dei testi, l'esperienza ci insegna che è praticamente impossibile pubblicare un volume privo di imprecisioni. Saremo grati ai lettori che vorranno inviarci le loro segnalazioni e/o suggerimenti migliorativi all'indirizzo *redazione@edises.it*

il **nuovo** concorso a cattedra

Scienze umane e sociali

Tracce svolte per la prova scritta

Ampia raccolta di **quesiti** a **risposta aperta** e **tracce svolte** per la **prova scritta**

Premessa

Il volume è concepito come supporto per la preparazione alla prima prova scritta del concorso ordinario a cattedra nelle classi:
– **A-18 Filosofia e Scienze umane**
– **A-19 Filosofia e Storia**
Il volume è costituito da un'**ampia raccolta di domande a risposta aperta** suddivise per **area disciplinare**. Ognuno dei quesiti qui riuniti è corredato da un percorso di svolgimento (che evidenzia i punti chiave da trattare) e da un'ipotesi di trattazione sintetica.
Le aree trattate sono relative alle principali conoscenze disciplinari necessarie per l'insegnamento delle materie per le quali si intende partecipare al concorso. Lo **svolgimento** di ciascun quesito favorisce un rapido riepilogo delle **nozioni fondamentali** e consente di fissare i **concetti chiave**.
In Appendice, una raccolta di tracce assegnate nei precedenti concorsi a cattedra.
Il volume è completato da **materiali didattici, approfondimenti e risorse di studio** accessibili online. I servizi web sono disponibili per 12 mesi dall'attivazione del codice.

Questo lavoro, ricco, complesso, denso di rinvii normativi e spunti operativi per l'attività dei futuri insegnanti, tratta materie in continua evoluzione.

Ulteriori **materiali didattici** e **approfondimenti** sono disponibili nell'area riservata a cui si accede mediante la registrazione al sito *edises.it* secondo la procedura indicata nel frontespizio del volume.
Eventuali errata-corrige saranno pubblicati sul sito *edises.it*, nella scheda "*Aggiornamenti*" della pagina dedicata al volume

Altri aggiornamenti sulle procedure concorsuali saranno disponibili sui nostri profili social

Facebook.com/**Concorso a cattedra e abilitazione all'insegnamento**
blog.edises.it

Indice

PARTE PRIMA
STORIA

1. Le Guerre Puniche: le cause e gli effetti — 3
2. Giulio Cesare al potere — 5
3. La dittatura di Cesare: i principali provvedimenti — 6
4. Le innovazioni del principato di Augusto — 8
5. La politica di Costantino — 10
6. La crisi dell'Impero romano — 11
7. I regni romano-barbarici — 13
8. La restaurazione imperiale di Giustiniano — 15
9. Il ruolo della Chiesa nell'Alto Medioevo — 17
10. I Longobardi in Italia — 19
11. Carlo Magno e l'Impero carolingio — 21
12. I poteri universalistici e la lotta per le investiture — 23
13. I Comuni e l'Impero — 25
14. Il papato in Avignone: cause e conseguenze socio-politico-religiose — 27
15. La crisi del Trecento in Europa — 29
16. La formazione degli Stati nazionali: concetti e passaggi salienti — 31
17. Le Signorie in Italia: cause sociali, economiche e politiche — 33
18. Le scoperte geografiche — 35
19. La politica religiosa di Carlo V — 37
20. La Riforma protestante — 39
21. La Controriforma — 41
22. Il malgoverno spagnolo in Italia — 43
23. Principali caratteri economici dell'Inghilterra elisabettiana — 45
24. Le guerre di religione in Francia — 47
25. La Guerra dei Trent'anni: cause e conseguenze — 49
26. Le principali scoperte scientifiche del Seicento — 51
27. I caratteri dell'assolutismo in Francia — 53
28. Le rivoluzioni e i loro esiti: princìpi ispiratori, promesse e tradimenti alla base dei principali fenomeni rivoluzionari della storia — 55
29. La Rivoluzione inglese del XVII secolo e la formulazione del *Bill of Rights* — 57
30. La Rivoluzione industriale — 59
31. L'Illuminismo — 61
32. L'indipendenza americana — 63
33. La Rivoluzione francese: i valori che la ispirarono — 65
34. L'Impero napoleonico: punti di forza e di debolezza — 67
35. Il Congresso di Vienna e la Restaurazione: il nuovo assetto europeo dopo Napoleone — 69
36. I moti del Quarantotto — 71

37. Il Romanticismo, tra storia e arte — 73
38. L'Unità d'Italia: il pensiero e l'azione politica — 75
39. Le interpretazioni politiche e storiografiche del Risorgimento italiano — 77
40. Il pensiero politico di Giuseppe Mazzini — 79
41. Le questioni dell'Italia post-unitaria — 81
42. Il colonialismo — 83
43. Giovanni Giolitti, il suffragio universale maschile e la guerra in Libia — 85
44. Le cause della Prima Guerra Mondiale — 87
45. Le conseguenze della Grande Guerra — 89
46. Primo Novecento e arte: tra crisi del positivismo e avanguardie "storiche" — 91
47. La politica economica del regime fascista: i principali provvedimenti — 93
48. La politica di Hitler — 95
49. Il consenso del regime fascista — 97
50. Le conseguenze della Seconda Guerra Mondiale — 99

PARTE SECONDA
FILOSOFIA

1. Il candidato illustri le varie teorie sulle origini dell'universo da parte dei filosofi "monisti" evidenziando il passaggio dalla metafisica del "principio" alla metafisica dell'"essere" — 103
2. Il candidato analizzi come alla riflessione sull'*archè* e sull'"essere" si aggiunga nel pensiero filosofico greco la riflessione sull'"anima" e si soffermi in particolar modo sulla concezione che dell'anima prospetta la filosofia socratica — 105
3. Il candidato esponga i rapporti tra "filosofia e tecnica" nel Novecento soffermandosi in particolar modo sulla riflessione speculativa operata da Weber e Heidegger — 107
4. Il candidato analizzi il tema dell'"eros-amore" nella filosofia platonica e con riferimento al mito di Eros tracci i rapporti-confini tra "amore e felicità" — 109
5. Critica e rottura del sistema hegeliano: il candidato analizzi come il pensiero di Kierkegaard costituisca "il superamento dell'hegelismo" e l'"affermazione della verità del singolo" — 111
6. Il candidato definisca il rapporto tra spirito apollineo e spirito dionisiaco nella *Nascita della tragedia* di Nietzsche — 113
7. Il candidato esponga la critica dell'economia borghese e la problematica dell'alienazione nel pensiero di Marx — 115
8. Il candidato analizzi le teorie etiche epicuree mettendole a confronto con le altre delle scuole o correnti filosofiche dell'età ellenistica — 117
9. Il candidato analizzi e metta a confronto il rapporto tra Dio/Uno e l'uomo nel pensiero filosofico di Platone, di Aristotele e di Plotino — 119
10. Il candidato ricostruisca i momenti della discussione critica attraverso la quale Socrate affronta e risolve il problema della ricerca della "verità" — 121
11. Critica e rottura del sistema hegeliano: il candidato analizzi le "vie della liberazione dal dolore" nel pensiero di Schopenhauer — 123

12. Il candidato esponga il problema del "male" nel pensiero filosofico di Agostino rapportandolo alla dottrina della creazione e del tempo   125
13. Il candidato esponga, con riferimento al pensiero di Anselmo d'Aosta, gli argomenti relativi alle quattro prove "a posteriori" dell'esistenza di Dio e li confronti con la dimostrazione "a priori" o prova "ontologica"   127
14. Il candidato analizzi la concezione dello Stato in Aristotele evidenziando le condizioni "ideali" di un buon governo   129
15. Il candidato descriva la controversia sugli universali alla luce delle varie soluzioni proposte dai pensatori nell'ambito della filosofia Scolastica   131
16. Il candidato esponga la nuova concezione cristiana della storia nel pensiero di Agostino e la confronti con la tradizione greca precedente   133
17. Il candidato spieghi il significato e il valore attribuiti da Vico alla storia e al lavoro dello storico   135
18. Il candidato ponga a confronto la dottrina filosofica di Aristotele e quella del suo maestro Platone evidenziandone le differenze   137
19. Il candidato analizzi il valore e l'apporto dato dalla "logica" all'enciclopedia delle scienze aristoteliche   139
20. Il candidato illustri la teoria della "reminiscenza" nella filosofia platonica con riferimento anche alla spiegazione mitologica   141
21. Il candidato spieghi il legame tra giudizio estetico e teleologico nel pensiero di Kant mettendone in evidenza le differenze specifiche   143
22. Il candidato spieghi il passaggio dal criticismo kantiano all'idealismo fichtiano soffermandosi sulla dottrina morale e sulla missione del dotto   145
23. Il candidato spieghi il valore della dialettica nell'ambito del sistema hegeliano, soffermandosi sul concetto dell'"*Aufhebung*"   146
24. Il candidato definisca il problema del rapporto fede-ragione nella filosofia Scolastica, soffermandosi sul pensiero degli autori più significativi a riguardo   148
25. Il candidato illustri l'idea dello Stato-nazione e della missione civilizzatrice della Germania nella visione idealistica del pensiero di Fichte   150
26. Mondo sensibile e mondo iperuranico: il candidato discuta criticamente e in maniera sintetica questo binomio   152
27. Il candidato discuta criticamente e sinteticamente il binomio fenomeno-noumeno   154
28. Il candidato esponga i principi essenziali del metodo galileiano e il nuovo concetto di "scienza" alla base della "rivoluzione scientifica"   156
29. Il candidato esponga i concetti essenziali del metodo scientifico baconiano, galileiano e cartesiano   158
30. Il candidato esprima la centralità e l'evoluzione della nozione di *lógos* nella riflessione filosofica. In particolare evidenzi la correlazione tra il piano logico, linguistico, ontologico e metafisico in Eraclito, Parmenide, Melisso   160
31. Il candidato individui i capisaldi del sistema hegeliano e le novità dell'idealismo assoluto rispetto all'idealismo etico di Fichte e a quello romantico di Schelling   162
32. Il candidato esprima le coordinate essenziali del falsificazionismo di Popper e del concetto di scienza come sapere aperto, antidogmatico e congetturale   164

33. Il candidato illustri le diverse fasi che secondo Gadamer costituiscono il "circolo ermeneutico" soffermandosi sul ruolo svolto dal soggetto interpretante 165
34. Il candidato illustri le linee principali dell'analitica esistenziale di *Essere e tempo* di Heidegger e si soffermi sul nuovo valore attribuito dal filosofo al concetto di "trascendenza" 167
35. Il candidato esponga la teoria fenomenologico-trascendentale di Husserl evidenziandone il legame con la filosofia kantiana 169
36. Il candidato esponga gli aspetti principali relativi al tema della "crisi della coscienza", con riferimento ad almeno uno degli autori della filosofia contemporanea definiti "maestri del sospetto" 171
37. Il candidato analizzi il problema del tempo nel pensiero di Bergson 173
38. Il candidato esprima la peculiarità del pensiero di Wittgenstein nel dibattito epistemologico contemporaneo 175
39. Il candidato illustri il rapporto tra linguaggio e verità alla luce delle riflessioni operate dai maggiori esponenti del Circolo di Vienna 177
40. Il candidato tracci i lineamenti della filosofia analitica del Novecento e si soffermi sulle posizioni a suo avviso più rilevanti 179
41. Il candidato analizzi la costituzione dello Stato nella riflessione empirica soffermandosi sulla lettura assolutistica di Hobbes e quella liberale di Locke 181
42. Il candidato illustri l'analisi pascaliana dell'uomo e si soffermi sul concetto di "*divertissement*" 183
43. Il candidato descriva la struttura della *Repubblica* di Platone e il ruolo attribuito alla filosofia e ai filosofi 185
44. Il candidato illustri la concezione filosofico-politica del Rinascimento tra utopia e realtà 186
45. Il candidato descriva la visione della natura nella filosofia rinascimentale attraverso l'analisi del pensiero di Telesio e Bruno 188
46. Il candidato si soffermi sulla figura della "coscienza infelice" di Hegel e spieghi perché venga considerata come la chiave di lettura di tutta la *Fenomenologia dello Spirito* 190
47. Il candidato esponga il problema del dualismo cartesiano della sostanza e la soluzione prospettata dal sistema filosofico di Spinoza 192
48. Il candidato delinei i caratteri generali della rivoluzione psicoanalitica del Novecento soffermandosi sulla struttura dell'apparato psichico in Freud 194
49. Il candidato illustri il nuovo concetto di "scienza" e di enciclopedia del sapere nell'ambito dello sviluppo del pensiero positivistico 195
50. Il candidato esponga cosa intende Rorty con l'espressione "*linguistic turn*" e si soffermi ad analizzare la sua idea di "post-filosofia" 196

PARTE TERZA
SCIENZE UMANE

1. Partendo dalla tesi di Max Weber secondo cui chiunque si avvicini allo studio sull'uomo deve accettare l'idea della superabilità dei risultati conseguiti, il candidato spieghi cos'è l'antropologia e quale ne è l'oggetto di indagine   201
2. Il candidato descriva le principali caratteristiche dell'osservazione partecipante, tra gli strumenti metodologici maggiormente usati in antropologia   203
3. Il candidato descriva gli aspetti essenziali della prima antropologia nordamericana   205
4. Il candidato tracci a grandi linee il pensiero dell'antropologa statunitense Margaret Mead   207
5. Nel 1949 Claude Lévi-Strauss pubblica il suo primo grande lavoro, *Le strutture elementari della parentela*, opera in cui prende corpo la ricerca di elementi invariabili nei diversi contesti culturali. Il candidato ne esponga sinteticamente i contenuti   209
6. Il candidato illustri in quale contesto storico nasce e si consolida l'antropologia come disciplina e quali scopi si prefigge inizialmente   211
7. Alfred Reginald Radcliffe-Brown è considerato il padre di quello che convenzionalmente viene definito struttural-funzionalismo in antropologia. Il candidato ne esponga in sintesi il pensiero   213
8. Karl Polanyi può essere considerato il massimo esponente della branca dell'"antropologia economica". Il candidato ne illustri il pensiero nelle sue linee essenziali   215
9. Il candidato illustri la "legge dei tre stadi" della storia umana formulata da Auguste Comte   217
10. Il candidato descriva gli aspetti principali del funzionalismo   219
11. Il candidato individui e descriva brevemente i passaggi fondamentali in cui si articola un progetto di ricerca sociologica   221
12. Il candidato illustri nelle sue linee essenziali la peculiarità del pensiero di Durkheim   223
13. Nell'ambito delle teorie sulla devianza, il candidato delinei i principi su cui si basano le teorie dell'anomia   225
14. Il candidato spieghi il significato di "paradigma", un concetto fondamentale nella storia delle scienze sociali   227
15. Gli anni che chiudono il Novecento e quelli che inaugurano il secolo successivo vedono il sorgere e il consolidarsi di un nuovo modo di fare sociologia. Il candidato tracci a grandi linee il pensiero di Ulrich Beck e Zygmunt Bauman, considerati dalla comunità scientifica tra i più importanti sociologi contemporanei   229
16. La raccolta dei dati avviene mediante diversi metodi tra cui quello sperimentale. Il candidato illustri con esempi pratici i vantaggi e i limiti di tale modalità di indagine per lo studio dei fenomeni sociali   231

17. Si illustrino le caratteristiche principali delle terapie somatiche e delle psicoterapie e i fini che le due categorie generali di intervento si propongono nella cura del paziente — 233
18. Il candidato spieghi i principi su cui si basa la terapia psicoanalitica — 234
19. L'approccio ecologico rappresenta un tentativo di studiare il fenomeno dello sviluppo nella sua complessità, rivolgendo l'attenzione sia alla realtà biologica e psicologica che caratterizza l'individuo, sia all'ambiente in cui egli vive. In tale ottica il candidato analizzi il microsistema familiare — 236
20. Dopo aver definito il concetto di "motivazione" si esponga la teoria "bisogno-pulsione-incentivo" — 238
21. Il candidato illustri la funzione delle emozioni e le sequenze in cui si articolano — 240
22. Il candidato illustri brevemente le principali teorie sulle emozioni — 242
23. Il candidato illustri i principi su cui si fonda la Psicologia della Gestalt — 244
24. Nella psicologia ha avuto molta importanza la nozione di "Sé": il candidato analizzi le formulazioni proposte da William James e George Herbert Mead — 246
25. Secondo Jean Piaget lo sviluppo della psiche umana passa attraverso alcuni stadi fondamentali. Il candidato li descriva sinteticamente — 248
26. Il candidato esponga i principi su cui si fonda la teoria dell'attaccamento — 250
27. Il candidato esponga sinteticamente le più importanti teorie relative allo studio della personalità — 252
28. Il candidato illustri la "funzione materna di *holding*" teorizzata da Donald Winnicott — 254
29. Un aspetto interessante dello sviluppo delle competenze sociali è rappresentato dalla capacità di cogliere la prospettiva dell'altro e metterla in relazione con la propria: il candidato esponga a tale riguardo il concetto di *role-taking* (assunzione di ruolo sociale) — 256
30. Come esprime le emozioni il bambino e come le riconosce? Il candidato esponga le sue conoscenze su tale argomento — 258
31. Il candidato spieghi cosa si intende in psicologia con il termine "aggressività" e ne individui poi alcuni aspetti patologici — 260
32. Tra le diverse aree di indagine della psicologia dello sviluppo vi è quella dello sviluppo sociale. Il candidato spieghi cosa si intende per "sviluppo sociale" e ne delinei i momenti più significativi nella vita del bambino — 262
33. Il candidato indichi i punti principali in cui si articola la metodologia del *mastery learning* — 264
34. Il candidato delinei il modello di educazione proposto da John Dewey, uno dei più importanti rappresentanti della pedagogia del Novecento — 266
35. Il candidato esponga la proposta pedagogica di Jerome Bruner — 268
36. Il candidato indichi le caratteristiche principali del *cooperative learning* soffermandosi anche sulla funzione svolta dal docente nell'ambito di tale metodologia di insegnamento — 270
37. Il candidato spieghi cosa si intende nella pedagogia scolastica per "valutazione delle competenze" — 272
38. Il candidato illustri il metodo elaborato da Thomas Gordon per migliorare la relazione studente-docente — 274

39. Il candidato illustri gli aspetti essenziali della "pedagogia non-direttiva" teorizzata da Carl Rogers — 276
40. Il candidato spieghi cosa si intende in ambito educativo con il termine "motivazione" — 278

APPENDICE
TRACCE ASSEGNATE IN PRECEDENTI CONCORSI A CATTEDRA

Classe A-18 Filosofia e Scienze umane (ex 36/A Filosofia, psicologia e scienze dell'educazione) — 283
Classe A–19 Filosofia e Storia (ex 37/A Filosofia e storia) — 289
Ambito disciplinare - classi: A18 Filosofia e Scienze umane - A19 Filosofia e Storia (ex 36/A - 37/A) — 296

Parte Prima
Storia

1 Le Guerre Puniche: le cause e gli effetti

Punti chiave

- Collocare cronologicamente le tre guerre.
- Spiegare le motivazioni che spinsero Roma a entrare in conflitto con Cartagine.
- Esplicitare i passaggi fondamentali delle tre guerre.

Svolgimento

Completata la conquista della penisola italica, Roma rivolse le proprie mire espansionistiche verso il Mar Mediterraneo. Il commercio marittimo rappresentava, infatti, un'enorme fonte di guadagno che andava assolutamente sfruttata. Per realizzare questo progetto, però, i Romani avrebbero prima dovuto scalzare la potentissima città fenicia di Cartagine dal controllo che questa esercitava su tutto il Mediterraneo occidentale.
Fu così che nel 264 le due potenze giunsero allo scontro (Prima Guerra Punica, 264-241 a.C.), che ebbe quale teatro principale di guerra proprio il mare. Dopo alterne vicende, nel 241 a.C. la grande armata navale romana, comandata dal console Gaio Lutazio Catulo, ottenne la vittoria decisiva alle Isole Egadi. I Punici, sfiancati dal lungo conflitto, dovettero dichiararsi sconfitti. Roma ottenne la Sicilia e un pesante indennizzo.
I Cartaginesi, però, seppero riorganizzarsi. Conquistata la Spagna, essi affidarono il comando dell'esercito al giovane e spregiudicato Annibale, che nel 218 a.C. guidò le sue truppe nel cuore della penisola italica dopo aver valicato i Pirenei e le Alpi: iniziò così la Seconda Guerra Punica. Sconfitte le forze romane sul Ticino (218 a.C.) e presso il lago Trasimeno (217 a.C.), Annibale ottenne una clamorosa vittoria a Canne, in Puglia (216 a.C.). Tuttavia, egli non ricevette il necessario supporto da Cartagine e, per quasi un decennio, rimase col suo esercito in Italia meridionale, senza poter infliggere il colpo decisivo a Roma. I Romani si riorganizzarono e nel 204 a.C. l'esercito, comandato da Publio Cornelio Scipione, sbarcò in Africa, costringendo Annibale a ripiegare. La vittoria risolutiva fu colta da Scipione presso Zama, nel 202. I Cartaginesi persero tutti i loro territori al di fuori di quelli libici e furono praticamente disarmati dai Romani.

Cinquant'anni dopo i Punici allestirono un nuovo esercito, ma i Romani ripresero rapidamente in mano le armi (149 a.C.). La Terza Guerra si concluse tre anni dopo, nel 146. Dopo un lunghissimo assedio, Roma rase al suolo la città nemica e incamerò tutti i suoi territori, affermandosi quale prima potenza del Mediterraneo.

2 Giulio Cesare al potere

Punti chiave

- Specificare brevemente perché Giulio Cesare avviò la Guerra Civile.
- Enucleare i principali momenti della Guerra Civile.
- Ricordare le principali vittorie.
- Spiegare quali furono le conseguenze per la Repubblica di Roma.

Svolgimento

Dopo le vittorie in Gallia, il Senato e Pompeo Magno cercarono di eliminare Cesare dalla scena politica, temendone la grande ambizione e la popolarità tra i legionari. Fu allora che Cesare decise di tornare in Italia e di prendere in mano la situazione. Il Senato lo proclamò nemico pubblico (*hostis publicus*), ma Cesare reagì e il 10 gennaio del 49 a.C. varcò il fiume Rubicone alla testa della XIII legione, profanando il *pomerio*, il territorio sacro e inviolabile da qualunque uomo alla testa di un esercito.

Cesare entrò a Roma il 30 marzo, mentre Pompeo fuggiva dall'Italia verso la Grecia insieme ai due consoli e ai senatori a lui fedeli. Sconfitti i pompeiani in Spagna (49 a.C.), a Farsalo ottenne una clamorosa vittoria contro lo stesso Pompeo (9 agosto 48 a.C.). Quest'ultimo tentò una nuova fuga, stavolta in Egitto, ma lì fu fatto uccidere dai consiglieri del giovanissimo faraone Tolomeo XIII, nella speranza di ingraziarsi Cesare. Il console, invece, destituì il faraone e affidò la corona d'Egitto alla sorella, Cleopatra.

La Guerra Civile non era ancora conclusa. Farnace, pompeiano e figlio di Mitridate VI, re del Ponto, animò una sollevazione per ricostruire il regno che fu del padre, ma questo pericolo fu eliminato da Cesare stesso in soli cinque giorni e con una sola battaglia, a Zela (47 a.C.). A Tapso (46 a.C.) e Munda (45 a.C.) piegò le ultime resistenze dei pompeiani.

Grazie a tali successi, Giulio Cesare poté imporsi come dittatore e assunse stabilmente il titolo di *imperator*, che fino a quel momento era stato riservato ai generali vittoriosi durante i giorni in cui se ne celebrava il trionfo. Il governo di Cesare terminò il 15 marzo del 44 a.C., quando il dittatore fu ucciso da ventitré pugnalate presso il Senato. La morte di Cesare non avrebbe potuto, tuttavia, impedire la fine dell'era repubblicana e l'inizio di quella imperiale.

3 La dittatura di Cesare: i principali provvedimenti

Punti chiave

- Indicare l'orientamento generale della politica di Giulio Cesare.
- Enucleare i principali provvedimenti da lui adottati.
- Spiegare lo scopo o l'effetto delle azioni legislative di Cesare.

Svolgimento

Al termine della Seconda Guerra Civile, Cesare, da uomo di punta del partito dei *populares* quale era, attuò una politica di riforma di ampio respiro, tesa a ridare efficienza allo Stato romano e slancio all'economia, e a favorire i ceti meno abbienti.

> Si mostrò magnanimo, liberando e perdonando tutti coloro che lo avevano avversato in quegli anni.
> Accentrò progressivamente tutti i poteri nelle sue mani. Nel 47 a.C. era divenuto dittatore con carica decennale. Assunse stabilmente il titolo di *imperator*, che fino a quel momento era stato riservato ai generali vittoriosi durante i giorni del trionfo.
> Introdusse la graduale assegnazione dei diritti di cittadinanza alle province, cominciando dalle Gallie e dalla Spagna, così da permettere una migliore integrazione dei popoli assoggettati.
> Portò il numero dei senatori a novecento, immettendovi uomini a lui fedeli e molti provenienti dalla Gallia.
> Ricompensò generosamente i suoi veterani assegnando loro grandi porzioni dell'*ager publicus* in Italia e nelle province, proseguendo nell'opera di romanizzazione delle province stesse.
> Risanò il bilancio dello Stato e introdusse importanti sgravi fiscali in favore delle attività produttive e commerciali.
> Fece grandi investimenti in opere pubbliche.
> Riformò il calendario, portando l'anno a 365 giorni (non più 355) e aggiungendo un giorno ogni quattro anni (anno bisestile).
> Rese più severe le pene per chi si fosse macchiato di reati politici.

> Incoraggiò il lavoro libero e la piccola proprietà a danno del lavoro servile e del latifondo.
> Inaugurò una progressiva perdita di centralità nel ruolo legislativo del Senato in favore dei comizi.

La nomina a dittatore perpetuo, avvenuta il 14 febbraio del 44 a.C., rievocò lo spettro della monarchia e ricompattò il fronte dei senatori a lui ostili, esasperati da una politica che aveva notevolmente nuociuto agli interessi del patriziato romano. Nel corso dell'ultimo incontro con i *patres* prima della partenza per la campagna partica (15 marzo del 44 a.C.), Giulio Cesare trovò la morte, ucciso da ventitré pugnalate.

4 Le innovazioni del principato di Augusto

Punti chiave

- Spiegare la valenza del principato augusteo rispetto alla storia romana.
- Citare alcuni tra i principali provvedimenti adottati da Augusto.
- Riguardo la politica estera, spiegare la valenza della *Pax Augustea*.

Svolgimento

Ottenuto il potere con la vittoriosa battaglia di Azio ai danni di Marco Antonio (31 a.C.) e chiusa definitivamente l'epoca delle guerre civili a Roma, Ottaviano strutturò un nuovo ordinamento politico praticamente incentrato sulla sua persona, rimanendo al potere fino al 14 d.C.; finì così l'era repubblicana e cominciò quella imperiale. Gli organi e le magistrature repubblicane rimasero in vita solo in senso formale. Il Senato conferì a Ottaviano i titoli di *principe* (*princeps*, ossia "primo cittadino") e di *imperatore* (*imperator*, ossia "comandante vittorioso"). Inoltre, nel 27 a.C., gli fu attribuito anche il titolo di *augusto* (*augustus*, "colui che porta ricchezza, degno di venerazione").

In politica interna, Augusto divise le province fra *imperiali* (più agitate e controllate direttamente dall'imperatore) e *senatorie* (più gestibili e dirette da un governatore di nomina senatoriale). Le ricchezze provenienti dalle prime andavano nel *fiscus*, il tesoro privato dell'imperatore, mentre i tributi pagati dalle seconde finivano nell'erario statale. Alleggerì, inoltre, l'esercito (passato da sessanta a venticinque legioni) e rafforzò la riforma di Mario, fondata sull'arruolamento volontario. Così facendo, si rinsaldava il legame tra soldato e comandante, ma si slegava l'esercito dalla società. Augusto istituì anche l'erario militare e le coorti pretoriane, una sorta di guardia imperiale. Il fisco e l'erario militare costituivano i forzieri personali dell'imperatore attraverso i quali premiava i soldati (assicurandosene la fedeltà), realizzava opere pubbliche o effettuava quelle elargizioni di cibo e divertimenti (*panem et circenses*) con le quali si guadagnava il consenso del popolo.

In politica estera, Ottaviano Augusto inaugurò un lungo periodo di pace, definito *Pax Romana* o *Pax Augustea*. In realtà, l'Impero fu comunque scosso da numerose guerre, un po' su tutti i fronti, soprattutto su quello danubiano e su quello renano. La zona danubiana tenne assai impegnato il figliastro di Augusto, Tiberio Claudio Nerone, che tra il 9 a.C. e il 9 d.C. ottenne numerose vittorie e stabilizzò il confine lungo il fiume. Il tentativo di conquistare la Germania, ossia la zona tra il Reno e l'Elba, fu vanificato dalla catastrofica sconfitta patita nella selva di Teutoburgo (9 d.C.) e fece retrocedere le insegne romane al Reno.

5 La politica di Costantino

Punti chiave
- La politica religiosa.
- La riorganizzazione dell'Impero.
- La riorganizzazione dell'esercito.

Svolgimento

Costantino fu il primo imperatore della storia a permettere la libertà di culto a tutte le religioni (Editto di Milano, 313). Favorì, ovviamente, i cristiani: obbligò lo Stato e i privati cittadini a restituire i beni confiscati alla Chiesa; permise la creazione di tribunali religiosi; esentò i clericali dal pagamento delle tasse; autorizzò la possibilità di effettuare lasciti o donazioni alla Chiesa. Costantino non fu un fervente cristiano, ma cercò di sfruttare la vitalità della Chiesa per tenere unito l'Impero. Per porre un freno alle forze centrifughe scismatiche del cristianesimo, convocò, nel 325, un concilio ecumenico a Nicea al quale presero parte tutti i capi delle chiese cristiane. Alla conclusione dei lavori si giunse a uniformare la dottrina della Chiesa e a dichiarare eretici i culti non allineati alle conclusioni conciliari. Questo fu il primo episodio di cesaropapismo della storia, ossia di intromissione del potere imperiale nelle questioni religiose.

Sul piano politico interno, spostò la capitale a Bisanzio, poi ribattezzata Costantinopoli, in una posizione più strategica e centrale all'interno dell'Impero, più sfarzosa e più dinamica in senso commerciale, economico e culturale dell'ormai vecchia e stanca Roma. Scisse le carriere amministrative da quelle militari e divise l'Impero in quattro prefetture, in tredici diocesi e in oltre cento province, così da averne un controllo più diffuso e capillare, aiutato in questo compito da un *concistorum principis*.

Rovesciò i rapporti di forza fra *comitatensi* e *limitanei*, indebolendo notevolmente i secondi e allargando le schiere dei primi. Questo provvedimento fu assunto in seguito a nuove incursioni barbariche attutite inserendo gli invasori stessi fra i *limitanei*. Proseguì, perciò, il processo di imbarbarimento dell'esercito. Le unità mobili furono poi divise fra unità *comitatensi*, presenti in ogni diocesi, e unità *palatine*, presenti nelle quattro prefetture. Infine sciolse la guardia pretoriana e ne costituì una nuova, la guardia palatina.

6 La crisi dell'Impero romano

Punti chiave

- Crisi politica e istituzionale.
- Crisi culturale e religiosa.
- Crisi fiscale.
- Crisi agricola e demografica.
- Invasioni barbariche e crisi dei commerci.

Svolgimento

Con l'ascesa politica di Ottaviano, cui nel 27 a.C. venne conferito il titolo di "Augusto", il Senato era stato progressivamente estromesso dalle scelte politiche, la cui responsabilità passò all'imperatore e soprattutto all'esercito e ai pretoriani. L'esercito, infatti, si era trasformato in uno strumento indispensabile per la conquista e il mantenimento del potere. Inoltre, per sopperire alla mancanza di giovani leve, utili a rimpolpare le fila delle legioni, si offrì agli invasori la possibilità di passare dalla parte di Roma. Ciò erose, però, la fedeltà dell'esercito alle tradizioni e alle istituzioni romane, provocando un grave imbarbarimento delle legioni e un forte indebolimento della coesione delle truppe.

I culti orientali e il cristianesimo soppiantarono le tradizioni romane. Soprattutto il messaggio evangelico, tramite i suoi valori di fratellanza, uguaglianza e amore, costituì una sfida enorme al potere imperiale e ai valori e alla struttura sociale romana.

Esaurita l'epoca delle guerre di espansione e iniziata quella delle guerre difensive, gli introiti per lo Stato cominciarono a scarseggiare. L'aumento della pressione fiscale non fece altro che provocare feroci sollevazioni, mentre la svalutazione della moneta, cui si ricorse per poter aumentare la paga dei soldati, elevò i tassi di inflazione, danneggiando le classi sociali più povere.

Finite le guerre di conquista, non vi erano più tanti schiavi a disposizione. I piccoli e medi proprietari, per far fronte ai debiti, dovettero vendere i loro terreni ai latifondisti. I contadini cui era concesso in affitto un appezzamento di terra non riuscivano a produrre abbastanza per pagare il canone e non di rado divenivano servi del padrone. Tutto ciò determinò uno spopolamento delle campagne. Gli effetti negativi dell'urbanizzazione selvaggia e della penuria di cibo che ne conseguirono furono annullati da drammatiche ondate pestilenziali.

Infine, a causa delle invasioni delle orde barbariche provenienti dalla Germania, dall'Europa orientale e dalla Persia, le vie commerciali marittime e terrestri, già fortemente provate dal banditismo e dalla pirateria, divennero assai pericolose e furono pertanto abbandonate. Alla diminuzione produttiva si sommò, perciò, anche la diminuzione degli scambi commerciali.

7 I regni romano-barbarici

Punti chiave

- Quando si formarono.
- Che caratteristiche avevano.
- Quali furono i più importanti.

Svolgimento

Il processo di integrazione fra i Romani e i popoli germanici fu assai graduale e iniziò già in epoca tardo-imperiale. In principio furono gli imperatori stessi a dare asilo ai popoli germanici: coscienti di quanto fosse impossibile sovrastare la continua spinta barbarica, essi cercarono di portarli dalla propria parte, fornendo ospitalità e costruendo un sodalizio militare attraverso la creazione di unità militari federate e l'assegnazione di terre, incarichi e titoli. Il principio dell'*hospitalitas* finì per "imbastardire" l'esercito e le istituzioni romane già prima che queste si disintegrassero. Anzi, conclusa l'epoca imperiale (476 d.C.), molte di queste strutture amministrative, politiche e burocratiche riuscirono persino a sopravvivere. I *romanici* (ossia gli abitanti di cultura latina appartenuti al decaduto Impero romano), quindi, anche quando non ebbero più il loro imperatore, ma si ritrovarono sotto un'autorità straniera, poterono continuare a far riferimento alle istituzioni a loro familiari, mentre i *germanici* si dedicarono maggiormente all'organizzazione militare dello Stato.

Inoltre, le due componenti sociali partivano da approcci giurisprudenziali differenti. Per i romanici il diritto si basava sul *principio della territorialità*, poiché fin dove era giunto l'Impero erano giunte le stesse leggi che tutti dovevano rispettare. Per i germanici, invece, valeva il *principio della personalità del diritto*, legato all'appartenenza etnica e quindi più adatto per quei popoli tradizionalmente nomadi. La reciproca integrazione produsse una realtà socio-politica tutta nuova, né romana né germanica, assai frammentata e variegata.

Il principio dell'*hospitalitas* continuò a essere applicato ovunque, anche perché, a differenza dell'epoca tardo-imperiale, l'ospite era evidentemente in una condizione di vantaggio militare e politico rispetto all'ospitante. I germanici si appropriarono di una porzione di terre variabile da un terzo a due terzi del totale disponibile, e assimilarono buona parte del diritto romano. L'adesione al cristianesimo, ma soprattutto al cattolicesimo, facilitò notevolmente l'integrazione e permise la reciproca accettazione.

I principali regni romano-barbarici furono quello dei Franchi in Gallia, dei Visigoti in Spagna, degli Angli e dei Sassoni in Britannia, dei Vandali in Africa settentrionale e nelle isole principali del Mediterraneo e degli Ostrogoti in Italia. Formatisi tutti tra la metà e la fine del V secolo, i regni romano-barbarici che ebbero una storia più lunga furono quelli in cui le due componenti seppero amalgamarsi meglio, specie quando assorbirono il cattolicesimo (in particolare i Franchi e i Visigoti).

8. La restaurazione imperiale di Giustiniano

Punti chiave

- La restaurazione imperiale.
- La politica estera.
- Politica interna: la riforma del diritto e le imposizioni fiscali.
- La politica religiosa: cesaropapismo e *bellum iustum*.

Svolgimento

Nel 527 Giustiniano ascese al trono dell'Impero romano d'Oriente, che gli storici chiamano anche "bizantino" (da Bisanzio, l'antico nome della capitale dell'Impero, Costantinopoli). L'obiettivo principale del nuovo Augusto fu quello di recuperare gli antichi territori imperiali e di rifondare il sogno perduto di Roma, ossia quello di creare un'entità politica capace di unire tutti i popoli del Mediterraneo. Chiusa a fatica la Guerra Iberica (526-532) con l'Impero sassanide per il controllo dell'Iberia caucasica (parte dell'attuale Georgia), Giustiniano affidò l'esercito a un abilissimo generale, Flavio Belisario, e lo lanciò contro i Vandali. La Guerra Vandalica (533-534) si risolse in una rapida vittoria dei Bizantini, che incamerarono così i territori dell'Africa nord-occidentale e le isole maggiori del Mediterraneo (Sardegna, Sicilia, Corsica). Nel 535 Giustiniano rivolse le sue attenzioni all'Italia, dominata dagli Ostrogoti. Scoppiò così la Guerra Gotico-bizantina (535-553), conclusa con la sconfitta e la cacciata definitiva del popolo germanico dalle terre italiche. Nel 552 Giustiniano avviò una campagna militare anche in Spagna, conclusa felicemente con la conquista dell'Andalusia.

Giustiniano non mirava alla rinascita dell'Impero d'Occidente, ma, anzi, considerava i territori conquistati come fossero delle vere e proprie province. Nel suo quarantennio di governo non si limitò solo all'attività militare, ma si dedicò anche a una vasta riforma giuridica capace di riorganizzare tutto il diritto dell'Impero, raccolta nel *Corpus iuris civilis* (anche detto *Corpus iuris iustinianeum*). Nel 554 la nuova legislazione fu applicata anche all'Italia con un editto, la *Prammatica Sanzione*. L'imperatore fu assai severo nell'imposizione fiscale: le numerose campagne belliche e gli innumerevoli pericoli ai quali era esposto l'Impero richiedevano una tassazione insopportabile per territori duramente provati da invasioni, saccheggi, guerre e pestilenze.

L'aspetto più importante della politica di Giustiniano, però, fu quello religioso. Le guerre stesse potevano godere di un sacro fondamento se basate sul principio del *bellum iustum*. I conflitti furono tutti giustificati con lo scopo di ripristinare l'egemonia del cattolicesimo e della Chiesa, messa in pericolo soprattutto dalla cosiddetta "eresia ariana" dei Germanici. L'imperatore si sentiva in dovere di accorrere in difesa della Chiesa, adottando un comportamento cesaropapista che finiva per abolire ogni forma di autonomia dall'Impero delle principali cariche ecclesiastiche. L'atteggiamento assolutistico dei sovrani orientali assunse una nuova valenza: l'imperatore non era più una divinità, ma era comunque concepito come un soggetto investito del potere temporale in base al volere di Dio. Un potere temporale che, per molto tempo, sarebbe rimasto superiore a quello religioso.

9 Il ruolo della Chiesa nell'Alto Medioevo

Punti chiave
- Ruolo dei vescovi e del papa.
- Nascita dello Stato della Chiesa.
- Caratteri del monachesimo occidentale.

Svolgimento

Nel Medioevo la Chiesa cattolica acquisì gradualmente forza e prestigio. Da intermediaria spirituale si trasformò in un'istituzione capace di organizzare la vita sociale e persino economica dell'epoca. Dinanzi alla disgregazione dell'Impero romano d'Occidente, il ruolo di guida politica fu assunto con sempre maggior frequenza dai vescovi delle diverse città. Ciò assommò nelle mani delle autorità ecclesiastiche un enorme potere – religioso e civile – e fece della Chiesa la principale istituzione politica dell'Occidente. Il vescovo di Roma, in particolare, nel corso dell'Alto Medioevo divenne la massima autorità politica del Ducato di Roma, un territorio sottoposto al controllo di Bisanzio solo formalmente.

La nascita di uno Stato totalmente indipendente risale all'VIII secolo. Quando nel 726 il *basileus* Leone III ordinò la distruzione delle immagini sacre, Gregorio II si rifiutò di ratificare il provvedimento nel Ducato di Roma, aprendo una disputa (iconoclasta) non solo religiosa, ma anche politica, con l'imperatore d'Oriente. Di ciò decisero di approfittare i Longobardi, che occuparono alcuni dei territori bizantini e li donarono al papa (Donazione di Sutri, 728). L'espansionismo longobardo in Italia iniziato a metà del secolo dal nuovo re Astolfo suscitò, però, notevoli preoccupazioni nel papato, che si alleò con i Franchi di Pipino il Breve. Pungolato dal nuovo papa Stefano II, Pipino scese in Italia per due volte (754 e 756) e per due volte sconfisse Astolfo, il quale perse i domini conquistati ai Bizantini. Il re franco donò la Pentapoli e l'Esarcato di Ravenna a Stefano II (756). Questo fu l'atto con cui ufficialmente nacque lo Stato della Chiesa.

La Chiesa seppe imporsi anche al di fuori delle città, attraverso il monachesimo. In Occidente non si sviluppò quel tipo di vita ascetica e solitaria tipica del mondo orientale (*anacoretismo*); al contrario, in Europa fiorì un monachesimo che imponeva ai monaci di vivere in comunità (*cenobitismo*) stabili (*stabilitas loci*) e di svolgere attività lavorative (*ora et labora*). Questa impostazione fu ideata proprio da un monaco, Benedetto da Norcia (480-547), ed è contenuta nella famosa *regola benedettina*. Infatti, san Benedetto aveva ideato un modo di vivere la propria fede senza eccessivi atti penitenziali, ma tramite il lavoro, manuale e intellettuale.

I monasteri ricevettero in donazione numerose terre, dove fu applicato il modello curtense. I prodotti in eccedenza erano rivenduti nei mercati dei vicini villaggi, ma a prezzi inferiori rispetto a quelli praticati dai commercianti. Inoltre, i monaci si dedicarono alla trascrizione dei testi antichi. Gli amanuensi copiavano opere classiche o religiose, salvandole dalle insidie del tempo. Ogni monastero era ben protetto da una cinta muraria. Durante le invasioni e le guerre, il convento si trasformava in un vero e proprio riparo per la popolazione, un luogo privilegiato in cui l'economia e la cultura riuscirono a sopravvivere.

10 I Longobardi in Italia

Punti chiave

- Inquadrare storicamente la presenza longobarda in Italia.
- Descrivere brevemente le conquiste compiute.
- Delineare l'organizzazione dello Stato longobardo.

Svolgimento

Il popolo dei Longobardi era di origine germanica e, nel corso dei secoli, aveva compiuto numerosi spostamenti nell'Europa centrale. Nel 568, a causa della spinta degli Àvari, i Longobardi scesero in Italia e conquistarono tutta l'area della Pianura Padana, strappandola al debole controllo dell'Impero bizantino. Una volta presa Pavia, la eressero a capitale del nuovo regno (572). Attorno al 575 i comandanti Faroaldo e Zottone conquistarono rispettivamente il centro e il sud dell'Italia e fondarono i Ducati di Spoleto e di Benevento. La presenza longobarda nella penisola era, quindi, così distribuita: *Longobardia Maior*, comprendente tutti i territori dalle Alpi alla Toscana e divisa in numerosi Ducati; *Longobardia Minor*, comprendente il Ducato di Spoleto e il Ducato di Benevento.

Il Regno dei Longobardi non aveva continuità territoriale, infatti la *Longobardia Maior* era separata dalla *Longobardia Minor* dal cosiddetto "corridoio bizantino", una striscia di terra che collegava il Lazio all'Esarcato di Ravenna. Inoltre il Regno longobardo era assai debole al proprio interno. La popolazione era suddivisa in *fare*, unità socio-militari in cui si riunivano le famiglie appartenenti allo stesso clan gentilizio. Ogni *fara* era comandata da un duca e godeva di ampia autonomia rispetto al re. I duchi eleggevano fra di loro il re. La dominazione dei Longobardi durò fino al 774, anno in cui Carlo Magno li sconfisse definitivamente.

I Longobardi cercarono sempre di creare le condizioni per una pacifica convivenza con i popoli romanici e adottarono una politica di tolleranza verso i cattolici e la curia di Roma. Un documento che testimonia questa integrazione è il famoso Editto di Rotari (643), la prima raccolta scritta di leggi del popolo longobardo. Redatto in latino, l'editto metteva insieme le consuetudini germaniche con alcuni elementi di diritto romano e si applicava agli italici di origine longobarda, mentre per i romanici restava in vigore il regime giuridico applicato con la Prammatica Sanzione di epoca giustinianea. Il provvedimento fu di grande importanza perché aboliva la faida e la sostituiva col principio del guidrigildo: non sarebbe stato più possibile vendicare un omicidio con un altro omicidio, ma solo richiedere un risarcimento in denaro.

11 Carlo Magno e l'Impero carolingio

Punti chiave

- Inquadramento cronologico.
- Politica espansionistica di Carlo.
- Significato del suo potere imperiale.
- Principali novità legislative.
- Politica religiosa e culturale.
- Riorganizzazione dello Stato.

Svolgimento

Dopo aver riunito nelle sue mani il regno dei Franchi (771), aver sconfitto i Longobardi in Italia (774), gli Àvari (799) e aver incamerato anche il Ducato dei Bàvari nonché aver faticosamente domato e convertito al cattolicesimo i Sassoni (797), al culmine del suo potere, nella notte di Natale dell'800, Carlo, il re dei Franchi, ricevette da papa Leone III la corona di imperatore dei Romani. Nacque così il Sacro Romano Impero.
Uno dei tratti più importanti del nuovo Impero era, quindi, la sua legittimazione divina, sancita con l'incoronazione papale. In aggiunta, Carlo esercitò una politica cesaropapista assai spiccata. Proclamatosi difensore del cristianesimo, convertì i popoli pagani, lottò contro le forme popolari di superstizione, promosse una riforma liturgica capace di rendere uniformi i riti in tutto l'Impero, nominò egli stesso numerosi vescovi e arcivescovi, sostenne la moralizzazione dei costumi del clero (*Admonitio generalis*, 789). Utilizzò la religione anche come strumento di lotta politica nei confronti dell'Impero bizantino. Il Concilio di Aquisgrana (809), con cui si stabiliva che lo Spirito Santo discende dal Padre e dal Figlio ("filioque"), aprì una profonda ferita teologica con le chiese d'Oriente (per le quali lo Spirito discende solo dal Padre, mentre il Figlio ne è solo un tramite). Tale disputa avrebbe in futuro costituito il pretesto teologico per il Grande Scisma tra cattolici e ortodossi (1054).
Carlo promosse l'allargamento della scolarità, così da disporre di un alto numero di uomini di Chiesa capaci di leggere e scrivere. Fondò la *Schola palatina*, un'accademia presso la quale si ritrovarono alcuni dei più grandi intellettua-

li della cultura occidentale dell'epoca. Commissionò una revisione uniforme della Bibbia e introdusse un nuovo tipo di carattere, la *minuscola carolina*, assai più leggibile. Favorì la produzione libraria attraverso l'infaticabile opera degli amanuensi. I conventi benedettini ricevettero un grande sostegno da parte dell'imperatore e si trasformarono in importantissimi centri di slancio sociale ed economico e di salvaguardia della cultura.

Per quanto riguarda la riorganizzazione dello Stato, il territorio imperiale fu suddiviso in marche e contee. Le prime erano le zone di confine, quelle più esposte ai pericoli e affidate a un marchese. Il resto del territorio era assegnato ai conti, funzionari scelti dal re fra i nobili e i compagni d'arme (*comites*). Tramite questa rete vassallatica, Carlo gettò le fondamenta del modello politico-economico feudale. In cambio del feudo, il vassallo giurava fedeltà e sottomissione al sovrano; alla morte del vassallo, il feudo sarebbe tornato al re. Tale sistema fu però anche alla base dei futuri problemi dell'Impero, in quanto attribuiva al vassallo un'autonomia e una discrezionalità fuori dal controllo del monarca. Sebbene le direttive dell'imperatore (i banni e i capitolari) fossero spedite su tutto il territorio, il sovrano dovette ricorrere alla figura del *messo dominico* (un proprio ispettore) al fine di verificare la reale applicazione delle leggi.

12 I poteri universalistici e la lotta per le investiture

Punti chiave

- Spiegare cosa si intende per poteri universalistici.
- Inquadrare l'arco storico degli avvenimenti.
- Proporre una breve analisi dei principali motivi di scontro.
- Delineare i principali passaggi storici.
- Illustrare gli effetti della lotta per le investiture.

Svolgimento

La Chiesa e l'Impero del Medioevo (e soprattutto del periodo che va dal X fino al XII secolo) sono solitamente definiti "poteri universalistici", in relazione alla missione che queste due istituzioni si erano prefissata: portare nel mondo la sovranità di Cristo, attraverso due strade diverse, ossia quella di *sacerdotium* per la Chiesa e quella di *regnum* per l'Impero.

L'eredità dell'Impero carolingio (800-887) fu raccolta dal re di Germania, Ottone I. Scese in Italia e ne assunse la corona, prendendo il controllo della parte centro-settentrionale della penisola (951). Sconfitti gli Ungari (battaglia di Lechfeld, 955), nel 962 ricevette il titolo imperiale da papa Giovanni XII. Nacque così il Sacro Romano Impero di matrice germanica.

Ottone I attuò una spregiudicata politica cesaropapista, riscontrabile a partire dal cosiddetto *Privilegio di Ottone* (13 febbraio 962), con cui stabiliva che, una volta eletto, il papa avrebbe dovuto giurare fedeltà all'imperatore. In precedenza, il Capitolare di Quierzy (emesso da Carlo il Calvo nell'877), sancendo l'ereditarietà dei feudi, aveva indebolito enormemente il potere regio. Per risolvere questo problema, Ottone I diede i feudi in gestione ai membri dell'alto clero, affidando loro – ossia a soggetti che non potevano generare legittimi eredi e che alla loro morte avrebbero riconsegnato al sovrano i benefici ricevuti – il governo di terre e città e tutti i poteri riservati al re (regalie), come la monetazione e la determinazione dei tributi. Il vescovo-conte rispondeva così a due autorità, il papa e l'imperatore, ma Ottone andò oltre, arrogandosi il diritto di nominare i vescovi e di istituire delle nuove diocesi.

Per quasi un secolo la Chiesa rimase subordinata all'Impero. La situazione mutò a partire dal 1059 con papa Niccolò II, ma ancora di più con Gregorio VII, che nel 1075 emise il *Dictatus Papae*, un documento con il quale vietava ogni investitura effettuata senza la sua approvazione e tramite il quale sanciva la superiorità papale sull'autorità imperiale. Si aprì così un periodo di lotte per il primato e le investiture tra Gregorio VII ed Enrico IV e, più in generale, tra Chiesa e Impero, che si protrasse fino al 1122, quando Enrico V e papa Callisto II stipularono il Concordato di Worms, con cui si stabilì che: l'investitura spirituale sarebbe spettata al papa; l'investitura temporale sarebbe spettata all'imperatore; in Germania l'investitura temporale avrebbe avuto la preminenza su quella spirituale; in Italia e in Borgogna l'investitura spirituale avrebbe avuto maggiore importanza di quella temporale.

Al termine di questa aspra lotta, i due poteri universalistici, Chiesa e Impero, erano assai indeboliti. La prima non era riuscita a riformarsi, attanagliata dalla corruzione e dal malcostume. Il secondo non riuscì a contenere le azioni campanilistiche dei diversi feudatari e delle nuove entità politiche, i Comuni, che stavano affermandosi soprattutto nell'Italia centro-settentrionale.

13 I Comuni e l'Impero

Punti chiave

- L'affermazione di una nuova forma istituzionale: il Comune.
- L'Impero cerca di ristabilire la sua autorità.
- Guelfi e ghibellini, dalla Germania all'Italia.
- La vittoria dei Comuni sull'Impero.

Svolgimento

Nel corso del Basso Medioevo si affermò progressivamente una nuova entità politica: il Comune. In Francia e nelle Fiandre fu la borghesia mercantile a chiedere una maggiore autonomia politica ed economica e i sovrani d'oltralpe inizialmente acconsentirono a queste richieste, nella speranza di portare i ricchi ceti urbani dalla propria parte per indebolire la nobiltà feudale.

In Italia, invece, le realtà più diffuse erano quelle promosse dalla piccola aristocrazia feudale inurbata. Nella speranza di svincolarsi dal controllo dei grandi feudatari, i piccoli feudatari cercarono di sfruttare la nuova vivacità economica per ottenere dei vantaggi tassando i commerci, che nelle città erano particolarmente consistenti, e trovarono nei vescovi-conti e nei notabili dei validi alleati. Col tempo, la borghesia seppe imporsi anche in Italia, giovandosi delle dispute fra i feudatari laici e quelli ecclesiastici e fra la Chiesa e l'Impero.

L'Impero non poteva, tuttavia, accettare che i Comuni italiani godessero di tanta autonomia. Fu con Federico I Hohenstaufen di Svevia, meglio noto come Barbarossa, eletto re nel 1152, che si giunse allo scontro. Questi, dopo aver ribadito il primato dell'Impero sui feudi e sui Comuni (1154, Dieta di Roncaglia) e aver ricevuto la corona imperiale da papa Adriano IV, affermò che il pontefice, nell'atto di incoronazione, altro non era che un puro intermediario della volontà divina (1156, Dieta di Besançon). Nel 1158 convocò una seconda Dieta a Roncaglia e sancì il ripristino di tutti i diritti dell'Impero sui territori dell'Italia centro-settentrionale.

A fianco dei Comuni, ricompattati dall'atteggiamento aggressivo dell'imperatore, si schierò anche papa Alessandro III, eletto nel 1159. Alcuni Comuni minori, però, temendo l'espansionismo delle realtà più grandi, decisero di allearsi con l'imperatore. Fu così che si creò una distinzione tra Comuni *ghibellini*, filo-imperiali, e *guelfi*, filo-papali, sebbene anche all'interno dello stesso Comune le due anime si potessero contrapporre. Una distinzione trapiantata in Italia dopo che, negli anni precedenti, in Germania si era consumata la disputa per la corona di Germania tra gli Hohenstaufen di Svevia (il cui castello era a Wibeling, da qui viene la parola *ghibellino*), favorevoli al primato imperiale, e i Welfen (da cui *guelfo*), signori di Baviera, più sensibili all'influenza del papa. Barbarossa non perse tempo e distrusse prima Crema e poi Milano (1162). Le spedizioni dell'imperatore proseguirono ancora, ma nel 1167, a Pontida, nei pressi di Bergamo, i Comuni della Lombardia e del Veneto strinsero un'alleanza e fondarono la Lega lombarda. Lo scontro fra l'Impero e i Comuni avvenne nel 1176 a Legnano; Federico Barbarossa fu clamorosamente sconfitto e costretto a scendere a patti con i Comuni, rinunciando al sogno di un impero universale. I Comuni italiani, con la Pace di Costanza del 1183, si videro riconosciuta una grande autonomia politica, amministrativa e giuridica, preludio alla formazione delle Signorie.

14 Il papato in Avignone: cause e conseguenze socio-politico-religiose

Punti chiave
- Spiegare le cause interne ed esterne della "cattività avignonese".
- Tracciarne i momenti salienti.
- Delinearne le conseguenze.

Svolgimento

La cosiddetta "cattività avignonese" (da *captivus*, "prigioniero", 1309-1377) fu il frutto, fondamentalmente, delle lotte di potere, della corruzione e dei malcostumi interni alle gerarchie ecclesiastiche e al patriziato romano.
Nel 1294 salì al soglio pontificio Bonifacio VIII. Rifacendosi al sogno teocratico di Gregorio VII e Innocenzo III, egli sosteneva la superiorità del potere papale rispetto a ogni potere temporale. La sfida alla sua autorità venne da Filippo IV di Francia, detto il Bello. Questi aveva attuato una corposa opera di centralizzazione dello Stato e, per finanziare la nuova ed enorme burocrazia, anzitutto decise di tassare anche il clero francese, e in seguito interruppe anche il versamento dell'obolo di San Pietro, la decima delle offerte dei fedeli che ogni vescovo avrebbe dovuto versare nelle casse dello Stato pontificio.
Nel novembre del 1302 il papa replicò al re francese con la bolla *Unam Sanctam*, riaffermando la supremazia del papato non solo in ambito spirituale, ma anche temporale. Filippo il Bello, raggiunto dalla scomunica, inviò nel 1303 un proprio contingente a Roma con il compito di arrestare il papa. Questi sfuggì alla cattura, ma pochi mesi dopo morì.
Nel 1305, proprio Filippo impose alla Chiesa un papa di suo gradimento, il francese Clemente V, nel 1307 soppresse l'Ordine dei Templari e le enormi ricchezze che esso possedeva confluirono nelle casse dello Stato francese. Due anni dopo, nel 1309, il pontefice spostò la sede pontificia da Roma ad Avignone, in Francia. Il capo della Chiesa si allontanò così dall'Urbe, avvolta dalle oscure trame e dai complotti delle famiglie aristocratiche, cercando la protezione della monarchia francese. Le conseguenze furono le seguenti:

> - lo Stato della Chiesa fu praticamente sottomesso al potere francese, il quale si servì del papa e fece della Chiesa un proprio strumento di governo;

- la Chiesa rischiò di perdere definitivamente il controllo del proprio Stato a causa delle lotte intestine alle famiglie patrizie romane. Solo la spregiudicata politica del cardinale Egidio Albornoz permise al papa di mantenere un certo controllo sui possedimenti dell'Italia centrale;
- la cattività avignonese sancì il definitivo fallimento del sogno teocratico e universalistico della Chiesa;
- l'esperienza della cattività riverberò i suoi effetti negativi anche in seguito, dopo che Gregorio XI ebbe riportato la sede pontificia a Roma (1377). Alla sua morte (1378) il conclave elesse un cardinale italiano (Urbano VI), ma i francesi si opposero, eleggendo un proprio pontefice (Clemente VII). Iniziò così il Grande Scisma d'Occidente (1378-1417), che divise la Chiesa, le coscienze dei fedeli e lo scacchiere internazionale e che fece emergere la necessità di una radicale riforma dei costumi della Chiesa. La frattura fu ricomposta solo quasi quarant'anni dopo, grazie all'intervento dell'imperatore Sigismondo di Lussemburgo e all'elezione di papa Martino V.

15 La crisi del Trecento in Europa

Punti chiave

- Cause naturali.
- Il peggioramento delle condizioni di vita.
- Il crollo economico.
- Le guerre.
- Le ribellioni.

Svolgimento

Attorno al 1290 iniziò un lungo periodo di leggero raffreddamento climatico. Per quattrocento anni circa la temperatura del continente europeo scese di alcuni gradi, quanto bastò per sconvolgere la situazione atmosferica e mettere in crisi il sistema agricolo. Tremende piogge si abbatterono sui raccolti, portando distruzione e privando del cibo necessario una popolazione che, negli ultimi secoli, era numericamente molto cresciuta.

La produzione agricola diminuì notevolmente. Molti furono gli anni di carestia durante la prima metà del Trecento, specie a partire dal biennio 1315-1317. La denutrizione divenne, a sua volta, causa di un indebolimento fisico generalizzato nella popolazione. Le epidemie cominciarono a espandersi a macchia d'olio su tutto il continente. Malattie gravissime, come la peste, presero il sopravvento sui deboli corpi di milioni di abitanti d'Europa. La scarsa igiene dell'epoca, i limiti della medicina, le credenze popolari e religiose (per esempio, le grandi adunate di preghiera, con cui si invocava la misericordia divina contro la peste, si trasformarono in occasione di un massificato contagio) furono un fattore facilitante del diffondersi delle epidemie. La più grave fu l'ondata di peste nera del 1348, portata in Europa dai mercanti che commerciavano lungo la Via della Seta.

Anche i commerci risentirono paurosamente del crollo produttivo e l'intraprendenza dei secoli precedenti conobbe una gravissima battuta d'arresto. Privata di quella positiva azione di stimolo commerciale, l'economia europea collassò. Numerose attività furono costrette a chiudere e la disoccupazione aumentò spaventosamente. Banche importanti come quelle fiorentine dei Bardi e dei Peruzzi fallirono a causa dell'insolvenza di alcuni regnanti europei. Diversi Stati nazionali stavano consolidandosi, ma fra essi iniziò una lunghissima epoca di conflitti che trasformò l'Europa in un gigantesco campo di battaglia (si pensi soprattutto alla Guerra dei Cent'anni, 1337-1453). La necessità di costruire efficienti burocrazie e grandi eserciti costrinse i sovrani a chiedere ingenti prestiti alle banche e a imporre terribili tributi ai propri sudditi. Nonostante il fiume di denaro che si riversava nelle casse delle varie monarchie, i re non furono in grado di restituire i prestiti ottenuti e alle banche non restò altro che chiudere rovinosamente la propria attività.

Le masse, esasperate dalla pressione fiscale, si ribellarono con forza a ogni potere costituito e diedero spesso vita, in tutta Europa, a incredibili episodi di ribellione e violenza contro le classi ricche e potenti dell'epoca (nobiltà, clero, alta borghesia).

16. La formazione degli Stati nazionali: concetti e passaggi salienti

Punti chiave
- Avvio dei processi di unificazione e centralizzazione del potere.
- Definizione dei confini nazionali.
- Completamento dell'unificazione territoriale e dell'accentramento dei poteri.

Svolgimento

A partire dal XII secolo emersero e si consolidarono le monarchie nazionali in Inghilterra, Francia e Spagna. Il declino del sistema economico feudale, la fine del progetto di dominio universale dell'Impero e della Chiesa, la necessità di organizzare meglio lo Stato attraverso un apparato burocratico complesso e centralizzato nonché la costituzione di un esercito stabile permisero ai vari sovrani di formare delle entità nazionali ben definite.

In Francia e in Inghilterra fu avviata una corposa azione di *unificazione, centralizzazione del potere* e *organizzazione burocratica*, la penisola iberica, invece, rimaneva divisa in tanti regni, cristiani e musulmani.

Nel XIII secolo i sovrani francesi avviarono un progetto politico teso a eliminare la presenza inglese dai feudi del nord e dell'ovest della Francia, portandoli sotto il diretto controllo della corona. Nel 1214 Filippo Augusto sottrasse il nord del Paese a Giovanni d'Inghilterra (battaglia di Bouvines, 1214). In Spagna, i re cristiani avviarono la *reconquista* dei territori in mano ai musulmani. Decisiva fu la vittoria di Las Navas a Tolosa (1212). Ai mori restava, così, solo il Regno di Granada.

Con la vittoria nella Guerra dei Cent'anni (1337-1453), la Francia ricacciò gli inglesi dal continente europeo. Negli anni seguenti, Luigi XI portò sotto il diretto controllo della corona tutti i territori francesi. Nel 1483, alla morte del sovrano, la Francia rappresentava la più grande potenza del continente europeo. L'Inghilterra, dopo la sconfitta, piombò in una terribile guerra civile (Guerra delle Due Rose, 1455-1485), dalla quale uscì vincitore Enrico VII, che attuò una politica accentratrice volta a limitare il potere dei nobili e del Parlamento. Nel contempo, favorì enormemente le attività economiche (in particolare il commercio marittimo), portando dalla propria parte la borghesia e destinando l'Inghilterra a un ruolo di primo piano in campo economico. Nella penisola iberica, attraverso il matrimonio tra Isabella di Castiglia e Ferdinando II di Aragona (1469) arrivò praticamente a maturazione il processo di unificazione spagnola. Nel 1492 anche il Regno di Granada capitolò e fu assorbito dai monarchi spagnoli. La Spagna divenne presto una grande potenza marittima e imperiale, soprattutto grazie ai viaggi di esplorazione nel Nuovo Mondo e alle spedizioni dei *conquistadores*. Il Regno di Spagna fu ufficialmente unito con Carlo d'Asburgo (1555).

17. Le Signorie in Italia: cause sociali, economiche e politiche

Punti chiave
- Cambiamenti sociali ed economici.
- Cambiamenti politici.
- Dalla Signoria al Principato.

Svolgimento

La crisi sociale, demografica ed economica del Trecento determinò un allontanamento della borghesia dalle attività commerciali. I ricchi borghesi, per stabilizzare il proprio patrimonio, preferirono investire il loro denaro in beni immobili, come terreni e abitazioni di lusso. Fu proprio nelle campagne che avvenne il primo grande cambiamento del periodo. I nuovi proprietari terrieri non erano più nobili feudatari che miravano al cieco sfruttamento del latifondo e della forza lavoro contadina. Per i borghesi, l'agricoltura era un'attività economica come quella artigianale o mercantile, perciò a essa andavano applicati criteri di produttività e imprenditorialità fino a quel momento poco conosciuti nel settore agrario. Fra coloni e padroni s'instaurarono nuovi rapporti di lavoro, come i contratti di affittanza e di mezzadria. Numerose furono le opere di bonifica e irrigazione messe in atto, specie nell'Italia settentrionale e centrale. In Italia meridionale, dove la borghesia non si era ben strutturata, al contrario, resistette il sistema feudale-latifondista, nonostante andassero affermandosi le masserie, grandi aziende agricole dedite alla coltivazione estensiva che esportavano in molti paesi europei grano, vino, zucchero e prodotti della pastorizia.

Laddove era più forte, la borghesia fu attratta dal mondo nobiliare. Attraverso vincoli matrimoniali, economici e politici, il *patriziato del denaro* (i grandi borghesi) si legò al *patriziato del sangue* (i nobili). Nelle lussuose abitazioni, nel ricco vestiario, negli oggetti preziosissimi si leggeva l'aristocratizzazione della borghesia.

I cambiamenti sociali in atto finirono per influenzare anche gli assetti politici. I Comuni e le loro istituzioni "democratiche" lasciarono il posto al governo di un uomo solo e della sua famiglia: si affermò così il modello della Signoria. Il signore governava sulla città, difeso dalle oligarchie economiche. La media e la piccola borghesia furono ridotte al silenzio politico e, ancor di più, le classi popolari. Le città più grandi e potenti arrivarono a conquistare e inglobare le città vicine e a costituire delle entità territoriali più vaste.

La Signoria si trasformava in Principato allorché al signore veniva conferito un titolo nobiliare dal papa o dall'imperatore o nel momento in cui realizzava un vero e proprio Stato. I signori e i prìncipi, pur mantenendo sotto controllo le masse plebee, contadine e cittadine che fossero, attraverso provvedimenti demagogici (esenzioni fiscali, feste, elargizioni di beni di prima necessità), non riuscirono a conquistare le simpatie della media e piccola borghesia. Allo stesso tempo, presero corpo violentissime rivalità fra le grandi famiglie di ciascuna città, nobili o alto-borghesi, per il controllo del potere.

18 Le scoperte geografiche

Punti chiave

- Presupposti.
- Principali scoperte.
- Conseguenze economiche.
- Conseguenze politiche.

Svolgimento

Gli investimenti operati dalla borghesia mercantile durante il Trecento e il Quattrocento in "beni rifugio" come i terreni, e il conseguente miglioramento della resa agricola, furono i primi segni di una ripresa economica che stimolò una nuova intraprendenza. Da quest'atteggiamento sorse il desiderio di allargare vedute e confini di un mondo ancora sconosciuto e di trovare nuove risorse.

L'epoca dei grandi viaggi d'esplorazione fu aperta nel 1487 dal portoghese Bartolomeo Diaz, con la circumnavigazione dell'Africa. Nel 1492, il navigatore genovese Cristoforo Colombo, messosi al servizio della Spagna, mise piede sulle coste del Nuovo Continente. Passando lungo la rotta tracciata da Diaz, il portoghese Vasco da Gama arrivò in India (1498). Pedro Álvarez Cabral, un altro portoghese, raggiunse le coste brasiliane (1502), e il fiorentino Amerigo Vespucci le esplorò nello stesso anno sempre per conto del Portogallo. Un altro portoghese, ma a servizio della corona spagnola, Vasco Núñez de Balboa, scoprì il passaggio dell'istmo di Panama (1513) e tra il 1519 e il 1521 sempre un portoghese, Ferdinando Magellano, compì la prima circumnavigazione della Terra.

Iniziò allora il cosiddetto "commercio triangolare" fra Europa, Africa e America. Le navi europee rapivano o acquistavano i neri sulle coste africane e li conducevano in America. Lì erano venduti o scambiati con i prodotti locali coltivati proprio dagli schiavi autoctoni o neri. Nuovi beni confluivano in Europa, arricchendo il ventaglio di prodotti disponibili.

Già dopo il viaggio di Colombo, Spagna e Portogallo si dimostrarono più attive delle altre Nazioni. Nel 1494 stipularono un accordo, il Trattato di Tordesillas, con il quale si spartivano le terre scoperte e quelle da scoprire. In base agli accordi, i portoghesi poterono impadronirsi del Brasile, dove fondarono alcune colonie lungo la fascia costiera, disinteressandosi dell'entroterra. Le fortune degli spagnoli vennero dall'attività dei *conquistadores*, avventurieri pronti a tutto e privi di scrupoli. Hernán Cortés contro gli Aztechi, Francisco Pizarro contro gli Incas e Francisco de Montejo contro i Maya ottennero delle facili quanto crudeli vittorie.

Il colonialismo non fu l'unica conseguenza delle scoperte geografiche. Il grande afflusso di metalli preziosi in Europa aumentò la quantità di denaro disponibile. Tuttavia, la produzione di manufatti rimase perlopiù invariata e i prezzi aumentarono considerevolmente. Gli storici chiamano questo evento "rivoluzione dei prezzi", un fenomeno che colpì specialmente le rendite dei feudatari e i ceti più deboli (piccoli artigiani, salariati e contadini) e che arricchì ulteriormente la grande borghesia. Sorsero potenti compagnie commerciali e bancarie, come quella dei Fugger in Germania o dei Welser in Olanda.

In generale, mentre i Paesi europei che si affacciavano sull'Oceano Atlantico acquisirono un ruolo di primo piano, per gli Stati del Mediterraneo cominciò un periodo di grave e irreversibile declino.

19 La politica religiosa di Carlo V

Punti chiave
- La Riforma luterana.
- La politica religiosa e lo scontro in Germania.
- La fine del sogno imperiale e la Pace di Augusta.

Svolgimento

Dinanzi alla scandalosa vendita delle indulgenze promossa dal pontefice Leone X (pontificato dal 1513 al 1521), il monaco tedesco Martin Lutero (o Martin Luther, 1483-1546) reagì affiggendo sulla porta della cattedrale di Wittenberg un documento contenente novantacinque tesi con le quali attaccava l'autorità papale e la dottrina cattolica (1517). La nuova dottrina, detta "luterana", trovò un terreno fertilissimo nelle masse e nei numerosi prìncipi tedeschi vogliosi di svincolarsi da Roma nonché dall'imperatore asburgico.
Su impulso del nunzio apostolico Girolamo Aleandro, Carlo V emanò l'Editto di Worms (1521), un sostanziale atto di scomunica verso gli aderenti alla nuova fede. Tra il 1522 e il 1523 i piccoli feudatari si abbandonarono a numerosi atti di violenza contro le proprietà della Chiesa (Rivolta dei cavalieri). Soffocati questi moti dalla grande feudalità, colpita anch'essa dalle sommosse, nel 1524 furono i contadini ad alimentare la protesta, assaltando castelli, monasteri e chiese in nome dell'uguaglianza fra gli uomini. Lutero, temendo di perdere il sostegno dei prìncipi tedeschi, esortò i grandi feudatari a reprimere con la violenza il movimento popolare. Il bagno di sangue terminò nel 1525. Alla prima Dieta di Spira (1526), Carlo V sospese il provvedimento emanato a Worms, ma con la seconda Dieta di Spira (1529) cercò di riaffermare la supremazia del cattolicesimo. Molti prìncipi si opposero con un documento chiamato *Protestatio*, attraverso il quale rivendicavano il diritto alla libertà religiosa e si allineavano alle tesi di Lutero; da questo atto nacque il nome del movimento protestante. Nel 1530 i luterani presentarono alla Dieta di Augusta la *Confessio Augustana*, il primo documento organico in cui erano esposti tutti i prìncipi fondamentali del protestantesimo, e nel 1531 i prìncipi protestanti tedeschi si unirono nella Lega di Smalcalda.

Una volta che Carlo V ebbe depotenziato il pericolo turco e francese, poté riversare le proprie energie sui prìncipi tedeschi ribelli. Allestito un nuovo esercito, nel 1547 affrontò e sconfisse a Muhlberg la Lega di Smalcalda. Tuttavia, quando nel 1552 il successore di Francesco I, Enrico II di Francia, si alleò con i prìncipi protestanti tedeschi, Carlo V ebbe chiaro che non c'era più nulla da fare per affermare un unitario progetto imperiale. Dinanzi agli attacchi francesi in Lorena e nelle Fiandre, a Carlo V non restò altro che concedere la libertà religiosa ai prìncipi, secondo il principio *cuius regio eius religio*. Come da antichissima tradizione, le genti di ogni principato avrebbero seguito la scelta religiosa del loro signore. Le concessioni operate dall'imperatore furono ratificate ufficialmente nel 1555 con la Pace di Augusta. Stanco e disilluso, Carlo V si ritirò in monastero, dopo aver diviso i propri domini tra il figlio Filippo II e il fratello Ferdinando d'Asburgo.

20 La Riforma protestante

Punti chiave

- Le cause della Riforma.
- Princìpi basilari della Riforma.
- Ricadute politiche.
- Ricadute economiche.

Svolgimento

La Riforma protestante scaturì dalla critica alla degenerazione spirituale della Chiesa che per secoli era stata interessata da corruzione morale, intrighi e violenze. Dinanzi alla scandalosa vendita delle indulgenze promossa dal pontefice Leone X (pontificato dal 1513 al 1521), il monaco tedesco Martin Lutero (1483-1546) reagì affiggendo sulla porta della cattedrale di Wittenberg un documento contenente novantacinque tesi, con le quali attaccava l'autorità papale e la dottrina cattolica (1517).

Secondo Lutero, non potevano essere la Chiesa e i suoi ministri a stabilire il diritto alla salvezza: il perdono dei peccati viene dalla fede dell'uomo e dalla volontà di Dio. Inoltre, secondo la nuova dottrina, ogni cristiano può essere oggetto dell'illuminazione della grazia dello Spirito Santo, molto più di quanto lo possano essere il pontefice e il clero. Da questi presupposti scaturirono due conseguenze fondamentali per il protestantesimo: ogni credente avrebbe potuto interpretare le Scritture, senza mediazioni da parte della Chiesa (*libero esame*); ogni credente, in quanto chiamato a godere di un rapporto immediato con Dio, ossia privo di mediazioni, è sacerdote (*sacerdozio universale*).

Questo impianto di fede (fondato sul principio *sola fides, sola gratia, solus Christus, sola Scriptura*) ebbe particolare successo in Germania, a partire dalla grande feudalità, desiderosa di liberarsi dall'opprimente peso della Chiesa e dall'imperatore. I valori della Riforma luterana si allargarono a macchia d'olio a tutta l'Europa centrale e settentrionale e trovarono un terreno fertile anche in Francia, Svizzera e Inghilterra.

Il protestantesimo (da *Protestatio*, il documento con cui nel 1529, durante la seconda Dieta di Spira, i prìncipi tedeschi protestarono contro la decisione dell'imperatore Carlo V di imporre la supremazia del culto cattolico) assunse forme diverse da quella luterana (il calvinismo, l'anabattismo, lo zwinglismo, il puritanesimo, il metodismo sono solo alcuni esempi), proprio perché, in base al libero esame delle Scritture, esso tendeva a frazionarsi in una pluralità di pensieri e interpretazioni.

Inoltre, il protestantesimo portò con sé la dottrina della predestinazione, già sostenuta da Lutero: l'uomo, eternamente corrotto dal peccato, è salvo solo per volontà divina, secondo un disegno a lui ignoto. La salvezza del credente, già scritta nel destino, si può comunque manifestare attraverso la propria condotta morale, la laboriosità, la fortuna professionale e la partecipazione politica. La ricchezza materiale, di cui godere con misura, diviene segno di una benedizione divina. Un tale impianto incontrò il favore di quelle Nazioni in cui la borghesia rivestiva un ruolo di primo piano, mentre emarginava notevolmente le classi più povere e i miseri, considerati colpevoli delle loro condizioni, simboli del peccato e dei vizi, destinati alla dannazione eterna. Le strutture sociali ed economiche di molti Paesi avrebbero fortemente risentito, col tempo, di questa impostazione, dando impulso allo spirito capitalistico e agli sviluppi economici dei secoli seguenti.

21 La Controriforma

Punti chiave

- Riforma o Controriforma?
- Le conclusioni del Concilio di Trento.
- Gli effetti del Concilio di Trento.
- Ricadute sociali ed economiche nei Paesi cattolici.

Svolgimento

Dinanzi al dilagare della Riforma protestante la Chiesa cattolica, nel suo insieme, si divise secondo due scuole di pensiero. Da una parte vi erano gli evangelici (o transigenti o erasmiani), che si rifacevano al messaggio di tolleranza religiosa diffuso dall'umanista cristiano Erasmo da Rotterdam, per il quale andavano abbandonati il formalismo liturgico, la corruzione dei costumi e l'intolleranza religiosa per far sì che la vitalità della notizia evangelica emergesse in tutta la sua genuinità. Secondo i transigenti c'era bisogno di una *riforma* interna alla Chiesa. Dall'altra parte della barricata stavano gli intransigenti, contrari all'accoglimento di ogni deroga alla dottrina ufficiale, severi censori delle tesi luterane. Per loro l'unica via praticabile era avversare la Riforma luterana con un'energica attività di *controriforma*.

Il pontefice Paolo III indisse un concilio ecumenico a Trento, a metà strada fra Roma e la Germania. Iniziato nel 1545, al Concilio furono invitati anche i teologi luterani, ma questi vi avrebbero partecipato solo in modo marginale nel 1552. I lavori conciliari proseguirono a singhiozzo fino al 1563, durante il papato di Paolo IV. Al termine dei lavori l'orientamento intransigente aveva trionfato su tutta la linea.

Negli anni che seguirono il Concilio, sebbene la Chiesa avesse cercato di adottare provvedimenti di riforma attraverso una più convinta moralizzazione dei costumi, l'azione di controriforma fu assai più vistosa e incisiva. La solidità organizzativa, la centralizzazione del potere, la riorganizzazione del Tribunale dell'Inquisizione, la caccia agli eretici e alle streghe, i controlli sulla cultura e sull'arte, la promulgazione dell'*Indice dei Libri Proibiti* (1559) – ossia l'elenco di quei libri (religiosi e non) contrari alla dottrina –, gli arresti e le persecuzioni verso quei prelati e quei laici appartenenti all'ala transigente, la pervasiva attività di evangelizzazione in America Latina e in Oriente e il sostegno a favore della Compagnia di Gesù e delle sue attività, erano tutti segnali inequivocabili della preminenza della Controriforma sulla Riforma cattolica. Solo il propagarsi delle attività di carità e assistenza (scuole, confraternite, banche per prestiti senza interessi, ospedali) mostrò una Chiesa più vicina alla gente e alle sue sofferenze.

La rigida applicazione delle conclusioni conciliari da parte dei monarchi cattolici e, in particolare, del re spagnolo Filippo II, cristallizzò la società, impedendo alla borghesia di svilupparsi, mentre l'economia dei Paesi passati al protestantesimo iniziava la propria crescita impetuosa. Di converso, l'impoverimento economico e culturale dei Paesi cattolici cominciò proprio in questa fase, mentre il pesante clima sociale e religioso avrebbe trascinato la Francia in una guerra civile ultratrentennale (guerre di religione, 1562-1598).

22 Il malgoverno spagnolo in Italia

Punti chiave

- Collocare cronologicamente il periodo della presenza spagnola in gran parte dell'Italia nel secolo in questione.
- Chiarire cosa si intende per malgoverno.
- Esplicitare i criteri di giudizio.

Svolgimento

La Spagna seppe imporsi come potenza dominante nella penisola italiana a partire dal XVI secolo, soprattutto in seguito alla Pace di Cateau-Cambrésis (1559). Il trattato segnò la fine del duello franco-asburgico e delle Guerre d'Italia e l'inizio del dominio spagnolo, che sarebbe durato fino al termine della Guerra di successione spagnola, sancito con la Pace di Utrecht (1713) e con il passaggio dell'Italia sotto la sfera d'influenza dell'Impero asburgico.
Filippo II poteva contare sui Vicereami di Sicilia, Sardegna e Napoli, sul Ducato di Milano e sul piccolo Stato dei Presìdi. Inoltre, lo Stato della Chiesa, il Marchesato del Monferrato, i Ducati di Modena, Parma e Mantova e la Repubblica di Genova erano indirettamente controllati dalla Spagna e a questa i Savoia in Piemonte e i Medici a Firenze dovevano il ritorno in possesso dei loro territori. Solamente Venezia poteva dirsi totalmente svincolata dalla Spagna.
Se da un lato la Spagna fu la potenza europea che meglio servì la causa della Controriforma e che sembrava godere di un assoluto vigore politico e militare, dall'altra Filippo II dovette far fronte al terrificante debito pubblico contratto con le banche di mezza Europa per finanziare le tante guerre in cui il suo regno era stato e sarebbe stato coinvolto. Per evitare il fallimento dello Stato, Filippo II avrebbe potuto aumentare la tassazione sul clero e la nobiltà, ma reputava essenziale il supporto politico degli elementi conservatori della società. La burocrazia era elefantiaca, inefficiente e inefficace, attanagliata dal clientelarismo. Le ricchezze d'oltreoceano, invece di essere investite nell'economia interna, furono utilizzate dalla nobiltà per l'acquisto di beni di lusso all'estero. Per far fronte alle innumerevoli spese, quindi, a partire da Filippo II in poi, sui domini spagnoli in Italia si abbatté un pesantissimo fiscalismo.

Lo sviluppo del latifondo e la protezione degli interessi feudali ed ecclesiastici ostacolarono notevolmente la formazione di una classe borghese vitale. Per tutti questi motivi, il governo spagnolo in Italia è ricordato come un periodo di malgoverno, segnato da una dominazione sfruttatrice e da miopi politiche di mantenimento dei privilegi della nobiltà, dei latifondisti e del clero, che avrebbero paralizzato la crescita sociale, economica e politica della penisola.

23. Principali caratteri economici dell'Inghilterra elisabettiana

Punti chiave

- Definire cronologicamente l'epoca elisabettiana.
- Esplicitare i caratteri dell'economia del periodo in questione in Inghilterra.
- Confrontare l'economia inglese con quella dei principali Paesi europei.

Svolgimento

La lunga *epoca elisabettiana* (1558-1603) fu segnata, in senso economico, anzitutto dall'affermazione del *capitalismo agrario*. Già dopo lo scisma anglicano operato da Enrico VIII, e poi con Elisabetta I, si procedette alla confisca dei beni appartenenti alla Chiesa cattolica. I terreni ecclesiastici, che erano un bene collettivo, vennero ceduti ai privati cittadini e recintati. I nuovi proprietari destinavano le recinzioni (*enclosures*) al pascolo, specialmente ovino. La lana era poi venduta ai tessitori inglesi, che provvedevano a sgrezzarla e a rivenderla a loro volta come prodotto semilavorato ai grandi artigiani tessili delle Fiandre. La filiera così descritta diede un grosso impulso all'emergente industria tessile inglese e fece la fortuna della piccola e media nobiltà dedita ad attività imprenditoriali borghesi (*gentry*) e dei mercanti, degli artigiani e dei coltivatori, questi ultimi detti *yeomen*.

Perse le terre collettive, i contadini furono così costretti a offrirsi come braccianti nei terreni privati o come salariati presso le piccole imprese manifatturiere. Per la borghesia il costo della forza lavoro era basso e i guadagni cospicui. Si sviluppò così quel modello economico (*domestic system*) i cui centri di produzione erano le case stesse dei lavoratori di campagna. I prodotti finali erano di qualità inferiore, ma disponibili a buon prezzo e adatti a una domanda più massificata. Di fatto, si trattava di un sistema produttivo proto-industriale.

Molti dei profughi religiosi e politici provenienti dai Paesi in cui la Controriforma colpì con particolare durezza appartenevano ai ceti maggiormente produttivi e contribuirono alla crescita economica inglese. Nacquero anche numerose e potenti compagnie commerciali, impegnate nel trasporto di merci su scala mondiale.

Rispetto all'Inghilterra, tutti gli altri Paesi d'Europa erano in grave difficoltà economica e finanziaria. La Spagna di Filippo II era oberata dai debiti nei confronti dei grandi banchieri tedeschi, che a causa all'insolvenza del regno iberico finirono in fallimento. Pur di non danneggiare la nobiltà e il clero, i reali di Spagna imposero un insopportabile fiscalismo che oppresse le fasce sociali più deboli e impedì la crescita del ceto borghese. Inoltre, la politica persecutoria nei confronti degli arabi e degli ebrei rimasti in Spagna (*limpieza de sangre*) privò il Paese della più vitale componente economica.

L'Impero, diviso politicamente al proprio interno tra principati tedeschi e cattolici, stava perdendo coesione sociale ed economica.

La Francia era lacerata dalle divisioni fra la maggioranza cattolica e la minoranza (borghese e assai produttiva) protestante. Le guerre di religione, iniziate nel 1562, terminarono solo con la promulgazione dell'Editto di Nantes (1598), grazie al quale i protestanti (molti dei quali, nel frattempo, erano fuggiti in Inghilterra) si videro riconosciuti i loro diritti.

24 Le guerre di religione in Francia

Punti chiave

- Inquadramento cronologico.
- Antefatti: la situazione sociale e religiosa.
- Le parti in causa nella Guerra dei Tre Enrichi.
- La politica religiosa di Enrico IV.

Svolgimento

Alla morte di Enrico II di Valois (1559) salì al trono di Francia il quindicenne Francesco II; data la giovane età, la reggenza fu assunta da sua madre Caterina de' Medici. I problemi nel Paese erano numerosi: oltre al malcontento popolare dovuto alla difficile situazione economica, la diffusione del protestantesimo di stampo calvinista tra i ceti borghesi maggiormente produttivi della popolazione stava generando molte tensioni sociali.

Allo scopo di allentare le tensioni tra cattolici e protestanti, Caterina de' Medici emise l'Editto di Saint-Germain (1560), con cui concedeva una limitata libertà di culto ai secondi, ma l'esperimento diplomatico fu mandato all'aria dalla strage di Wassy del 1562. I cattolici accusarono gli ugonotti di aver programmato un colpo di Stato e ben trenta di questi vennero uccisi.

Esplose furente la guerra civile fra protestanti e cattolici che durò, a più riprese, fino al 1598. La reggente cercò di mediare. Nel 1570, con la Pace di Saint-Germain, riconobbe ampie libertà religiose agli ugonotti, e nel 1572 diede in sposa sua figlia, Margherita di Valois, a Enrico di Borbone. Il matrimonio si celebrò il 18 agosto 1572 e richiamò a Parigi migliaia di protestanti in festa. Il 22 agosto, però, gli ugonotti protestarono vivacemente per le vie di Parigi a causa del ferimento di una delle loro personalità di spicco, l'ammiraglio Coligny.

La risposta dei cattolici giunse con ferocia inaudita nella notte tra il 23 e il 24 agosto, durante la quale si consumò il Massacro di San Bartolomeo. Coligny fu ucciso ed Enrico di Borbone sfuggì alla morte per un soffio. L'eccidio fu immane e nei giorni seguenti dilagò in tutta la Francia. Durante gli scontri, almeno diecimila ugonotti persero la vita.

La lotta fra protestanti e cattolici, organizzatisi rispettivamente nell'Unione protestante (1574) e nella Santa Unione o Lega cattolica (1576), riprese violentissima e nel 1585 si entrò nella fase più dura del conflitto, nota come la Guerra dei Tre Enrichi (re Enrico III per la famiglia reale, Enrico di Guisa per i cattolici ed Enrico di Navarra per i protestanti).

La morte di Enrico di Guisa (1588) e quella di Enrico III (senza eredi diretti) permisero a Enrico di Navarra di imporsi come nuovo re (Enrico IV, 1592). Per rinsaldare il suo potere e pacificare le tensioni interne, Enrico IV si convertì al cattolicesimo (1594), un atto che gli garantì la ripresa di Parigi. Ripristinato l'ordine, nel 1598 Enrico IV pose fine alle guerre di religione con l'Editto di Nantes, con cui garantì ai protestanti la libertà di culto in tutto il Paese, il libero accesso alle cariche pubbliche, il controllo di oltre centoquaranta città.

La successiva opera di riorganizzazione dello Stato e di rilancio economico posta in essere da Enrico IV fu assai positiva, ma questo non lo mise al riparo da nuove cospirazioni. Nel 1610 cadde per mano di un fanatico cattolico, François Revaillac.

25. La Guerra dei Trent'anni: cause e conseguenze

Punti chiave
- Cause della guerra.
- La scintilla del conflitto.
- Gli schieramenti.
- Gli esiti.

Svolgimento

La frammentazione territoriale e politica in Germania, sulla quale il potere imperiale era solo di natura formale, la permanenza del potere feudale e l'indebolimento della borghesia furono i tre principali fattori che determinarono un'enorme instabilità all'interno dell'Impero. Ad aggravare la situazione contribuirono le divisioni religiose fra cattolici e protestanti, organizzatisi rispettivamente nella Lega cattolica e nell'Unione evangelica, diretta questa da Federico V del Palatinato. A tutto ciò, bisogna aggiungere il contesto internazionale. La Francia non aveva mai sopito la propria ostilità verso l'Impero e la Spagna. La Spagna, dal canto suo, alleata all'Impero, avrebbe dovuto fare i conti con le spinte indipendentiste dell'Olanda. La Svezia aveva intenzione di imporsi quale potenza egemone sul Mar Baltico.

L'imperatore Mattia, salito al trono nel 1612 e desideroso di estirpare il protestantesimo dai domini asburgici, assegnò il governo della Boemia al cugino Ferdinando, fervente cattolico, destinato a ereditare la corona imperiale. La nobiltà boema, di fede calvinista, si oppose. Era il 1618 quando i messi imperiali furono gettati dalle finestre del castello praghese di Hradčany. Questo fatto, conosciuto come Defenestrazione di Praga, fu la scintilla che innescò una guerra trentennale su scala europea, che vide impegnati l'Impero e la Spagna da una parte, i prìncipi tedeschi protestanti, i boemi, i danesi, gli svedesi, i francesi e gli olandesi dall'altra. Al termine del conflitto, tutti i contendenti erano esausti. I veri sconfitti furono gli spagnoli, mentre l'Impero ne uscì gravemente indebolito sul piano politico ed economico.

La Pace di Wesfalia del 1648 determinò i seguenti esiti:

> la Francia si affermava come potenza europea assoluta, generando in Olanda e Inghilterra non poche preoccupazioni per il futuro;

> la Svezia rafforzava il proprio dominio sul Baltico grazie all'occupazione della Pomerania occidentale, una regione della Germania nord-orientale;
> l'Olanda si vide totalmente riconosciuta la propria indipendenza dalla Spagna e rafforzò notevolmente la propria posizione di grande potenza marittima, tanto da suscitare dei contrasti con la Francia e l'Inghilterra;
> la Spagna entrò in un'irreversibile fase di declino;
> l'Impero uscì dal conflitto prostrato economicamente, demograficamente e politicamente, diviso al proprio interno in una serie di staterelli sui quali l'imperatore aveva ben poca autorità; il progetto egemonico imperiale tramontò ancora una volta e il sogno di restaurazione cattolica in Europa, portato avanti dalla casa d'Asburgo, svanì per sempre.

26 Le principali scoperte scientifiche del Seicento

Punti chiave
- Il ruolo delle accademie nella diffusione delle conoscenze scientifiche.
- L'opposizione della Chiesa dopo la Controriforma.
- Altre scoperte e invenzioni.

Svolgimento

Il Seicento fu uno dei più importanti momenti di fioritura scientifica della storia, nonostante il movimento di Controriforma proseguisse nella propria opera di imbavagliamento del progresso. Le università, asservite ai potenti, restarono confinate nei saperi antichi e tradizionali, mentre le accademie, come quella dei Lincei di Roma, degli Investiganti di Napoli o del Cimento di Firenze, adottarono da subito il metodo sperimentale-scientifico di Galileo Galilei (1564-1642). Il fisico e astronomo pisano elaborò un sistema per studiare sperimentalmente i fenomeni naturali e per enunciare leggi scientifiche dopo una serie di verifiche o falsificazioni a seguito, appunto, di ripetuti esperimenti. Fu sempre Galileo a sovvertire le convinzioni della Chiesa riguardo la fissità del sistema astronomico, fino ad allora concepito come geocentrico: Galileo fu in grado di dimostrare scientificamente la teoria copernicana della fissità del Sole, mettendo in subbuglio le immutabili convinzioni della Chiesa e finendo nel mirino dell'Inquisizione.

Anche le teorie del filosofo e matematico francese René Descartes (o Cartesio, 1596-1650) incontrarono un clima ostile in Francia. Muovendo dall'empirismo, ossia dal continuo ricorso alla dimostrazione pratica, argomentato da Francis Bacon (o Francesco Bacone, 1561-1626), Cartesio definì la scienza come qualcosa di concretamente misurabile, marginalizzando ogni aspetto metafisico. Il clima di ostilità verso i suoi insegnamenti divenne manifesto nel 1671, quando l'università parigina della Sorbona condannò la filosofia di Cartesio, basata sulla pratica del dubbio. Secondo Cartesio sono vere quelle affermazioni che siano tanto evidenti quanto lo sono le dimostrazioni matematiche e geometriche. Da questo approccio nacque la geometria analitica, sintesi fra algebra e geometria, e fu questa impostazione di pensiero, contraria alle irrazionali certezze della tradizione politica e religiosa dell'epoca, a scatenare la repressione culturale della Sorbona. Gli allievi di Cartesio preferirono recarsi in Olanda, dove stamparono i propri scritti che poi fecero clandestinamente pervenire in Francia.

Più fortunata sotto il punto di vista squisitamente "politico", ma ugualmente rivoluzionaria, fu la scoperta della legge della gravitazione universale a opera di Isaac Newton (1642-1727), con cui fu possibile spiegare con precisione la dinamica del movimento dei pianeti.

Il Seicento, grazie a queste scoperte scientifiche (e a molte altre, come quelle in campo medico-anatomico-chirurgico), fu anche un secolo di grandi invenzioni, come il microscopio, il telescopio, la pompa e la valvola nell'ingegneria idraulica, il termometro ad aria e il barometro per misurare la pressione.

27 I caratteri dell'assolutismo in Francia

Punti chiave
- Politica interna: centralizzazione del potere e riorganizzazione burocratica.
- Politica estera: politica di potenza.
- Politica religiosa: lotta contro la minoranza protestante e primato del potere regio su quello spirituale.

Svolgimento

A partire da Luigi XIII (divenuto re nel 1610 a soli nove anni, ma con pieni poteri dal 1617), i sovrani francesi assunsero un atteggiamento politico teso ad affermare il potere assoluto del re sulla nobiltà e sull'intera società dell'epoca. Luigi XIII trovò nel cardinale Richelieu un prezioso collaboratore. Per realizzare l'assolutismo monarchico essi centralizzarono la macchina burocratica e procedettero a un riordino amministrativo, danneggiando così gli interessi dei nobili (che tentarono più volte di ribellarsi) e aumentando la spesa pubblica, da cui scaturì un pesante innalzamento della pressione fiscale, insopportabile per le classi più povere. Il cardinale italiano Giulio Mazarino, primo ministro dopo la morte di Richelieu (1642), proseguì l'opera di centralizzazione del potere, ma anch'egli dovette far fronte alle rivolte dei nobili (Fronda parlamentare, 1648; Fronda dei prìncipi, 1650-1653). Alla morte di Mazarino (1661), Luigi XIV poté amministrare il regno in totale autonomia. All'esclusione dei nobili dall'amministrazione dello Stato unì un'aggressiva politica commerciale (*mercantilismo* o *colbertismo*), tesa a proteggere le manifatture attraverso importanti sgravi fiscali e a rendere preponderanti le esportazioni rispetto alle importazioni.

La politica estera del Seicento fu una vera e propria politica di potenza, primariamente antiasburgica, tesa ad affermare il primato politico, militare ed economico della monarchia francese in Europa. Nella Guerra dei Trent'anni (1618-1648) la Francia di Richelieu e Luigi XIII riportò un'importante vittoria militare e politica sull'Impero. Mazarino riuscì a chiudere con successo la contesa con la Spagna con la Pace dei Pirenei (1659). L'aggressiva politica commerciale di Luigi XIV, invece, spinse le principali potenze europee ad allearsi in chiave antifrancese (Lega di Augusta, 1686; Grande Alleanza dell'Aia, 1701). La Guerra della Grande Alleanza (1688-1697) e la Guerra di Successione spagnola (1702-1714) non diedero i risultati sperati da Luigi XIV.

Dopo il regno del filo-protestante Enrico IV, autore dell'Editto di Nantes (1598) con cui si riconoscevano i diritti dei protestanti, i suoi successori tesero a ridurre progressivamente gli spazi di libertà religiosa per la minoranza, già a partire dal governo di Luigi XIII e Richelieu. La situazione, però, peggiorò notevolmente con Luigi XIV. Questi attuò una spregiudicata politica di conversione forzata, il cui punto più alto fu l'emanazione dell'Editto di Fontainebleau (1685), con il quale furono annullati tutti gli effetti dell'Editto di Nantes. Luigi XIV, inoltre, tese a rafforzare il primato del potere regio anche sul potere spirituale, arrogandosi il diritto di nomina dei vescovi francesi in virtù della sacralità e della provenienza divina del proprio potere (dottrina del *gallicanesimo*).

28 Le rivoluzioni e i loro esiti: princìpi ispiratori, promesse e tradimenti alla base dei principali fenomeni rivoluzionari della storia

Punti chiave
- La Rivoluzione inglese e i princìpi del liberalismo.
- L'Illuminismo in Francia.
- La Guerra d'Indipendenza americana e la Rivoluzione francese.
- Il tradimento dei valori rivoluzionari.

Svolgimento

La Rivoluzione inglese – iniziata con la guerra civile (1642-1649), passata attraverso la repubblica puritana di Cromwell (1649-1660) e la restaurazione monarchica (1660-1688) e conclusasi con la Gloriosa rivoluzione (1688-1689) e con la ratifica della Dichiarazione dei diritti (*Bill of Rights*, 1689) – ha ufficialmente aperto un'epoca di rivoluzioni non solo istituzionali, ma anche valoriali e filosofiche in ambito politico. In generale, la sottomissione del re al Parlamento e alla legge e la tutela della libertà di parola hanno dato vita al *parlamentarismo*, un sistema di governo che, nei secoli successivi, lentamente ma inesorabilmente, avrebbe condotto all'affermazione dei regimi democratici in Occidente. Dall'esperienza di quegli anni, il filosofo John Locke trasse ispirazione per delineare i caratteri fondamentali del pensiero liberale, basato sull'assunto secondo il quale l'uomo, per sua natura, nasce libero.

Nel corso del Settecento, mentre il peso della borghesia cresceva in mezza Europa in termini di ricchezza economica e di peso sociale, si diffuse il vasto movimento culturale e filosofico dell'Illuminismo. Questo andò all'attacco di tutte le forme di potere tradizionale e assolutistico, religiose o civili. La borghesia trovò nel pensiero liberale la giustificazione intellettuale alle proprie aspirazioni politiche. In opposizione all'assolutismo, il barone di Montesquieu teorizzò la divisione dei poteri dello Stato (legislativo, esecutivo e giudiziario), mentre Jean-Jacques Rousseau fu il principale alfiere del principio dell'uguaglianza dei cittadini dinanzi alla legge.

Fu sulla scorta del pensiero illuministico e dei profondi cambiamenti sociali ed economici avvenuti in Europa che le colonie inglesi dell'America settentrionale si ribellarono a quello che consideravano il dominio oppressivo della madrepatria (Guerra d'Indipendenza americana, 1774-1783). La Dichiarazione d'Indipendenza (1776) fu redatta proprio in base ai princìpi illuministici nati in Europa. Ugualmente, anche la Rivoluzione francese (1789-1799) si ispirò agli stessi princìpi e trovò nella Dichiarazione dei diritti dell'uomo e del cittadino (1789) la massima espressione giuridica e politica.

Tuttavia, i valori che avevano ispirato le rivoluzioni divennero presto oggetto di strumentalizzazioni o di oltraggi da parte degli stessi rivoluzionari. In Inghilterra le diseguaglianze e i privilegi persistettero per almeno altri due secoli. Gli Stati Uniti non risolsero il problema della schiavitù, della povertà e delle disparità socio-economiche. In Francia, la Rivoluzione avrebbe portato instabilità e morte per ben dieci anni; addirittura, la sua fase "più democratica", con i giacobini al potere (1793), non generò altro che la politica del Terrore. L'esito finale del movimento rivoluzionario fu l'ascesa di Napoleone. Per ottenere la libertà, l'uguaglianza e la fraternità ci sarebbe voluto molto più tempo.

29. La Rivoluzione inglese del XVII secolo e la formulazione del *Bill of Rights*

Punti chiave
- La Petizione dei diritti.
- La "Grande Rimostranza".
- Il re Guglielmo III difensore del parlamentarismo.

Svolgimento

La politica assolutistica attuata all'inizio del Seicento da Giacomo I fu ripresa da suo figlio, Carlo I (re dal 1625 al 1649), anglicano, ma vicino alle posizioni cattoliche. La sua richiesta di adottare nuovi provvedimenti fiscali per finanziare la Guerra dei Trent'anni dovette incassare il rifiuto del Parlamento, che gli impose la firma della *Petizione dei Diritti*, attraverso la quale si ribadiva l'inviolabilità dei diritti della persona e il diritto del Parlamento di verificare la legalità delle imposizioni fiscali da parte del sovrano, così come stabilito dalla *Magna Charta Libertatum* del 1215. Il re fu costretto a sottoscrivere la *Petizione*, ma l'anno dopo, nel 1629, rovesciò la situazione in proprio favore. Sciolse di forza il Parlamento e diede inizio a un lungo periodo di governo personale; prese liberamente a imporre tasse e a vendere titoli nobiliari e monopoli, tutto questo per rimpinguare gli scrigni dell'erario.

Il tentativo di imporre l'anglicanesimo nella Scozia calvinista (fronte presbiteriano) suscitò una violenta sollevazione (1638) e Carlo I fu costretto a convocare il Parlamento per farsi finanziare la costituzione di un nuovo esercito (1640). Il diniego fu secco e dopo poche settimane il re sciolse l'assemblea (Corto Parlamento). Nuovamente convocata a novembre del 1640 (Lungo Parlamento), la situazione rimase in fase di stallo e, anzi, peggiorò. Il Parlamento presentò un documento, la *Grande Rimostranza*, in cui si denunciavano e condannavano tutte le ingiustizie commesse dal re, dalla nobiltà e dal clero (dicembre 1641). Scoppiò così la Guerra civile (1642-1649), primo atto della Rivoluzione inglese. Abbattuta la monarchia e ucciso il re, si instaurò una repubblica improntata ai valori calvinisti-puritani e guidata da Oliver Cromwell. Fu un'epoca di rilancio economico e di abolizione dei privilegi, ma alla morte di Cromwell (1658) emerse tutto il malcontento per il ferreo rigore morale della repubblica.

Fu così che si giunse alla restaurazione monarchica con Carlo II (1660), figlio del re ucciso undici anni prima. Nel 1679, Carlo II fu costretto a rilanciare l'*Habeas Corpus,* il principio, già contenuto nella *Magna Charta,* con il quale si stabiliva che nessun uomo libero potesse essere arrestato o imprigionato o privato dei propri beni se prima non fosse stato giudicato da una corte di suoi *pari.*

Quando il sovrano morì nel 1685, senza legittimi eredi diretti, la corona passò al fratello, il filo-cattolico Giacomo II. I timori riguardo un monarca cattolico e assolutista suggerirono al Parlamento di offrire la corona al genero di Giacomo II, lo Statolder d'Olanda Guglielmo d'Orange (1688). Giacomo II, isolato e debole, fuggì in Francia, mentre il nuovo re, Guglielmo III, asceso al trono senza alcuno spargimento di sangue, si eresse a difesa del parlamentarismo e del liberalismo – oltraggiato dalla monarchia assoluta dei sovrani del Seicento – così come sancito nel *Bill of Rights* (1689).

30 La Rivoluzione industriale

Punti chiave
- Le innovazioni tecnologiche.
- Il nuovo assetto produttivo ed economico.
- Le mutazioni sociali.

Svolgimento

Agli inizi del Settecento la Gran Bretagna si configurava come la vera potenza egemone d'Europa, il cui assetto economico si ritrovò ben presto completamente modificato. A metà secolo l'introduzione di migliorie ai macchinari per la filatura aumentò la produzione. La necessità di centralizzare le attività produttive e di abbattere i costi fece sì che gli imprenditori aprissero delle fabbriche su tutto il suolo nazionale. L'industria tessile ebbe un ulteriore slancio con l'introduzione della spoletta volante di John Kay (1733) e del telaio meccanico di Edmund Cartwright (1786), uniti alla forza della macchina a vapore (1766) e del volano regolatore (1788) inventati da James Watt. Fu così che si passò dal *domestic system* al *factory system* (sistema di fabbrica), dominato dall'energia del vapore, capace di alimentare numerosi macchinari. Questi sviluppi, uniti ad altre innovazioni tecnologiche, agevolarono la successiva nascita di nuovi settori industriali, come quello siderurgico e meccanico, di cui beneficiarono i mercati e le industrie stesse. Iniziò così, in Inghilterra, la Rivoluzione industriale, un processo di trasformazioni economiche destinato a propagarsi in Europa occidentale e a mutare radicalmente le società interessate da questo fenomeno.

Molti artigiani, perduta la speranza di competere con i ritmi produttivi e con i prezzi bassi delle industrie, cercavano di farsi assumere come operai presso le fabbriche. Le retribuzioni dei lavoratori erano ridotte al minimo e i turni di lavoro massacranti. Il controllo era ferreo e l'ambiente malsano. Gli operai cominciarono a prendere coscienza del peso e del ruolo decisivo rivestito nella filiera produttiva. Iniziò a delinearsi, perciò, un'identità operaia che, nel corso del XIX secolo, avrebbe portato alla nascita di una vera e propria classe sociale. Già alla fine del Settecento gli operai presero a unirsi in associazioni sindacali, che trovarono piena strutturazione nel corso del secolo successivo. Più in generale, la Rivoluzione industriale di fine Settecento generò dei profondi cambiamenti in tutto il tessuto sociale. La resa agricola, aumentata notevolmente grazie agli investimenti della borghesia, alle nuove tecnologie e alle nuove tecniche di rotazione (in tal senso si parla anche di Rivoluzione agricola), rese disponibile una quantità assai maggiore di cibo a prezzi molto più bassi. Migliorarono anche le condizioni igieniche e sanitarie. Tutto ciò determinò un generale miglioramento delle condizioni di vita e una notevole crescita demografica. All'aumento della produttività agricola non si affiancò però una crescita nella domanda di forza-lavoro: grandi masse si spostarono dalle campagne alle città, in cerca di un posto nelle fabbriche.

31 L'Illuminismo

Punti chiave
- Inquadramento del movimento.
- Caratteristiche principali.
- Princìpi ispiratori.
- Contrasti interni.

Svolgimento

A partire dalla metà del Settecento si affermò l'Illuminismo, un vasto movimento culturale e filosofico che interessò tutta l'Europa, in particolare la Francia, e che avrebbe alimentato le rivoluzioni di fine secolo. Come prevedibile, l'Illuminismo nacque nella progredita Inghilterra, già all'inizio del secolo, alimentato dal pensiero liberale di John Locke. Secondo gli illuministi solo l'esperienza empirica e la luce della ragione potevano spiegare il mondo che circonda l'uomo. Opera maestra e manifesto dell'Illuminismo è l'*Enciclopedia o Dizionario ragionato delle scienze, delle arti e dei mestieri*, pubblicata fra il 1751 e il 1772 in ventotto volumi e curata dai francesi Jean Baptiste d'Alembert e Denis Diderot.

L'Illuminismo si scagliò contro ogni forma di potere dogmatica, irrazionale e tradizionale. Il movimento riversò le critiche più feroci contro quello che, alla fine del secolo, fu chiamato *ancien régime*, l'antico regime, la società di stampo feudale governata da un monarca assolutista e caratterizzata da una scarsa mobilità, organizzata secondo una piramide gerarchica ben precisa, in cui il clero e la nobiltà godevano di numerosi privilegi.

Grazie agli illuministi trovò diffusione il concetto di *diritti naturali*, quelli che ogni individuo, nella sua dignità, dovrebbe vedersi naturalmente riconosciuti. La libertà personale, di pensiero, di credo religioso e di organizzazione della propria vita lavorativa secondo inclinazioni e capacità, sono diritti che ogni uomo dovrebbe sentire come propri fin dalla nascita, al di fuori di dogmatiche organizzazioni della società o di ogni corporativismo economico.

In realtà, l'Illuminismo fu un movimento prettamente "borghese". I francesi Montesquieu (il principale teorico della separazione dei poteri) e Voltaire, nelle loro opere, aggredirono l'ordine feudale, ma senza mai mettere veramente in discussione lo Stato monarchico. Quando gli illuministi parlarono di libertà e uguaglianza lo fecero sempre in nome della borghesia capitalistica e a sostegno del parlamentarismo, affermando l'idea che le disparità sarebbero comunque sempre esistite nell'ordine naturale delle cose. Le nuove disparità generate dalla Rivoluzione industriale e dal progresso scientifico a danno dei lavoratori trovarono così una sorta di giustificazione intellettuale anche negli illuministi.

L'ottimismo illuminista non trovò uguale riscontro in alcuni studiosi come Jean-Jacques Rousseau (1712-1778), assai critico verso il progresso tecnologico e scientifico, in quanto fonte di degenerazione dell'uomo e mezzo di dominio dei tiranni. Veemente fu il suo attacco anche contro la proprietà privata; questa, secondo Rousseau, aveva decretato la fine dell'uguaglianza fra gli uomini e aveva creato una società competitiva, governata dai più ricchi e segnata dagli squilibri e dalle guerre. Rousseau, inoltre, abbandonò l'impostazione parlamentaristica rappresentativa borghese e si fece promotore della democrazia diretta.

32 L'indipendenza americana

Punti chiave
- I presupposti.
- Le cause contingenti.
- Gli effetti.

Svolgimento

Nel corso del Seicento e del Settecento, l'America settentrionale fu colonizzata pervasivamente. Le compagnie commerciali inglesi e francesi, ottenute le concessioni per sviluppare interessanti commerci con la madrepatria, si impegnarono nel potenziamento delle colonie e delle infrastrutture grazie all'opera di volontari in cerca di fortuna e di libertà. In generale, l'America era vista come la grande occasione della vita per inseguire dei sogni altrimenti irrealizzabili in patria.

Il rapporto fra le colonie inglesi e la madrepatria rimase assai stretto, almeno fino alla metà del Settecento. Esso era regolato da alcuni vincoli per i coloni, primo fra tutti la necessità di protezione dagli eserciti francesi e il divieto assoluto di produrre manufatti, il cui compito era affidato agli opifici e alle nascenti industrie stanziate sull'isola britannica. Inoltre, per le colonie era tassativo l'obbligo di commerciare esclusivamente con la madrepatria.

La fine della Guerra dei Sette anni (1756-1763), con la sconfitta francese e l'emarginazione del governo di Parigi dallo scacchiere nord-americano, fece sì che per le colonie non fosse più necessaria la protezione militare inglese. Anzi, i vincoli con la madrepatria erano concepiti come un insopportabile peso. La situazione precipitò nel 1773, quando il governo inglese assegnò il monopolio del commercio del tè alla Compagnia delle Indie, sebbene ai commercianti delle tredici colonie risultasse assai più conveniente trattare con le navi olandesi.

In autunno si riunirono i rappresentanti di dodici delle tredici colonie a Filadelfia, nel cosiddetto Congresso continentale, chiedendo l'abolizione delle "Leggi intollerabili", ossia di tutti i provvedimenti che limitavano le libertà dei coloni. La risposta negativa del governo inglese scatenò la furia dei coloni che organizzarono un proprio esercito, affidato al generale George Washington, dando inizio alla Guerra d'Indipendenza americana. Il 4 luglio del 1776 il Congresso continentale approvò la Dichiarazione d'Indipendenza: nascevano così gli Stati Uniti d'America. Washington guidò le forze americane alla vittoria nelle battaglie di Lexington (1775) e Saratoga (1777). Il colpo decisivo alla Gran Bretagna fu inferto nel 1781 con la battaglia di Yorktown. Nel 1783 il governo londinese, sconfitto, dovette riconoscere l'indipendenza delle colonie con la Pace di Versailles.

Nel 1787 fu approvata la Costituzione, composta da soli sette articoli, ai quali in seguito furono aggiunti ventisei emendamenti. Il diritto di voto, riservato solo ai più ricchi e istruiti, fu esteso a tutti i cittadini maschi solo nel corso dell'Ottocento. Si preferì adottare un ordinamento centralizzato sulle materie chiave (politica estera, difesa, politica economica e fiscale) e federalista per tutti gli altri settori. I poteri erano separati: al Congresso il potere legislativo, al Presidente e ai suoi ministri il potere esecutivo, alla Corte suprema quello giudiziario.

33 La Rivoluzione francese: i valori che la ispirarono

Punti chiave
- Le classi sociali: nobiltà, clero e borghesia.
- Il ruolo dell'Illuminismo.
- Potere assoluto contro divisione dei poteri.
- I valori rivoluzionari: libertà, uguaglianza, fraternità.

Svolgimento

La Rivoluzione francese (1789-1799) fu, almeno in una prima fase, una rivoluzione prettamente borghese. La borghesia era divenuta una componente fondamentale nell'ossatura e nell'economia dello Stato; tuttavia, essa era priva di reali poteri politici e decisionali, che ancora risiedevano nelle mani del re, mentre l'aristocrazia e il clero conducevano una vita parassitaria.

L'Illuminismo, germogliato in Inghilterra, ma diffusosi con particolare fortuna in Francia a partire dalla metà del Settecento, aveva propagato le sue idee di libertà e uguaglianza, offendo una giustificazione intellettuale alle richieste della borghesia. Lo stesso Illuminismo, con l'incrollabile fede nella ragione dell'uomo, aveva portato un durissimo attacco alla religione e alle forme tradizionali di potere, temporale e religioso, entrambe fondate su un ordine socio-politico di cui i nobili e il clero celebravano la natura divina e sacrale, l'intrinseca giustezza e, quindi, la presunta immutabilità.

Ancor di più fu avversato il carattere assolutistico del potere. Partendo dal pensiero del filosofo inglese John Locke, secondo il quale l'uomo è per sua natura libero e per il quale l'azione dello Stato avrebbe dovuto servire solo a proteggere le libertà di ogni cittadino, Montesquieu affermò che solo una separazione dei poteri dello Stato (legislativo, esecutivo, giudiziario) tra organi distinti avrebbe potuto scongiurarne le varie forme di abuso.

Alla base della Rivoluzione furono posti tre valori fondamentali: la libertà, l'uguaglianza e la fraternità. La Dichiarazione dei diritti dell'uomo e del cittadino (1789) intende la libertà anzitutto come libertà di manifestazione del pensiero e libertà di culto. In generale, questa è intesa come la libertà di poter fare tutto ciò che non nuoce agli altri. Inoltre, il principio della libertà fa riferimento anche al diritto alla proprietà, alla sicurezza e alla resistenza all'oppressione (art. 2). Da qui emerge tutta l'influenza del pensiero liberale classico. Sempre la Dichiarazione sancisce solennemente, all'articolo 1, il principio di uguaglianza tra i cittadini dinanzi alla legge. In virtù di questa uguaglianza, tutti possono concorrere alla formazione della legge (direttamente o tramite dei loro rappresentanti) in quanto espressione della volontà generale, e tutti sono, non solo chiamati a sottomettersi alla legge, ma anche a darsi reciproco sostegno, in base al principio di fraternità. L'articolo 13 della Dichiarazione fa un implicito riferimento a questo valore quando afferma che tutti i cittadini sono chiamati a contribuire, in base alle capacità di ciascuno, alle spese dello Stato. Tuttavia, questo principio è stato quello maggiormente trascurato, sebbene la *Costituzione dell'anno III* (1795) vi si riferisca quando afferma "fate costantemente agli altri il bene che voi vorreste ricevere".

34 L'Impero napoleonico: punti di forza e di debolezza

Punti chiave
- Il contesto.
- I punti di forza.
- I punti di debolezza.
- La disfatta.

Svolgimento

Pur con tutto il suo carico di buoni propositi, la Rivoluzione francese, avviata nel 1789, generò un clima di enorme instabilità politica e istituzionale, senza d'altronde produrre pace sociale. La fine della monarchia e l'instaurazione della repubblica (1792) attirarono le ostilità delle principali potenze europee, mentre la radicalizzazione dello scontro interno e la politica del "terrore" ("giacobino" prima, "bianco" poi) spianarono la strada alla soluzione autoritaria.

L'Impero francese aveva nelle capacità militari del suo imperatore Napoleone l'arma più forte. Vittorioso già prima di diventare imperatore contro gli austriaci durante la Campagna d'Italia (1796-1797) e a Marengo (1800), nel 1805 respinse l'attacco della terza coalizione antifrancese in Baviera, vinse la battaglia di Ulm e occupò Vienna. A dicembre colse una memorabile vittoria ad Austerlitz, nella battaglia dei tre imperatori (Napoleone, Francesco II d'Austria, Alessandro I di Russia). Una quarta coalizione (composta da Prussia, Inghilterra, Russia e Svezia) subì una nuova clamorosa sconfitta a Jena (1806). Occupata Berlino e sottomessa rapidamente la Prussia, Napoleone batté ancora i russi a Eylau e Friedland (1807). La quinta coalizione, formata da Prussia e Austria, fu ancora piegata, stavolta a Wagram (1809).

Napoleone seppe anche portare una ventata di novità politica, abbattendo il sistema feudale ed esportando le riforme laiche e borghesi in tutti i Paesi man mano assoggettati (*Codice di diritto civile o napoleonico*, 1804). Diede impulso al capitalismo industriale, protesse le produzioni nazionali, riformò il fisco e incentivò l'istruzione. Accanto a questo, Napoleone arricchì notevolmente lo Stato con numerose opere d'arte e fece di Parigi il simbolo della grandezza francese.

Le sconfitte navali patite ad Abukir (1798) e a Trafalgar (1805) a opera dell'ammiraglio Nelson dimostrarono l'incapacità di riuscire a domare il primato marittimo e commerciale dell'Inghilterra. L'adozione del Blocco continentale, con cui Napoleone proibì a tutti i Paesi d'Europa alleati di importare i prodotti inglesi, fu un boomerang, perché privava il continente dei beni e delle tecnologie della più potente economia dell'epoca. Inoltre, questo sistema, che comunque ebbe nel Portogallo (alleato storico degli inglesi) la falla principale, incentivò notevolmente il contrabbando. L'Impero francese, divenuto troppo grande e diviso al proprio interno per essere ben controllato, cominciò a scricchiolare dinanzi alle ribellioni in Spagna (1808-1809). La ventata liberale portata da Napoleone ispirò, paradossalmente, la voglia di indipendenza e di unità di molte Nazioni (Spagna, Germania, Italia). L'eccessiva fiducia nei propri mezzi fu alla base della disastrosa campagna di Russia (1812), cui fecero seguito le definitive sconfitte di Lipsia (1814) e Waterloo (1815).

35. Il Congresso di Vienna e la Restaurazione: il nuovo assetto europeo dopo Napoleone

Punti chiave
- I princìpi adottati al Congresso.
- L'assetto delle Nazioni principali.
- La Restaurazione assolutistica.
- La Santa Alleanza.

Svolgimento

Al termine della sconvolgente età napoleonica, i plenipotenziari di tutti gli Stati europei si ritrovarono al Congresso di Vienna (novembre 1814-giugno 1815) per stabilire quale assetto dare al Vecchio Continente. Furono fissati due princìpi (ossia due linee guida) secondo i quali ridefinire i rapporti di forza in Europa:

> *il principio di legittimità*, che restaurava sui rispettivi troni i regnanti spodestati in seguito alla Rivoluzione francese e alle guerre napoleoniche;
> *il principio dell'equilibrio politico*, che bilanciava i valori delle forze dei vari protagonisti europei, impedendo a ciascuno di potersi imporre sugli altri.

Il primo principio fu applicato alla Francia, con il ritorno di Luigi XVIII, alla Spagna, con il rientro di Ferdinando VII, e agli Stati italiani (Stato della Chiesa e il nuovo Regno delle Due Sicilie). L'Austria portò sotto la propria giurisdizione il neonato Regno Lombardo-Veneto e i Ducati dell'Italia centro-settentrionale, in particolare quello di Toscana. Sotto la giurisdizione dell'imperatore andò anche la Confederazione germanica (composta da trentanove Stati). La Russia occupò la Finlandia e pose sotto il proprio controllo il Regno di Polonia. La Prussia ottenne la Ruhr, regione ricca di materie prime, e il porto di Danzica, sul Baltico.

La Restaurazione monarchica in Europa colpì l'Illuminismo politico e riformatore del Settecento e riportò in auge l'assolutismo. Importante è il caso dell'Austria, dove Francesco I attuò una dura repressione contro le idee liberali e indipendentiste che avevano trovato un terreno fertile nelle tante Nazioni assoggettate. Il primo ministro Klemens von Metternich divenne il campione della politica reazionaria e particolarmente severo fu il dominio sul Regno Lombardo-Veneto, dove cominciavano a diffondersi con forza gli ideali dell'indipendenza e dell'unità nazionale italiana. Tutto l'Impero asburgico era, però, attraversato da questi aneliti alla libertà nazionale.

Particolarmente incisivo per la Restaurazione fu il contributo dello zar Alessandro I, promotore della Santa Alleanza (1815), alla quale aderirono Russia, Prussia, Austria e molti altri Stati. Ai princìpi assolutistici egli sommò quelli cristiani e religiosi: il sovrano intendeva il potere regale come un diritto derivante dalla volontà divina, messa in discussione dagli ideali rivoluzionari. Secondo lo zar, quindi, solo la cooperazione e il reciproco aiuto in nome del cristianesimo avrebbero potuto evitare il ritorno del pericolo rivoluzionario.

36 I moti del Quarantotto

Punti chiave
- Tracciare brevemente il contesto e le cause.
- I moti in Europa.
- I moti in Italia e la Prima Guerra d'Indipendenza.
- Esiti.

Svolgimento

Attorno alla metà dell'Ottocento, alla questione sociale, diffusa ormai in tutti i Paesi a causa degli sconvolgimenti innescati dalla Rivoluzione industriale, si aggiunse il desiderio di indipendenza di molte Nazioni. Queste inquietudini esplosero drammaticamente nel 1848, facendo di quell'anno l'emblema del caos e della rivolta.

In Francia, tra il 24 e il 25 febbraio, si consumò la Terza Rivoluzione (dopo quelle del 1789 e del 1830). Per la monarchia, guidata da Luigi Filippo d'Orléans, fu la fine. Cominciava l'epoca della Seconda Repubblica.

Il sussulto rivoluzionario si propagò, quindi, nell'Impero asburgico e in Prussia. Il primo ministro austriaco, Klemens von Metternich, colui che aveva orchestrato la Restaurazione assolutista in Europa durante il Congresso di Vienna (1814-1815), dovette fuggire. Il re di Prussia, Federico Guglielmo IV, dovette concedere la convocazione dell'assemblea parlamentare e la Costituzione. Nello stesso anno, il filosofo ed economista tedesco Karl Marx pubblicò il *Manifesto del partito comunista*, una pietra miliare del movimento operaio, destinata a segnare la storia dell'intero pianeta.

In un'Italia vogliosa di libertà dalla dominazione straniera e di unità nazionale, la rivolta interessò soprattutto il Regno Lombardo-Veneto, con le sollevazioni di Venezia e Milano, terminate con la ritirata austriaca e con l'ascesa al potere dei liberali, i quali presero il governo anche di Parma e Modena. Fu a questo punto che i liberali invitarono Carlo Alberto di Savoia, il sovrano del più forte regno del nord Italia, a guidare la lotta anti-asburgica. Cominciò così la Prima Guerra d'Indipendenza (23 marzo) terminata, pochi mesi dopo, con la sconfitta a Custoza (luglio) e con l'armistizio di Salasco (agosto).

I liberali di Roma (gennaio 1849) e Firenze (febbraio), inferociti dal ritiro dei loro sovrani nel corso della Guerra d'Indipendenza, costrinsero Pio IX e Leopoldo II alla fuga. A Napoli, invece, la repressione del re Ferdinando II fu efficace. Carlo Alberto tentò, da parte sua, un nuovo attacco contro l'Austria, ma fu definitivamente battuto a Novara e costretto ad abdicare in favore di suo figlio, Vittorio Emanuele II (Armistizio di Vignale, 24 marzo 1849).

L'incendio rivoluzionario del Quarantotto era destinato a spegnersi. Nell'Impero asburgico tutte le rivolte furono soffocate. L'ultima a cedere fu Venezia, nell'agosto del 1849. Il re di Prussia riportò ordine a Berlino. Fra maggio e luglio anche le repubbliche di Firenze e Roma crollarono, sotto i colpi, rispettivamente, di Austria e Francia. Fu restaurato, così, un governo improntato all'assolutismo.

La "primavera dei popoli" era finita. Nonostante tutto, però, la borghesia e i suoi valori ne erano usciti rafforzati. Il proletariato, escluso dai grandi fenomeni politici, stava prendendo coscienza della propria identità e iniziava a organizzarsi. I tempi per la nascita della società di massa e per il fiorire di nuove grandi rivoluzioni, soprattutto di stampo nazionalistico, erano maturi.

37 Il Romanticismo, tra storia e arte

Punti chiave

- Il Romanticismo: origine e significato.
- Opposizione al Neoclassicismo e al razionalismo illuministico.
- Funzioni storiche del Romanticismo.

Svolgimento

Il Romanticismo fu un movimento che nacque alla fine del Settecento e si sviluppò nel corso del primo Ottocento in tutta Europa, investendo tutti i campi dell'arte e della cultura. Il termine "romantico" fu utilizzato per la prima volta in senso dispregiativo in Inghilterra nel corso del Seicento per indicare i temi dei racconti cavallereschi in lingua romanza dell'età medievale. Più tardi, alcuni valori medievali quali l'eroismo, il patriottismo e l'esaltazione del sentimento umano furono alla base della reazione contro il razionalismo illuminista. Da tutto ciò nacque il Romanticismo, a partire dalla Germania, con la corrente dello *Sturm und Drang* ("impeto e assalto"), come risposta alla cultura classicheggiante e illuministica francese, in nome di un ritorno alla libertà dell'espressione poetica e alle radici culturali germaniche.

Il Romanticismo si oppose all'Illuminismo sotto molti punti di vista: esaltava le passioni umane rispetto al razionalismo, la religione confessionale contro l'ateismo o il deismo, la tradizione e il patriottismo contro il cosmopolitismo. Tuttavia, va detto anche che gli stessi valori della libertà, dell'eroismo e del patriottismo fiorirono proprio dalla cultura illuministica e che è da questa che sorse, come reazione, ma anche come sua rinnovata prosecuzione, l'esperienza del Romanticismo. Il visionario, il sublime, l'eccezionalità, la spontaneità e l'irregolarità divengono i canoni artistici dell'epoca, così come testimoniano i quadri degli inglesi William Blake, William Turner e John Constable.

L'età medievale fu quella maggiormente richiamata dagli artisti e dagli intellettuali, un'età caratterizzata da una certa "barbara" e "primitiva" naturalezza, segnata dai valori cavallereschi, nonché dalla nascita degli Stati nazionali e delle identità di popolo.

Gradualmente, gli artisti romantici trasferirono la propria attenzione dal passato al presente. L'arte divenne così espressione del coinvolgimento del pittore o dello scrittore nella storia e nei problemi del proprio Paese. Il realismo francese ne è un chiaro esempio: i valori romantici divengono strumento di descrizione o denuncia politica e sociale (si pensi alle opere di Victor Hugo in letteratura o a quelle di Jean-Louis-Théodore Géricault e Eugène Delacroix nella pittura).

In Italia, il Romanticismo esaltò l'anelito alla libertà e all'identità di popolo, interpretando in maniera coerente le aspirazioni risorgimentali che si propagarono soprattutto negli Stati settentrionali all'inizio dell'Ottocento. Nei quadri di Francesco Hayez e nelle opere di Alessandro Manzoni, nelle forme e nei contenuti, si avverte chiaramente la tendenza a fare dell'arte uno strumento al servizio della narrazione storico-politica e ai sentimenti di unità nazionale.

38 L'Unità d'Italia: il pensiero e l'azione politica

Punti chiave
- Il pensiero e l'azione di Mazzini.
- Le ipotesi dei moderati e dei democratici.
- L'azione politica di Cavour.

Svolgimento

Nel corso della prima metà dell'Ottocento in Italia il dibattito politico si sviluppò attorno a diverse correnti, tutte accomunate, però, dal sogno di un Paese libero dalla dominazione straniera e finalmente unito.

Le divergenze sorgevano soprattutto attorno alla scelta del regime da adottare qualora si fosse riusciti nel progetto di unificazione. I moderati erano favorevoli alla soluzione monarchica, anche se in senso costituzionale e parlamentare. I repubblicani, al contrario, rifiutavano ogni opzione monarchica in favore di un regime totalmente nuovo.

Nonostante i risultati piuttosto deludenti, una ventata di novità venne da un giovane democratico, Giuseppe Mazzini, che nel 1831 fondò la Giovine Italia, una società segreta che mirava all'unificazione dell'Italia e all'instaurazione della repubblica attraverso il coinvolgimento dei giovani e delle masse popolari. A questa aderì anche Giuseppe Garibaldi.

Sebbene per la prima volta si contemplasse esplicitamente una partecipazione popolare ai moti insurrezionali, alcuni rappresentanti della sinistra democratica (anche detti "repubblicani federalisti" o "liberali radicali") criticarono Mazzini per lo scarso peso che aveva dato alla questione sociale, ossia alla condizione delle classi sociali più deboli, urbane o rurali. Fra questi vi era Giuseppe Ferrari, che avvertiva la necessità di una legge agraria in grado di ridistribuire le terre ai più poveri, anche ricorrendo alla rivoluzione. Carlo Cattaneo, invece, adottò un approccio più riformista e meno rivoluzionario.

Anche i moderati si dissero favorevoli alla soluzione federalista, ma si trovarono divisi sulla figura istituzionale cui affidare la guida del nuovo Paese unito. I cattolici, appartenenti alla corrente neoguelfa (cui si opposero, a sinistra, gli appartenenti al movimento anticlericale dei neoghibellini), e rappresentati da

Vincenzo Gioberti, vedevano nel papa il vertice del futuro Stato federale, mentre al Piemonte sarebbe spettato il compito di difenderlo militarmente. I laici, invece, suggerivano la famiglia reale piemontese dei Savoia quale regnante di tutta l'Italia unita. Principali sostenitori di questa possibilità furono Cesare Balbo e Massimo d'Azeglio.

Tuttavia, nel corso del Risorgimento, e quindi delle guerre d'indipendenza, furono i moderati a tenere le redini della situazione. Il presidente del consiglio piemontese, il liberale moderato Camillo Benso conte di Cavour, riuscì a creare nel Parlamento sabaudo una maggioranza di grande coalizione con la sinistra moderata, isolando la destra clericale e la sinistra democratica (*connubio* del 1852), e a guidare l'Italia verso l'unificazione, avvenuta tra il 1859 e il 1861 con la Seconda Guerra d'Indipendenza e la Spedizione dei Mille. Di fatto, tutte le posizioni democratiche, pur avendo contribuito in maniera determinante al successo del progetto di unificazione, vennero lasciate ai margini delle grandi decisioni politiche.

39 Le interpretazioni politiche e storiografiche del Risorgimento italiano

Punti chiave
- La "scuola sabauda" e la "storiografia dei vinti".
- All'inizio del Novecento: una storiografia più complessa.
- Le tesi: nazionalista, democratica, liberale e marxista.

Svolgimento

Già all'indomani della nascita del Regno d'Italia (1861) si sviluppò un vivace dibattito in ambito storiografico e politico, che riproduceva, nei fatti, quelle divisioni che avevano animato i decenni precedenti alle guerre risorgimentali. Vennero infatti a contrapporsi le posizioni dei liberali moderati, afferenti alla cosiddetta "scuola sabauda", con quelle dei democratici, fautori di quella che è conosciuta come "storiografia dei vinti". Per lo storico della letteratura italiana Gaetano De Sanctis, le due scuole di pensiero, diametralmente opposte, furono entrambe necessarie, perché, come egli ha affermato, l'Italia è stata costruita grazie al lavoro combinato del "genio di Cavour" e del "patriottismo di Garibaldi".

A partire dal Novecento, il dibattito storiografico si fece assai più articolato, inquadrando il fenomeno del Risorgimento all'interno dei grandi sviluppi europei di fine Ottocento, caratterizzato, in particolare, dalla definitiva affermazione della borghesia alla quale si contrappose l'ascesa e il consolidamento della coscienza di classe nel ceto operaio. Si possono, quindi, distinguere orientativamente quattro tesi differenti: *nazionalista, democratica, liberale* e *marxista*.

La tesi *nazionalista* ebbe in Alfredo Oriani il suo padre fondatore. Critico del liberalismo, giudicò il Risorgimento una conquista regia condotta da un'*élite* e priva di ogni coinvolgimento popolare. Il suo pensiero fu poi assorbito dai pensatori filo-fascisti, come Giovanni Gentile, che attribuirono al fascismo il merito di aver completato l'opera di unificazione nazionale iniziata nel Risorgimento.

La visione *democratica* assunse diverse declinazioni. Da una parte troviamo il liberal-democratico Piero Gobetti, che denunciò il mancato coinvolgimento delle masse da parte dei liberali nel processo risorgimentale e l'alleanza di questi ultimi con le forze monarchiche, tanto da parlare di "rivoluzione fallita". Secondo Gobetti i liberali e i radicali si sarebbero dovuti alleare, generando un regime completamente nuovo. Suoi modelli furono il democratico riformista Cattaneo e Cavour, visto come un moderno liberale. Attaccò, invece, i mazziniani e i radicali. Gaetano Salvemini si rifaceva al pensiero democratico-federalista di Cattaneo e Ferrari e alla vena internazionalista di Mazzini, mentre Nello Rosselli, ispirandosi a Bakunin e Pisacane, arrivò addirittura a vedere nel Risorgimento i germi del socialismo democratico.

Alla testa dei *liberali* si pose Benedetto Croce, il quale interpretò il Risorgimento come un "capolavoro" delle componenti liberali moderate. Nella sua prospettiva, i liberali e i democratici non erano in opposizione, ma furono complementari gli uni agli altri.

Infine, la quarta prospettiva fu quella portata avanti dal *marxista* Antonio Gramsci, per il quale il Risorgimento fu una "rivoluzione senza rivoluzione", fondata sul compromesso tra liberali e democratici senza che venissero apportati dei reali cambiamenti sociali, in particolare senza effettuare una vera rivoluzione agraria e senza risolvere la dolorosa questione meridionale.

40 Il pensiero politico di Giuseppe Mazzini

Punti chiave

- La nascita della Giovine Italia.
- Gli elementi fondamentali del pensiero mazziniano.
- Il primato della questione unitaria.

Svolgimento

Dopo il fallimento dei moti carbonari del 1820-1821 e del 1831, Giuseppe Mazzini fu il pensatore politico che meglio di altri seppe elaborare un profondo rinnovamento del movimento unitario e indipendentista italiano. Egli rimproverò alla Carboneria di aver tenuto un atteggiamento troppo elitario e di aver escluso le masse dalla propria azione. Partendo da questa premessa fondò la Giovine Italia (1831), una nuova associazione politica alla quale avrebbe aderito anche Giuseppe Garibaldi.

Mazzini attribuiva agli uomini non solo tutta una serie di diritti, ma anche e soprattutto il dovere supremo di combattere a difesa dei diritti naturali e in favore del progresso di tutta l'umanità. Tale compito di civilizzazione è assegnato ai popoli da Dio stesso, tanto che uno dei suoi motti fu proprio "Dio e popolo". Ovviamente, la sua visione non era congruente con la prospettiva cattolica sostenuta da Manzoni e da Gioberti, ma si poneva totalmente al di fuori del dogmatismo delle religioni rivelate. Il suo concetto di popolo, inoltre, era ben più esteso di quello liberale – ristretto alla sola borghesia – e includeva l'intera popolazione, intesa come un'unione tra popolo e patria che non era semplicemente una moltitudine di persone, ma una collettività cosciente del fine della Nazione.

Egli rifiutò apertamente il socialismo e il comunismo, di cui mal sopportava la divisione in classi della società e la lotta che si sarebbe instaurata tra queste, e si schierò apertamente in favore di una soluzione repubblicana dello Stato. Patriota e nazionalista, Mazzini credeva visceralmente nella traduzione del pensiero in azione ("pensiero e azione").

Dopo i fallimenti delle sue iniziative (1832-1834), fuggì in Svizzera e lì fondò la Giovine Europa. Egli sentiva di avere una missione da compiere, quella di promuovere il progetto di un'Europa abitata da popoli finalmente liberi da ogni assolutismo e ingiustizia. Espulso anche dalla repubblica elvetica, riparò in Inghilterra. Negli anni seguenti si concentrò maggiormente sulle problematiche connesse alla questione sociale e a quella agraria, e in generale sulle ingiustizie alle quali le masse proletarie erano sottoposte, e sulla necessità, da parte dei borghesi, di aprire gli occhi dinanzi alle sofferenze della popolazione e di rinunciare ai propri privilegi. Tuttavia, egli antepose sempre la questione dell'unità e dell'indipendenza nazionale alle faccende di ordine materiale, rifiutando costantemente le categorie interpretative e concettuali del socialismo e del comunismo. Secondo Mazzini, le problematiche di ordine economico e sociale potevano risolversi solo se prima fossero state conquistate l'indipendenza e l'unità politica.

41 Le questioni dell'Italia post-unitaria

Punti chiave
- La *questione meridionale*.
- Il brigantaggio.
- Il completamento dell'unificazione: il Veneto e la *questione romana*.

Svolgimento

Insieme alla riorganizzazione dello Stato e all'uniformazione del diritto in tutto il nuovo Regno unitario, l'Italia presentava una serie di problemi di difficile risoluzione. Anzitutto, vi era la *questione meridionale*: nel sud d'Italia miseria, analfabetismo, mortalità infantile e sfruttamento del lavoro erano piaghe tutt'altro che sanate. Il regime feudale sopravvisse al crollo del dominio borbonico e l'obbligo della leva militare fu l'ennesima piaga per le genti del Mezzogiorno, costrette a combattere per uno Stato che non aveva risolto i suoi molti e annosi problemi.

La rivolta esplose violenta già nel 1861, prendendo la forma del brigantaggio. Delinquenti evasi dalle prigioni, ufficiali sbandati dell'esercito borbonico, contadini e poveri disgraziati si unirono nel caotico e disperato tentativo di cambiare lo stato delle cose. Il brigantaggio infuriò per quattro anni in tutto il Meridione e solo l'energico intervento dell'esercito riuscì a stemperare la situazione. Nel 1865 la rivolta poteva considerarsi sedata, ma il prezzo pagato fu altissimo e si era ben lungi dall'aver trovato una reale e duratura soluzione politica alla *questione meridionale*.

Di pari passo alla costruzione dello Stato e alla lotta al brigantaggio, il governo dovette fronteggiare altre due sfide, tra loro collegate, perché da queste dipendeva il completamento dell'unità nazionale: la *questione romana* e l'annessione del Veneto. I nazionalisti e i repubblicani, capeggiati da Garibaldi, non intendevano tollerare ulteriormente il potere temporale del pontefice sullo Stato della Chiesa. I moderati, al contrario, preferivano adottare una linea politica più prudente, aprendo dei canali diplomatici con il papa e con Napoleone III, imperatore di Francia e alleato dello Stato pontificio, al fine di trovare un accordo condiviso tra le parti interessate.

In attesa di eventi favorevoli riguardo alla soluzione della *questione romana*, nel 1866 si presentò l'occasione per strappare il Veneto all'Austria. Guglielmo I, re di Prussia, intendeva creare una Germania unita. A questo scopo doveva attaccare l'Impero asburgico e per farlo aveva bisogno dell'aiuto italiano. La guerra durò neanche due mesi. Nonostante le sconfitte subite dall'esercito italiano a Custoza e a Lissa in quella che tutti ricordano come la Terza Guerra d'Indipendenza, la vittoria per mano dei prussiani a Sadowa bastò per costringere l'imperatore austriaco alla resa. Finalmente il Veneto passò all'Italia.

La *questione romana* trovò, invece, una soluzione solo quattro anni dopo. Nel 1870 Francia e Prussia entrarono in conflitto. La sconfitta di Napoleone III a Sedan e la fine del Secondo Impero francese offrì un'occasione irripetibile all'Italia per prendere Roma, con il papa ormai privo di alleati. La breccia di Porta Pia, il 20 settembre, sancì la fine dello Stato della Chiesa. Il Lazio fu annesso al Regno d'Italia il 2 ottobre, dopo il voto plebiscitario. Nel 1871 Roma divenne la nuova capitale.

42 Il colonialismo

Punti chiave
- Collocare cronologicamente i fatti.
- La spartizione del mondo da parte delle potenze europee.
- Le cause del colonialismo.

Svolgimento

Dinanzi al desiderio delle diverse potenze europee di concorrere alla conquista di nuovi territori in Africa, Asia e Oceania e di formare dei propri imperi, alla fine dell'Ottocento si decise di organizzare una conferenza che permettesse una pacifica spartizione delle terre ancora libere, così da scongiurare pericolose guerre in Europa. Tra novembre 1884 e febbraio 1885 i rappresentanti delle più importanti Nazioni europee si incontrarono a Berlino per sancire quella che sarebbe stata l'ultima spartizione del mondo. Fondamentalmente quattro erano i motivi che spingevano le potenze europee ad adottare una politica coloniale.

Il movente principale era rappresentato dall'abbondanza di materie prime e combustibili di alcune zone del mondo. Una volta occupati questi territori, sarebbe stata a disposizione una fonte inesauribile di ricchezze naturali da sfruttare per alimentare le industrie e i consumi di ciascun Paese a costi ridottissimi. La seconda motivazione riguarda l'ampliamento dei mercati interni di ciascuna Nazione. Disporre di un impero coloniale significava allargare il mercato per la vendita di prodotti finiti. Il vantaggio era doppio. Da un lato si andavano a vendere nelle colonie dei manufatti prodotti con materie prime provenienti dalle colonie stesse e ottenute a costi ridottissimi. I manufatti, invece, avevano un valore ben più alto rispetto ai materiali con cui venivano fabbricati, generando un evidente guadagno per le imprese europee. Dall'altro lato, disporre di mercati ampi permetteva di smaltire la merce in eccesso senza dover dipendere dalle esportazioni, considerazione non trascurabile soprattutto in tempi di crisi economica internazionale, quando tutti gli Stati, o quasi, alzavano barriere protezionistiche per evitare che le merci provenienti dall'estero potessero mettere in crisi il settore industriale interno.

Il terzo fattore che contribuì al nuovo slancio coloniale fu l'aumento demografico nei Paesi europei. Le migliorate condizioni di vita e la riduzione della mortalità stavano generando una crescita numerica della popolazione senza precedenti. Il rischio era quello di un'eccessiva pressione demografica rispetto alle risorse economiche disponibili. Un grande impero coloniale permetteva sia di ridurre la pressione demografica, sia di aumentare le ricchezze. La manodopera eccedente e i soggetti che erano considerati elementi destabilizzanti dell'ordine sociale avevano nelle colonie una valida alternativa per farsi una nuova vita.

Infine, il quarto aspetto favorevole al colonialismo era fornito dalle teorie pseudo-scientifiche riguardanti la superiorità militare, intellettuale e culturale della razza bianca. La colonizzazione, secondo questa logica, dimostrava quanto l'uomo europeo fosse superiore alle altre razze, perpetrando la convinzione, assai diffusa sia nelle classi dominanti sia in quelle popolari, che esistesse un ordine naturale, costituito per volontà divina, secondo il quale i popoli creduti inferiori andavano soggiogati e sfruttati.

43. Giovanni Giolitti, il suffragio universale maschile e la guerra in Libia

Punti chiave
- La "dittatura parlamentare" di Giolitti.
- L'adozione del suffragio universale maschile.
- Il controbilanciamento: la guerra in Libia.

Svolgimento

A quarant'anni dalla morte di Cavour emerse la figura di Giovanni Giolitti, lo statista che più di ogni altro segnò la politica italiana post-unitaria e prefascista e la cui principale abilità politica risiedette nella capacità di costruire maggioranze parlamentari con le forze più conservatrici così come con le componenti maggiormente progressiste.

Attraverso un puntuale controllo dell'attività parlamentare – tanto che per certi versi si è parlato di "dittatura parlamentare" – Giolitti costruì il proprio consenso attorno alle componenti più moderne e vitali della società italiana, ossia la borghesia industriale e il proletariato organizzato in sindacati e partiti, cercando di cooptare, nel governo guidato dai liberali, le componenti più moderate di quelle che erano considerate le forze "nemiche delle istituzioni" (socialisti, repubblicani e cattolici), disperdendone le energie e incastrandole nel sistema di potere trasformista di cui egli era il controllore assoluto.

Proprio in quest'ottica, Giolitti tornò alla guida del governo (dopo quelli del 1903-1905 e del 1906-1909) nel 1911, adottando un programma dall'accento fortemente progressista. Giolitti istituì, di fatto, il suffragio universale maschile e impose il monopolio statale delle assicurazioni sulla vita per finanziare il fondo destinato alle pensioni di invalidità e vecchiaia per i lavoratori. L'adozione del suffragio universale ebbe importanti riflessi nel quadro politico e parlamentare a partire dalle elezioni del 1913, con i movimenti dei cattolici democratici e dei socialisti che videro crescere la propria presenza in Parlamento. Va ricordato anche che le istanze dei cattolici moderati, lontani dalle posizioni democratiche, erano tutelate dai liberali in base a uno specifico accordo, il Patto Gentiloni.

Per controbilanciare l'apertura a sinistra del proprio governo, Giolitti attuò una politica estera estremamente aggressiva, allo scopo di accontentare le forze politiche conservatrici e nazionaliste. Egli trovò un importante sostegno anche nei gruppi cattolico-moderati della finanza vaticana, interessati a possibili affari in terra libica. L'opposizione dei socialisti, dei repubblicani e dei radicali e di alcuni intellettuali non bastò a fermare la guerra.
Quando nel 1911 la Francia impose il proprio protettorato sul Marocco, l'Italia decise di far valere gli accordi di spartizione del 1902 e invase la Libia, allora in mano ai turchi ottomani. La guerra fu piuttosto dispendiosa e si concluse nel 1912 con la presa della Libia e delle isole greche di Rodi e del Dodecanneso.
L'"affare libico", però, si rivelò un fiasco. Le millantate ricchezze non furono trovate, e la guerra finì per diventare un vero boomerang per Giolitti anche in politica interna: il confronto tra i partiti si radicalizzò, indebolendo le frange moderate di ciascun gruppo politico, indispensabili ai giochi trasformistici che avevano caratterizzato i governi giolittiani.

Le cause della Prima Guerra Mondiale

Punti chiave
- Le principali dispute e la causa scatenante.
- L'entrata in guerra dei vari Stati.
- La situazione dell'Italia.

Svolgimento

Tra la fine dell'Ottocento e l'inizio del Novecento i contrasti tra le principali potenze europee erano diventati sempre più numerosi e complessi. L'Austria e la Serbia si contendevano il primato sui Balcani, mentre la Russia si proclamava protettrice di tutti i popoli slavi e ribadiva la sua presa di posizione a sostegno dei serbi. La Francia cercava vendetta contro la Germania dopo la sconfitta del 1871 a Sedan e la perdita dell'Alsazia e della Lorena. La Germania, da parte sua, si sentiva accerchiata dalla Russia a oriente e dalla Francia a occidente e la corsa al riarmo avviata dall'imperatore Guglielmo II non fece altro che irritare anche l'Inghilterra. Nei primi anni del Novecento si creò, così, un fronte comune composto da Francia, Russia e Inghilterra per imbrigliare il Reich. Mentre la Russia aveva nell'Austria e nell'Impero ottomano i principali avversari per il controllo dei Balcani, la Germania aveva proprio in essi i principali alleati. I presupposti per un conflitto bellico di vaste proporzioni c'erano tutti. La polveriera saltò in aria quando il 28 giugno 1914 Gavrilo Princip, uno studente bosniaco appartenente a un'associazione irredentista con base in Serbia, uccise con due colpi di pistola l'arciduca Francesco Ferdinando, l'erede al trono austriaco, e sua moglie mentre erano in visita a Sarajevo. La tragica occasione si era presentata; l'Austria la colse al volo e il 28 luglio dichiarò guerra alla Serbia.

L'effetto domino che si scatenò trascinò praticamente tutte le principali potenze del pianeta in quella che fu, allora, la più devastante guerra della storia. Da una parte si schierarono l'Impero austro-ungarico e la Germania. Soprattutto all'aggressività di quest'ultima risposero, nel giro di poco tempo, la Russia, la Francia e la Gran Bretagna. Al loro fianco scese in guerra il Giappone (agosto 1914), alleato della Gran Bretagna, sperando di potersi impadronire dei possedimenti tedeschi in Estremo Oriente. A novembre intervenne l'Impero ottomano, alleato della Germania.

L'Italia rimase alla finestra per circa un anno, indecisa sul da farsi: restare fedele alla Triplice Alleanza con l'Austria e la Germania o passare dalla parte dell'Intesa, attaccare l'Austria e conquistare i territori irredenti? L'opinione pubblica italiana era inoltre divisa tra *interventisti* e *neutralisti*. L'impasse terminò quando il presidente del Consiglio, Antonio Salandra, firmò con i Paesi dell'Intesa (Inghilterra, Francia e Russia) un accordo noto come Patto di Londra. Il trattato prevedeva che, in caso di vittoria, all'Italia sarebbero andati il Trentino, l'Alto Adige, la Venezia Giulia, l'Istria e parte della Dalmazia. A maggio del 1915 anche l'Italia entrò nel conflitto e attaccò l'Austria-Ungheria. Nei mesi che seguirono intervennero la Bulgaria, con gli imperi centrali, e, tra il 1916 e il 1917, il Portogallo, la Romania, la Grecia e gli Stati Uniti, a rinforzo dell'Intesa. L'intervento del governo di Washington fu provvidenziale, dopo l'uscita di scena della Russia, scombussolata dalla Rivoluzione bolscevica.

45 Le conseguenze della Grande Guerra

Punti chiave
- I princìpi wilsoniani.
- I nuovi assetti geo-politici.
- Conseguenze storiche e di lungo periodo della Pace di Versailles.

Svolgimento
Già prima della fine della Grande Guerra, con la vittoria dei Paesi dell'Intesa, il presidente degli Stati Uniti, Woodrow Wilson, propose un programma in quattordici punti che stabiliva un nuovo ordine mondiale. In particolare, affermava che le nuove frontiere post-belliche avrebbero dovuto tenere conto dei princìpi di nazionalità e di autodeterminazione dei popoli e che il compito di assicurare la pace tra gli Stati sarebbe dovuto spettare a un'organizzazione sovranazionale, la Società delle Nazioni.
La Conferenza per la Pace di Versailles (1919) ridisegnò profondamente la carta geo-politica europea. Furono creati quattro Stati cuscinetto sul Baltico (Finlandia, Lettonia, Estonia e Lituania) e la Romania si ingrandì. In questo modo si creò un vero e proprio cordone di sicurezza allo scopo di limitare le future spinte della Russia comunista. La Germania dovette cedere alla Francia l'Alsazia e la Lorena e fu costretta a riconoscere l'indipendenza della Polonia. Francia, Belgio e Giappone si spartirono le colonie tedesche. La Francia avrebbe occupato per quindici anni la Saar, regione tedesca ricca di carbone. La Germania fu condannata anche a pagare un pesante risarcimento di guerra.
L'Impero austro-ungarico fu sfaldato, e dalle sue ceneri nacquero tre Stati: l'Austria, l'Ungheria e la Cecoslovacchia. La Slovenia, la Croazia e la Bosnia-Erzegovina furono cedute alla Serbia e, tutte insieme, formarono un nuovo Stato slavo-balcanico, la Jugoslavia. L'Impero ottomano collassò. La sua eredità fu raccolta dalla Turchia. I territori in Medio Oriente passarono sotto la tutela della Francia e della Gran Bretagna.
La Grande Guerra segnò, quindi, la fine di quattro grandi imperi (russo, tedesco, austro-ungarico e ottomano) ed esaurì la spinta imperialistica e coloniale dell'Europa, che perse il primato politico ed economico. Gli Stati Uniti, pur

avendo promosso la costituzione della Società delle Nazioni, non vi aderirono, assestando un primo duro colpo all'autorità della fragile istituzione, dalla quale, tra l'altro, furono esclusi i Paesi sconfitti e la Russia bolscevica. Inoltre, le durissime condizioni di pace imposte alla Germania, così come richiesto dalla Francia, avrebbero finito per prostrare economicamente e politicamente il Paese, tanto da scatenare una pericolosa brama di rivincita nel popolo tedesco.

46 Primo Novecento e arte: tra crisi del positivismo e avanguardie "storiche"

Punti chiave
- La crisi del positivismo.
- L'ascesa delle avanguardie "storiche".
- Le principali avanguardie: espressionismo, cubismo, futurismo e astrattismo.

Svolgimento

Nel corso dei primi anni del Novecento il modello scientifico positivista entrò gravemente in crisi, mandando in frantumi la connessione tra scienza, verità e progresso. La teoria della relatività di Einstein e il principio di indeterminazione di Heisenberg furono solo due delle "rivoluzioni" capaci di mettere in discussione concezioni e conoscenze considerate assolute e intramontabili. I filosofi Dilthey, Simmel, Bergson, Husserl concentrarono la propria attenzione sul flusso della vita, intesa come azione continua, come fenomeno, come strumento di conoscenza: non esistono verità assolute, ma solo esperienze.

Mentre in Europa si viveva la *Belle époque*, un periodo storico segnato dal progresso scientifico, dall'incessante crescita economica e dal miglioramento generalizzato delle condizioni di vita, in campo letterario si consolidò, in varie forme, il decadentismo e in ambito artistico (nella pittura, nella scultura e nell'architettura) si affermarono le avanguardie "storiche", gruppi artistici con tendenze progressiste che sconvolsero radicalmente la tradizione artistica ottocentesca. Fu proprio in questi anni che l'arte si slegò nettamente dalla società e dalla vita quotidiana per farsi espressione totale e libera della soggettività individuale.

L'espressionismo fu il movimento che ruppe definitivamente con l'oggettività impressionista e che diede ampio risalto all'emotività che, proprio tramite i colori e le linee, trovava espressione. Il primo gruppo espressionista ad affermarsi fu quello francese dei *fauves*, di cui facevano parte Henri Matisse, André Derain e Maurice de Valminck.

Un'altra avanguardia fu quella cubista, nata nei primissimi anni del Novecento a Parigi dall'incontro tra il pittore francese Georges Braque e lo spagnolo Pablo Picasso. Ogni cosa era guardata non in maniera oggettiva, ma personale e "mentale", da una molteplicità di punti di vista, e riprodotta secondo una sintesi plastica che la scomponeva in piani e la ricomponeva in base a un'originale compenetrazione delle linee e delle superfici.

Soprattutto in Italia, ma anche in Russia, si affermò il futurismo, un'avanguardia che si proponeva di trasporre su tela il dinamismo di quegli anni. La brillantezza dei colori e la sintetizzazione delle forme delle opere di Boccioni, Carrà e Balla tendevano a restituire il senso del movimento dinamico. In un Paese in ritardo economico e culturale come l'Italia, non c'era più tempo per aspettare: c'era bisogno di proiettarsi in avanti senza alcuna moderazione e questa tensione si poteva chiaramente avvertire nell'arte, letteraria (con Marinetti) e pittorica.

Con l'astrattismo di Kandinskij e Klee si giunse alla totale abolizione di ogni ancoraggio naturalistico e alla totale astrazione della forma. Il colore e le forme sono solo simboli che tendono a suggerire nell'interiorità dell'osservatore sensazioni di equilibrio e armonia.

47 La politica economica del regime fascista: i principali provvedimenti

Punti chiave
- Il passaggio dall'economia liberale all'economia centralizzata.
- Le grandi opere.
- Dal tentativo di fascistizzazione dell'economia all'economia di guerra.

Svolgimento

In campo economico, dopo la prima fase liberista (1922-1925) tesa a incoraggiare l'iniziativa dei privati, nel 1925, con il passaggio del fascismo da principale forza di governo a vero e proprio regime, si transitò a un'economia più controllata dallo Stato, orientata al protezionismo, alla deflazione e al rafforzamento della moneta.

Per incoraggiare la produzione interna di cereali, furono inaspriti i dazi sulle importazioni. La "battaglia del grano" incentivò non poco la produzione nazionale, facendo scendere i prezzi. Tuttavia il protezionismo produsse anche effetti "collaterali" come la penalizzazione delle esportazioni italiane. Nel 1926 fu anche annunciata la volontà di rivalutare la lira, portandola a "quota 90" rispetto alla sterlina, in modo da aumentare il potere d'acquisto della moneta italiana. La maggior severità nel concedere prestiti, gli aiuti provenienti dagli istituti bancari americani e la diminuzione dei prezzi permisero il raggiungimento dell'obiettivo nel giro di un solo anno. La classe operaia e impiegatizia, però, si vide tagliare gli stipendi, annullando di fatto i guadagni generati dalla rivalutazione della moneta e dalla deflazione.

Lo Stato fascista affrontò la Grande Depressione degli anni Trenta, conseguente al crollo di Wall Street del 1929, finanziando numerose opere pubbliche, come la bonifica dell'Agro Pontino e la costruzione di nuove città come Sabaudia o Littoria (oggi Latina). Inoltre furono creati l'Imi (Istituto Mobiliare Italiano) e l'Iri (Istituto di Ricostruzione Industriale), enti che sostenevano con denaro pubblico rispettivamente gli istituti bancari e le industrie in difficoltà. A metà degli anni Trenta l'Italia fu uno dei primi Paesi a uscire dalla crisi, senza però che ci fosse un reale miglioramento nelle condizioni di vita della popolazione.

Il fascismo tentò anche di realizzare la propria "terza via" allo sviluppo economico (alternativa al capitalismo e al socialismo) attraverso il corporativismo, ossia la gestione diretta dell'economia da parte delle varie categorie produttive, ciascuna organizzata in una corporazione. Le corporazioni furono istituite solo nel 1934 e crearono una burocrazia parallela a quelle già presenti, fossero esse statali o partitiche. In realtà, il corporativismo non fu mai realmente incisivo.

La fascistizzazione dell'economia non fu mai davvero attuata. Nonostante tutto, le imprese private continuarono la propria attività e, anzi, i vari provvedimenti favorirono soprattutto le grandi imprese, scaricando i costi sociali sulla collettività. Inoltre, per i più importanti provvedimenti, Mussolini si affidò a dei tecnici, esterni alle strutture partitiche e corporative, rafforzando anche il ruolo degli enti parastatali e della Banca d'Italia.

Nel 1935, infine, il Duce attuò una spregiudicata economia di guerra, ma questa favorì esclusivamente le imprese alle quali furono affidate le commesse belliche, senza stimolare i consumi e la crescita economica.

48 La politica di Hitler

Punti chiave
- La conquista del potere assoluto e la politica interna.
- La politica economica e sociale.
- La politica estera: alla conquista dello "spazio vitale".

Svolgimento

Dopo aver preso il potere (1933) e aver eliminato ogni forma di opposizione interna (1934), Adolf Hitler poté attuare il proprio programma politico. In nome della difesa della purezza della razza ariana, gli ebrei furono perseguitati. Le leggi di Norimberga del 1935 tolsero loro ogni diritto e nella "notte dei cristalli" (9 novembre 1938) i nazisti distrussero le vetrine e i negozi, ma anche le case e le sinagoghe degli ebrei. Fu allora che si cominciò a realizzare il progetto della "soluzione finale", ossia la distruzione di massa del popolo ebraico. Le strutture del partito si sovrapposero a quelle dello Stato. Alle squadre di difesa (*Schutzstaffeln*, SS) fu affidata la direzione dei servizi segreti e di polizia. Furono allestiti dei campi di concentramento e di lavoro nei quali furono rinchiusi e condannati a morte certa gli oppositori del regime. Le chiese protestanti non entrarono in aperto dissenso con il regime, mentre la Chiesa cattolica, dopo aver sottoscritto un concordato con il regime nazista (1933), ne censurò gli eccessi "pagani", senza giungere, tuttavia, a un'aperta condanna.

In campo economico, Hitler attuò una vigorosa economia di guerra, in preparazione dell'imminente conflitto. Abbandonato il pagamento delle riparazioni di guerra inflitte alla Germania con la Pace di Versailles, e sfruttando un sistema industriale ancora energico, la produzione e l'economia si ripresero in pochissimi anni. Nel 1939 la disoccupazione era estinta grazie a una ricetta che univa libera iniziativa privata e commesse statali riguardanti titanici progetti infrastrutturali. I piccoli proprietari terrieri videro accolte alcune delle loro istanze, senza che il regime intaccasse i latifondi. I grandi industriali divennero i *führer* delle loro fabbriche, mentre gli operai, pur avendo perso ogni forma di tutela e autonomia, potevano contare su migliori servizi sociali, come le pensioni, l'assistenza medica e il dopolavoro. Il tutto condito dalla pro-

paganda e da gigantesche manifestazioni di piazza che facevano del regime, come scrisse lo storico George Mosse, "una religione laica".
La politica estera nazista fu particolarmente aggressiva ed ebbe un impatto decisivo sui destini del mondo intero. La necessità di allargare lo "spazio vitale" di quello che Hitler definiva "popolo nobile" spinse il regime prima a unificare i popoli tedeschi nel progetto di una "Grande Germania" e, più tardi, ad attaccare i popoli slavi, considerati alla stregua di mandrie di bestiame da ridurre in schiavitù. Alleatosi all'Italia fascista (Asse Roma-Berlino, 1936), Hitler ordinò l'annessione dell'Austria (*Anschluss*), poi procedette all'occupazione della regione cecoslovacca, ma di lingua tedesca, dei Sudeti (ottobre 1938) e, infine, attaccò e occupò la Boemia e la Moravia (marzo 1939). Dopo la conquista di Praga, Hitler rivolse l'attenzione alla Polonia. Stavolta, però, le potenze occidentali non sarebbero rimaste a guardare: una nuova guerra mondiale era alle porte.

49 Il consenso del regime fascista

Punti chiave
- Che tipo di propaganda si fece.
- Quali strumenti sociali ed economici furono adottati.
- Quali furono gli strumenti repressivi.

Svolgimento
Buona parte delle energie del fascismo furono convogliate attorno alla costruzione del consenso, dal quale il regime traeva linfa vitale. Il governo di Mussolini trovò particolare seguito soprattutto all'interno del ceto medio borghese, favorito dalla crescita degli apparati burocratici statali, parastatali e partitici, e maggiormente affine alla mentalità fascista, improntata all'esaltazione della Nazione, dell'ordine sociale e della gerarchia. La celebrazione della vita semplice e rurale, del matrimonio, della famiglia, della donna vista come "angelo del focolare" erano tutti provvedimenti utili a incentivare la crescita demografica e il ritorno alla vita di campagna. D'altro canto, si esaltava la figura di un mitico "uomo nuovo" del fascismo, pronto a qualunque sacrificio per la grandezza della patria.

I mezzi di comunicazione e di informazione furono posti sotto un durissimo regime di controllo e di censura. La stampa fu l'obiettivo su cui si concentrò maggiormente l'attenzione del regime fascista, mentre la radio divenne uno strumento decisivo di propaganda solo a partire dalla seconda metà degli anni Trenta, quando essa si diffuse in maniera capillare nelle abitazioni del ceto medio. Il cinema fu ampiamente sovvenzionato, soprattutto per evitare la penetrazione dei film americani e dei valori che questi portavano con sé e che contrastavano con quelli promossi dal fascismo. La vera propaganda, invece, passò per i cinegiornali (prodotti da un nuovo ente statale, l'Istituto Luce); il pubblico potenziale era vasto e su di esso faceva leva la potenza suggestiva delle immagini.

Sul piano economico e sociale, si millantò demagogicamente l'uguaglianza giuridica e la solidarietà tra imprenditore e lavoratore, sancite dalla *Carta del Lavoro* del 1927. Per ogni settore della società fu istituita un'organizzazione collaterale, con il chiaro intento di creare coesione attorno ai valori fascisti. Attraverso la realizzazione di grandi opere pubbliche (come la bonifica dell'Agro Pontino) si tentò di dare un'immagine di grandezza e di benessere del regime. Infine, anche la campagna bellica in Etiopia servì a scopi propagandistici, cementando la Nazione attorno al sogno imperialistico fascista. La riforma dell'istruzione pensata da Giovanni Gentile rese particolarmente severo il carico degli studi, orientati principalmente alle discipline umanistiche, puntando a una più pervasiva formazione delle conoscenze e delle coscienze. Inoltre, furono resi più rigidi i controlli nei confronti degli insegnanti e si tese a omogeneizzare i programmi con l'adozione di testi unici per le scuole elementari. Le spettacolari e curatissime adunate oceaniche, organizzate in occasione delle ricorrenze o dei momenti più importanti dello Stato, proiettavano all'esterno un senso di grandezza e di unità capace di generare ammirazione e timore e rinforzavano nei partecipanti il senso di coesione e di forza attorno agli ideali e al capo carismatico del fascismo.

50 Le conseguenze della Seconda Guerra Mondiale

Punti chiave
- L'Europa dopo la guerra.
- La sfida per il primato: Stati Uniti e Unione Sovietica.
- Nuovi equilibri internazionali politici ed economici.

Svolgimento

La prima conseguenza di rilievo della Seconda Guerra Mondiale fu la definitiva perdita di centralità politica, economica e culturale dell'Europa; si portava, così, a compimento il declino cominciato con la Grande Guerra. La Germania era, ancora una volta, sconfitta e condannata a essere divisa. La Gran Bretagna e la Francia uscirono prostrate dal conflitto, destinate a perdere i loro imperi coloniali e l'importanza residuale che avevano mantenuto all'interno dell'evanescente struttura della Società delle Nazioni.

A contendersi il primato mondiale vi erano gli Stati Uniti e l'Unione Sovietica, assurti al rango di superpotenze. Attorno a queste, il mondo si sarebbe diviso in due opposti blocchi, politici e ideologici. Quel che emerse fu un mondo sostanzialmente bipolare, attraversato da una netta linea di demarcazione e che aveva proprio nel continente europeo lo spazio principalmente conteso. Già prima della fine della guerra fu chiaro che le due superpotenze avrebbero assunto una diversa posizione circa il "tipo" di pace da adottare: gli americani, molto meno danneggiati dal conflitto, puntavano alla ricostruzione e a fondare un nuovo ordine mondiale; i sovietici, duramente colpiti dallo scontro bellico, chiedevano una severa punizione per i vinti, dei cospicui indennizzi nonché un assetto geopolitico ridisegnato in maniera tale da garantire la sicurezza dell'impero sovietico.

Il presidente americano Franklin Delano Roosevelt cercò di perseguire una politica conciliatoria; il "grande disegno" di collaborazione e di dialogo con l'Unione Sovietica svanì alla sua morte. Il suo successore, Harry Truman, fu assai meno accomodante e la frattura fra i Paesi occidentali e l'Unione Sovietica si consumò nel corso della Conferenza di Potsdam (luglio-agosto 1945), quando il primo ministro inglese Winston Churchill coniò l'espressione *corti-*

na di ferro, a indicare la linea che separava l'Europa occidentale e liberale da quella orientale e sovietizzata. La Grande Alleanza era terminata e la divisione dell'Europa in due "sfere d'influenza" fu definitivamente ratificata nella Conferenza di Parigi (luglio-ottobre 1946). Cominciava così quel lungo periodo di tensioni tra Stati Uniti e Unione Sovietica noto come Guerra Fredda.

Al fine di sostituire le fragili strutture della Società delle Nazioni, al termine della Conferenza di San Francisco (aprile-giugno 1945) prese vita l'Organizzazione delle Nazioni Unite, ispirata ai princìpi della *Carta Atlantica* – il documento in otto punti nato dall'incontro tra Roosevelt e Churchill nell'agosto del 1941 – e, in particolare, ai princìpi di sovranità popolare, di autodeterminazione, di cooperazione tra gli Stati e di rinuncia all'uso della guerra quale strumento di regolazione dei rapporti internazionali.

Anche gli equilibri economici uscirono totalmente ridefiniti. Gli Stati Uniti si affermarono come il Paese guida del nuovo ordine economico mondiale, improntato al libero scambio (*Accordi di Bretton Woods*, luglio 1944, e *General Agreement on Tariffs and Trade di Ginevra*, ottobre 1947).

Parte Seconda
Filosofia

1

Il candidato illustri le varie teorie sulle origini dell'universo da parte dei filosofi "monisti" evidenziando il passaggio dalla metafisica del "principio" alla metafisica dell'"essere"

Punti chiave

- Individuazione e spiegazione del problema del principio (*archè*): sia come "materia" da cui tutto deriva sia come forza o "lógos" che anima le cose.
- Concetti a confronto: Talete e l'*archè* come acqua, Anassimandro e l'*ápeiron*, Anassimene e l'aria, Eraclito e il fuoco, Pitagora e il numero.
- Dalla metafisica del "principio" alla metafisica dell'"essere": Parmenide e la nascita dell'"ontologia" (ricostruire la teoria dell'essere, i suoi attributi e il legame che intercorre tra pensiero ed essere).

Svolgimento

Secondo quanto sostiene Aristotele nel I libro della *Metafisica*, i primi filosofi si sono interrogati sulla "realtà unica ed eterna che dà origine a tutto ciò che esiste" denominandola *archè*, ossia quel principio, origine, causa, legge e ordine del cosmo e punto di partenza di qualsiasi processo. Questo principio è stato anche denominato *physis* (natura), non nell'accezione moderna del termine ma nell'originario senso di realtà prima e fondamentale. Tale principio in Talete è l'acqua o materia umida e liquida in genere. Secondo Aristotele questa tesi avrebbe origine dalla constatazione che il nutrimento di tutte le cose è l'umido e che con l'umido si generano le specie animali e vegetali. L'elemento umido o acqua o *archè* è ciò "che sta sotto la terra e quindi la sostiene". Ciò che in Talete è la "sostanza" in Anassimandro è l'*ápeiron*, ovvero principio infinito e indeterminato che "abbraccia, governa e regge ogni cosa ed è immortale e indistruttibile", materia indistinta da cui le cose derivano (questa è la novità rispetto a Talete) per separazione dei contrari. Per Anassimene il principio generatore dell'universo è l'aria, materia "determinata" ma con le stesse caratteristiche dell'*ápeiron* di Anassimandro, forza che anima il mondo da cui le cose derivano per "condensazione e rarefazione". Punto di transizione è la teoria di Pitagora di Samo che individua nel numero il principio, l'essenza che dà origine alle cose. Il numero pitagorico non è però quell'entità astratta a cui noi oggi facciamo riferimento, bensì un'entità concreta rappresentabile tramite figure geometriche (*tetractís*). Con Parmenide di Elea la ricerca del principio primo si trasforma nella ricerca dell'essere e la metafisica diventa così *ontologia*: il principio primo deve essere necessariamente "ingenerato e imperituro, immutabile, immobile, indivisibile, eterno, unico", perché altrimenti presupporrebbe un "non- essere" che non è e non può neanche essere pensato (questa è la sola verità, tutto il resto è opinione). Eraclito di Efeso difende però quel "divenire" oggetto di contestazione e illusione da Parmenide e afferma che esso è il frutto della lotta tra i contrari, di quel conflitto che è l'unico in grado di dare origine a tutte le cose, e così il principio primo diventa il "*lógos*", legge razionale in grado di comprendere tale processo.

2. Il candidato analizzi come alla riflessione sull'*archè* e sull'"essere" si aggiunga nel pensiero filosofico greco la riflessione sull'"anima" e si soffermi in particolar modo sulla concezione che dell'anima prospetta la filosofia socratica

Punti chiave

- Individuare il passaggio del concetto di "anima" da "soffio vitale" nell'età greca classica a "natura divina" dell'uomo nell'età presocratica, soffermandosi sul dualismo "anima-corpo" presente nella filosofia pitagorica.
- Definire il passaggio dall'anima come *"psyché"* individuale a principio universale che anima il mondo, soffermandosi sulla concezione materialistica nella filosofia di Anassimene e di Democrito (l'anima come composto di atomi).
- Illustrare il concetto di "anima spirituale" (sede della conoscenza e della coscienza) nel pensiero di Socrate.

Svolgimento

Uno dei temi principali della filosofia greca delle origini è la riflessione sull'anima, quale principio di tutta l'attività cosciente dell'uomo. È un tema che i filosofi greci ereditano dal poeta Omero (V secolo a.C.), il quale traduce "anima" con il termine greco *psyché*, che significa quel soffio, o meglio quell'ultimo soffio vitale, che l'uomo emana prima di abbandonare il mondo dei vivi. Bisognerà attendere la riflessione pitagorica perché "l'anima" non sia solo il soffio vitale che l'uomo perde prima di andare nell'Ade, ma quel principio divino o "demone" (*daimonion*), ovvero un essere di natura divina che caduto nel corpo (*soma*) per una colpa originaria, vi rimane imprigionato. Solo la morte può liberare l'anima da quella prigione, ma non avendo ancora espiato del tutto la colpa originaria, l'anima è costretta a reincarnarsi in altri esseri umani e animali, fino a quando, espiato tutto il peccato, potrà ricongiungersi agli dei. Questa teoria, conosciuta come teoria della *metempsicosi* o trasmigrazione delle anime, è una delle poche che possiamo attribuire con certezza al filosofo e alla quale egli arrivò probabilmente sotto l'influsso dell'orfismo. Sempre dall'orfismo, Pitagora eredita la convinzione che se l'anima sopravvive al corpo (dualismo anima-corpo) essa è "immortale" e ha il compito di purificarsi (catarsi) solo attraverso il sapere e pratiche ascetiche (la cosiddetta vita pitagorica). Questa concezione, per così dire, spiritualistica dell'anima, non trova corrispondenza in altri filosofi che affrontando lo stesso tema giungono a considerazioni diverse. È il caso di Anassimene, per il quale l'aria, *archè* della vita, è sia quel soffio vitale che alberga in noi sia quel principio che dà vita al mondo, o ancora di Democrito, per il quale l'anima, come tutte le altre cose materiali, è un composto di atomi infiniti e indivisibili, destinata a disgregarsi e a morire. Ma solo con Socrate il dualismo anima-corpo e le teorie orfiche e pitagoriche vengono superati: il filosofo ateniese vuole trovare un fondamento alla vita morale e lo rintraccia nella natura o essenza dell'uomo. Per il maestro l'uomo è la sua anima e per anima egli intende la coscienza, la personalità intellettuale e morale. Il motto socratico "Conosci te stesso" significa pertanto conoscere a fondo la propria anima e avere responsabilità morale e civile, perché solo guardandosi dentro l'uomo può giungere alla verità. Il lavoro del filosofo consiste nel far emergere tale verità attraverso il ragionamento.

3. Il candidato esponga i rapporti tra "filosofia e tecnica" nel Novecento soffermandosi in particolar modo sulla riflessione speculativa operata da Weber e Heidegger

Punti chiave

- Illustrare il rapporto tra filosofia e tecnica nel Novecento soffermarsi sui concetti di "taylorismo" e "fordismo", ovvero sui sistemi scientifici di organizzazione e divisione del lavoro e sulla nascita della "catena di montaggio".
- Esporre le teorie di Max Weber con particolare riferimento al passaggio dalla "società del disincanto" alla "razionalità strumentale", ovvero dalla società dei valori del passato a quella moderna dell'efficienza dei mezzi.
- Spiegare la teoria heideggeriana del "pensiero calcolante", ovvero la concezione della natura come dominio dell'uomo.

Svolgimento

Lo sviluppo tecnologico del XX secolo ha posto la filosofia di fronte a nuovi modi di pensare il mondo e l'uomo alla luce dei nuovi sistemi tayloristici e fordistici (sistema di divisione e organizzazione del lavoro mediante "catene di montaggio" dopo il 1910). Alcuni filosofi di stampo positivistico hanno esaltato i successi della "civiltà delle macchine", altri invece, influenzati anche dal pensiero di Nietzsche, hanno espresso critiche e riserve perché la tecnica, nata come "strumento" per "la volontà di potenza" dell'uomo che vuole dominare la realtà circostante, diviene poi il senso stesso della sua vita ed esistenza. Nietzsche opporrà a questa idea di scienza e di tecnica la "scienza" del superuomo che "ama la vita" e "crea il senso della terra" e in questo sta la sua "volontà di potenza", cioè nella volontà creativa di nuovi significati da dare all'esistenza che nulla hanno a che fare con la precedente tradizione metafisica (Vattimo). Secondo il filosofo-storico Max Weber ciò avviene, però, perché nel moderno mondo capitalistico non contano più i valori, gli ideali, le passioni, la storia, ma solo tutto ciò che è strumento, mezzo, per poter raggiungere i propri fini. Il mondo moderno è un mondo "razionalmente strumentale", in cui la razionalità fa sì che conti solo il calcolo economico, l'ottimizzazione dell'uso dei mezzi in relazione a scopi ben determinati, e questo vale tanto per l'imprenditore e la sua fabbrica, quanto per l'uomo e la sua vita individuale. Questa razionalità "strumentale" è ciò che impedisce all'uomo di individuare ulteriori scopi di "senso" per la sua vita; l'uomo vuol essere dominato dalla tecnica ma non vuole, tramite essa, acquisire un significato di senso per la sua esistenza. Il modello proposto da Max Weber, di un mondo dominato dalla razionalità tecnica e strumentale, ha influenzato anche Martin Heidegger, secondo cui la tecnica moderna vuole solo "afferrare la natura (anche quella umana) come un insieme di forze calcolabili" e trasforma tutto in "uso e strumento" per l'uomo. L'uomo occidentale contemporaneo ha messo a punto una tecnica per dominare le "cose" ma alla fine è stato sopraffatto da essa ed è diventato "cosa" tra le "cose". Ecco perché alla domanda "che fare?" il filosofo risponde che la tecnica è necessaria, ma solo se accogliamo anche quel "senso nascosto" che essa contiene.

4. Il candidato analizzi il tema dell'"eros-amore" nella filosofia platonica e con riferimento al mito di Eros tracci i rapporti-confini tra "amore e felicità"

Punti chiave

- Definizione del tema dell'amore in Platone: dal *Simposio* e la riflessione sull'oggetto dell'amore, ovvero la bellezza, al *Fedro* e all'amore nella sua soggettività come aspirazione verso la bellezza.
- Spiegazione sintetica del mito di Eros nel *Simposio*: l'amore come "demone" e "filo-sofo" (come mancanza di sapienza).
- Individuazione del rapporto amore-vita secondo ragione-felicità.

Svolgimento

Il tema dell'amore è molto rilevante nella filosofia platonica, tanto che Platone lo affida a due dialoghi: il *Fedro* e il *Simposio*. Nel *Fedro* parla del "delirio" amoroso come "divina follia", come "mania": l'attrazione fisica per la bellezza dell'essere amato si converte nel desiderio e nella ricerca di una bellezza di qualità superiore, di carattere spirituale, fino a costituirsi come un vero e proprio "amore della sapienza", una tensione dell'anima, sostenuta dalla capacità dialettica della ragione, verso un mondo di idealità che trascende la realtà sensibile. Nel *Simposio*, nel racconto attribuito alla profetessa *Diotima*, la descrizione della nascita di *Eros* si trasforma in metafora dello stesso filosofare o, comunque, della condizione umana. *Eros* è un demone e come tale possiede una natura intermedia tra gli uomini e gli dei. Egli è figlio di Povertà (*Penia*) e di Ingegno o Espediente (*Poros*): *Eros* è perciò povero, ma, essendo figlio di Espediente (che è a sua volta il figlio di *Metis*, la Saggezza), è altresì capace di procurarsi ciò di cui è privo. L'amore è, infatti, sempre amore di "qualcosa", ed è insito nella natura di *Eros* il fatto di desiderare ciò di cui è privo, ossia la bellezza. L'amore è di conseguenza ricerca, come la filosofia, che è desiderio e amore di una "sapienza" che non si possiede, ma a cui si aspira. Platone pensa che la felicità consista nella vita secondo ragione: solo valorizzando la ragione e svolgendo i compiti cui si è chiamati, si può conseguire il massimo di felicità che è umanamente possibile. Solo il giusto, dunque, è felice, mentre l'ingiusto (ad esempio il tiranno, che pure appare il "più forte" degli uomini) è destinato all'infelicità. Né si può pensare che la felicità coincida con l'utile: essa non scaturisce da una sorta di "calcolo" tra piaceri e dolori in cui i primi prevalgono sui secondi, o magari in uno scambio, cioè nella limitazione di un piacere immediato in cambio di un maggiore piacere futuro; per un'anima che voglia essere felice, l'unica moneta possibile di scambio è il piacere.

5. Critica e rottura del sistema hegeliano: il candidato analizzi come il pensiero di Kierkegaard costituisca "il superamento dell'hegelismo" e l'"affermazione della verità del singolo"

Punti chiave

- Definizione dell'impianto anti-idealistico: difesa della "singolarità" dell'uomo contro l'"universalità" dello Spirito, difesa delle "alternative" possibili contro la "sintesi" conciliatrice della dialettica, difesa della libertà come "possibilità" contro la libertà come "necessità".
- Individuare il passaggio dall'"essenza" hegeliana all'"esistenza" di Kierkegaard, ovvero dall'"oggettività" del sistema di Hegel alla "soggettività" e scoperta del "singolo" nel pensiero di Kierkegaard.
- Ridefinizione dei compiti della filosofia e del filosofo: restituire all'uomo la sua concretezza e allontanarlo dall'identificazione di uomo-Dio, finito-infinito.

Svolgimento

Kierkegaard (1813-1855) contesta il pensiero di Hegel sostenendo che l'esistenza è sempre del "singolo" e non può essere ricondotta ad alcuna unità sovraindividuale. "Io stupido hegeliano": con questa breve affermazione (*Diario di un seduttore*), Kierkegaard si rimprovera l'iniziale adesione alla filosofia hegeliana. Hegel riconduce, secondo il filosofo di Copenhagen, ogni fenomeno ideale e reale nell'ambito della dialettica interna e storica dello Spirito Assoluto e nella sua infinita autorealizzazione. Kierkegaard oppone a questa teoria il concetto di esistenza. Hegel non considera l'"esistenza" ma l'"essenza" delle cose, nel particolare la loro essenza razionale. L'esistenza è per Hegel un accessorio dell'essenza mentre per Kierkegaard l'esistenza significa "stare fuori" dal concetto, dall'essenza universale. L'esistenza non può essere posta in atto insieme all'essenza del pensiero, ma deve essere un dato indipendente dall'attività speculativa. Occuparsi dell'essenza vuol dire occuparsi dell'universale, ma Kierkegaard, appurato che essenza ed esistenza differiscono, sposta l'attenzione dall'universale astratto (che riguarda solo le entità logiche) all'individuale, ovvero al Singolo, all'individuo concreto. Kierkegaard capovolge il significato hegeliano di "concreto": concreta non è più la totalità (Hegel) ma l'individuo. L'astrattezza sarà dell'universalità. L'esistenza spetta all'individuo e la verità non appartiene alla sfera dell'oggettività cara ad Hegel, ma alla sfera della soggettività. La verità non appartiene a coloro che più sanno e conoscono ma a coloro che "scelgono di agire", anche se tale impegno e tale scelta comportano rinunce e sacrifici. Compito dei filosofi è proprio quello di inserire l'individuo, inteso come essere concreto e reale, nell'indagine filosofica e di combattere la tendenza idealistica di identificare uomo e Dio, infinito e finito. La filosofia di Kierkegaard non vuole costituirsi come un sapere oggettivo alla maniera hegeliana ma vuole essere un reale progetto dell'uomo e della sua esistenza e proprio per questo influenzerà moltissimo l'esistenzialismo contemporaneo.

6 Il candidato definisca il rapporto tra spirito apollineo e spirito dionisiaco nella *Nascita della tragedia* di Nietzsche

Punti chiave

- Definire l'ispirazione filosofica della *Nascita della tragedia* e la concezione della filologia come filosofia.
- Individuare il motivo centrale della *Nascita della tragedia*, ovvero la distinzione tra spirito apollineo (che si esprime in forme limpide e armoniche della cultura epica) e spirito dionisiaco (che si esprime nell'esaltazione della musica e della poesia lirica) e i motivi che secondo il filosofo hanno condotto alla decadenza della tragedia.
- Individuare le possibilità di riscatto che il filosofo indica per uscire dalla decadenza della tragedia (arte e musica).

Svolgimento

Nietzsche (1844-1900), per la sua formazione filologica e per la sua grande passione per la musica e la poesia tragica, dedica alla tragedia la sua prima opera *Nascita della tragedia dallo spirito della musica. Ovvero grecità e pessimismo* (1872). Partendo dalle origini, ovvero dal mondo greco, egli si discosta dall'opinione comune che considerava questa età nobile e quieta, vedendola invece divisa tra due principi contrapposti: l'"apollineo" (emblema della musica e dell'ordine) e il "dionisiaco" (principio del caos, della gioia e della sessualità). Il primo, che scaturisce "da un impulso alla forma" e "da un atteggiamento di fuga davanti alla realtà", si esprime nelle forme limpide e armoniche della scultura e della poesia epica. Il secondo, che scaturisce "dalla forza vitale" e "dalla partecipazione al divenire", si esprime nell'esaltazione creatrice della musica. Questi due principi nella Grecia presocratica convivevano separati ma poi si trovano mirabilmente fusi per "un miracoloso atto metafisico" proprio nella tragedia attica, che è da ricollegarsi ai canti corali in onore di Dioniso. Dall'esperienza del caos, secondo Nietzsche, deriva l'impulso all'arte tragica; solo grazie allo spirito "apollineo" l'uomo greco è riuscito a sopportare la drammaticità della vita. Dopo aver elogiato le opere di Sofocle ed Eschilo, che hanno il merito di aver conciliato i due principi, Nietzsche spiega che questo miracolo metafisico si rompe con la tragedia di Euripide e successivamente con il razionalismo di

Socrate, in quanto si afferma il predominio del pensiero razionale o apollineo a vantaggio dell'impulso dionisiaco delle passioni e degli istinti, la tragedia perisce e nasce la filosofia. Per uscire da questa condizione, per dare un'alternativa all'uomo di fronte alla crudeltà della vita, per il filosofo di Röcken (Lipsia), è necessario far rinascere lo spirito dionisiaco, grazie all'esperienza dell'arte e, in particolare, alla musica di cui egli scorge in Wagner un'incarnazione emblematica.

7 Il candidato esponga la critica dell'economia borghese e la problematica dell'alienazione nel pensiero di Marx

Punti chiave

- Individuare la critica di Marx alla società capitalistica attraverso una sintetica analisi delle opere in cui è presente questo tema (*Manoscritti economico-filosofici*)
- Definire il concetto di alienazione nella storia della filosofia (Rousseau, Hegel e Feuerbach)
- Individuare il passaggio dall'alienazione coscienziale religiosa (l'uomo si sottomette a una potenza estranea quale Dio) di Feuerbach a quella socio-economica-reale (sottomissione del salariato al capitalista) definita da Marx nel *Capitale*.

Svolgimento

Karl Marx (1818-1883) pubblica nel 1844 *I Manoscritti economico-filosofici*, che rappresentano l'applicazione in campo economico dei principi critico-dialettici precedentemente applicati in campo politico (*Critica* e *Annali franco-tedeschi*). Marx accusa la cosiddetta economia borghese di essere tanto l'espressione teorica della società capitalista quanto l'"immagine falsa e mistificata del mondo che rappresenta". Marx ritiene che l'economia borghese non abbia compreso affatto che il sistema capitalistico è uno dei tanti stadi economici della storia e non il risultato finale del loro evolversi. Ma l'accusa ancor più grave è che ciò che sfugge al sistema economico capitalistico borghese è la costante conflittualità tra "capitale" da un lato e "lavoro salariato" dall'altro, tra "borghesia" e "proletariato", contraddizione che porta al fenomeno dell'"alienazione". Il concetto di "alienazione" non è certamente nuovo nella storia della filosofia, esso affonda le proprie radici già nel pensiero di J.J. Rousseau (come cessione dei diritti individuali a favore della comunità) e in quello di Hegel (alienazione "positiva e negativa": il farsi "altro da sé" dello Spirito, per poi tornare arricchito a se stesso). Ma è in Feuerbach che l'alienazione assume un connotato esplicitamente negativo configurandosi come alienazione religiosa (Dio non è altro che una proiezione fuori di sé da parte dell'uomo della propria essenza e quindi una sua errata interpretazione). Marx riprende da Feuerbach il concetto di "alienazione" come condizione patologica di scissione, di dipendenza e di auto-estraniazione e la trasporta dal campo religioso a quello socio-economico. L'alienazione è la condizione di vita dell'operaio salariato nell'ambito della società capitalistica, il quale: 1) è alienato rispetto al prodotto della sua attività poiché produce un oggetto che non gli appartiene; 2) è alienato rispetto all'attività stessa (è reso "mezzo" e "merce" per i fini del capitalista; 3) è alienato rispetto alla sua "essenza" perché costretto a svolgere un lavoro monotono. La soluzione a questa problematica altro non è che l'abolizione della proprietà privata e la costituzione di una società comunista in cui valga il principio "da ognuno secondo le sue capacità, a ognuno secondo i suoi bisogni".

8. Il candidato analizzi le teorie etiche epicuree mettendole a confronto con le altre delle scuole o correnti filosofiche dell'età ellenistica

Punti chiave

- Individuare i caratteri etici principali della scuola epicurea facendo riferimento in particolare alla concezione della filosofia come quadrifarmaco (la filosofia come liberazione dalle passioni e dai "mali" degli dei, della morte e del dolore).
- Definire il rapporto-confronto tra etica epicurea ed etica stoica (dall'*"atarassia"* ed *"aponia"* all'*"indifferenza"* e all'*"apatia"*).
- Definire cosa gli scettici intendessero per "esercizio del dubbio" e cosa per *"epochè"* (la sospensione del giudizio non come punto di arrivo ma di partenza).

Svolgimento

Epicuro, nativo di Samo, trasferitosi ad Atene, fondò una scuola filosofica che prese il nome di "Giardino", dal momento che egli era solito "chiacchierare" con i suoi seguaci nel giardino di casa. Secondo Epicuro, la filosofia è la via per raggiungere la felicità, intesa come "apatia", ovvero liberazione dalle passioni, come una "medicina" che fornisce all'uomo la ricetta per affrancarsi definitivamente dai suoi mali. Quattro sono le grandi paure che affliggono l'umanità e quattro sono i "medicinali" per guarirne, ovvero i modi per superare, per via filosofica, tali timori: 1) la paura degli dei viene sconfitta pensando che essi risiedono nell'Olimpo, distanti fisicamente e intellettualmente dagli uomini; 2) la paura della morte è infondata perché con la morte l'essere umano cessa di esistere; 3) la paura del dolore è altrettanto vana, perché se esso è lieve è facilmente sopportabile, se è acuto porta alla morte e della morte non c'è da aver timore; 4) infine Epicuro invita l'uomo a non angustiarsi per la preoccupazione del futuro e a vivere invece bene l'"attimo" (concezione che influenzerà il poeta Orazio e il suo *"carpe diem"*). Il filosofo, il saggio epicureo, è colui che cerca la felicità e la trova nel piacere che si ottiene rifuggendo il dolore, sia fisico sia spirituale: Epicuro distingue l'*aponia*, ossia l'assenza del dolore fisico e corporeo, dall'*atarassia*, cioè l'assenza di turbamenti che affliggono l'anima.

Zenone di Cizio fondò invece la "Stoà", ovvero una scuola filosofica nata dall'incontro di persone in un "portico dipinto", ed elaborò l'idea che l'uomo deve adeguare il suo comportamento all'ordine naturale e razionale delle cose; solo "vivendo secondo natura e ragione" l'uomo realizza il proprio dovere e nel realizzarlo sta la sua "virtù", ovvero l'unico bene che egli deve bramare di possedere (sapienza, saggezza, giustizia), mentre i "non-beni" (ricchezza, gloria, successo) devono risultargli "indifferenti". Il saggio, il filosofo, deve pertanto essere "apatico", ovvero indifferente a tutte le emozioni.

Lo scetticismo fa riferimento a tre scuole, ma trova in Pirrone di Elide il suo massimo rappresentante. Per Pirrone non esistono cose vere o false, buone o cattive in assoluto, ma sono gli uomini con le loro abitudini e convenzioni a renderle tali e allora, se non si può essere certi di nulla, l'unica cosa che il saggio può fare è "sospendere il giudizio" (*epochè*), non pronunciarsi ("afasia"), perché solo così è possibile raggiungere la serenità della mente.

9. Il candidato analizzi e metta a confronto il rapporto tra Dio/Uno e l'uomo nel pensiero filosofico di Platone, di Aristotele e di Plotino

Punti chiave

- Illustrare la concezione platonica della divinità, ovvero i caratteri del dio-demiurgo come artefice della materia per un atto d'amore e il suo rapporto con il mondo delle idee.
- Esporre la concezione aristotelica di Dio come principio - motore immobile e il suo rapporto causale con la materia.
- Definire la concezione neoplatonica dell'Uno, la trascendenza e la teologia negativa e il suo rapporto di "Causa-Bene" con il mondo.

Svolgimento

Uno dei problemi insoluti della filosofia platonica è il rapporto tra il mondo delle idee o "Iperuranio" e il mondo sensibile; in uno degli ultimi dialoghi, il *Timeo*, Platone cerca di risolvere questo problema attraverso l'analisi dell'origine e della formazione dell'universo ed introduce un termine mediatore tra i due mondi: il demiurgo, un divino artefice, dotato di intelligenza e di volontà, il quale, amando il Bene, vuole dare ordine al *caos* del mondo a immagine e somiglianza del mondo delle idee, e per farlo plasma (ma non crea) la materia (*chora*) che trova già preesistente. Il demiurgo plasmatore, quindi, imprime forma alla materia e la vivifica, dandole un'anima, e per renderla più simile al mondo delle idee la dota del "tempo", che riproduce, nel mutamento, l'ordine immutabile dell'eternità del mondo delle idee.

Aristotele affronta il problema di Dio nella *Metafisica*, che essendo la scienza delle cause ultime è anche la scienza di Dio e fornisce quella che gli storici hanno definito la "prima prova dell'esistenza di Dio", ovvero afferma che se tutto ciò che esiste è in movimento, necessariamente ci deve essere qualcosa che è causa del movimento ma che non è mosso da nessuno: questo principio primo e immobile altri non è se non Dio, "primo motore immobile". Il Dio "motore immobile" è "atto puro", cioè senza potenza, non soggetto al divenire, ed è essere eterno e intelligenza che pensa la cosa più intelligente che può pensare, cioè se stesso. Anche il Dio aristotelico non crea ma "attira a sé come l'oggetto d'amore attira l'amante" ed è "causa finale" a cui tutto tende.

Plotino qualche anno più tardi risolve gli interrogativi lasciati insoluti dai suoi predecessori e afferma che l'Uno in quanto "principio sovrabbondante di essere" ha la "necessità" – e non per un atto di bontà – di generare il mondo che è quindi un suo effetto; inoltre Dio-Uno non è *mens insita omnibus* ma esiste al di fuori di esso e proprio per questo motivo è "infinito" e come tale non si può definire se non dicendo ciò che esso non è (teologia negativa).

10. Il candidato ricostruisca i momenti della discussione critica attraverso la quale Socrate affronta e risolve il problema della ricerca della "verità"

Punti chiave
- Definire quale sia il compito della filosofia per Socrate, ovvero un esame critico infinito di se stesso e degli altri (la filosofia come "dialogo" continuo).
- Definire i momenti del dialogo filosofico: il "non-sapere", l'ironia, l'arte della maieutica.
- Puntualizzare la fase finale dell'indagine: la verità come ricerca interiore.

Svolgimento
Socrate sposta l'indagine filosofica dal cosmo all'uomo, e a tutto ciò che riguarda la sua vita, e lo fa attraverso il "dialogo", che si articola in varie fasi; innanzitutto presupposto del dialogo è il "sapere di non sapere", ovvero l'essere coscienti della propria ignoranza. Quando l'oracolo di Delfi indicò in Socrate il vero e unico saggio lo fece perché Socrate "sapeva di non sapere", ovvero non aveva quella pretesa di possedere la verità. Infatti per Socrate chi pensa di possedere la verità, smette di cercarla, mentre chi sa di non averla la cerca per tutta la vita. Per questo motivo la prima cosa che il maestro-filosofo Socrate deve fare è rendere "dotti" gli altri della propria ignoranza. Il metodo attraverso il quale persegue tale fine si divide in due fasi: la prima è quella dell'"ironia" o dissimulazione, che consiste nel "porre delle domande" al proprio interlocutore e nel "fingere" di accettare le risposte per poi, con una serie di incalzanti "perché", farlo cadere nel "dubbio" e fargli ammettere di "non sapere". La seconda fase consiste nella richiesta di una "definizione" puntuale riguardo al tema che si sta affrontando nel discorso (*ti estì*) (ad esempio, nel caso in cui l'argomento in discussione fosse stato quello della "virtù", Socrate non avrebbe voluto come risposta un elenco di esempi virtuosi ma la "definizione" della virtù in se stessa).

La seconda fase è legata al fine della filosofia socratica, che non è solo quello di rendere l'altro cosciente della propria ignoranza, ma è anche quello di fargli "partorire" la verità, perché il filosofo non ha la pretesa di comunicare dall'esterno una propria dottrina ma vuole stimolare il suo ascoltatore a ricercarne una personale dentro se stesso e la ricerca può nascere solo quando l'altro è posto in una situazione di "dubbio". Allo stesso modo della levatrice che fa partorire le donne gravide, Socrate aiuta la verità a venir fuori dalle anime dei propri interlocutori. La verità è dunque per Socrate una conquista personale che si può raggiungere, però, solo se opportunamente guidati dal maestro-filosofo.

11. Critica e rottura del sistema hegeliano: il candidato analizzi le "vie della liberazione dal dolore" nel pensiero di Schopenhauer

Punti chiave

- Individuare i motivi del rifiuto dell'idealismo di Hegel, definito come "il sicario della verità" per aver fatto del suo sistema un'apologia dello Stato a scapito del singolo.
- Definire il concetto di "volontà di vivere" come "noumeno" del mondo e dell'universo intero.
- Indicare e spiegare sinteticamente le vie prospettate dal filosofo per la liberazione dal dolore: arte, morale e ascesi.

Svolgimento

Il pensiero di Schopenhauer si pone su un piano nettamente opposto a quello idealistico di Hegel; infatti laddove il filosofo di Stoccarda aveva manifestato una visione "razionale" della realtà, il filosofo di Danzica vi contrappone un pessimismo irrazionale, fondato sull'assunto che la volontà di vivere che si manifesta nel mondo non ha ragione di farlo perché la vita e la storia sono una ripetizione continua ed incessante di dolore. C'è chi ha voluto vedere in queste affermazioni un invito filosofico al "suicidio universale", ma non è così, dato che Schopenhauer è contrario al suicidio che ritiene espressione di un forte attaccamento alla vita perché sopprime solo una manifestazione fenomenica della volontà ma non la volontà di vivere in sé. Pertanto la vera risposta filosofica al dolore non può consistere nell'eliminazione della vita ma nella "liberazione dalla stessa volontà di vivere" (quando la "*volutans*" diventa "*noluntas*").

L'uomo per Schopenhauer può salvarsi solo attraverso tre vie: l'arte, la morale e l'ascesi; l'arte è la "contemplazione delle idee", ovvero la conoscenza pura e disinteressata degli aspetti della realtà, e per questo suo carattere contemplativo l'arte sottrae l'individuo al desiderio di appagamento dei bisogni quotidiani e lo eleva al di sopra della volontà, del dolore e del tempo. Ma la liberazione delle arti (specie la tragedia e la musica) ha sempre un carattere parziale e temporaneo.

Alla contemplazione estetica delle idee segue la morale, che si concretizza in un impegno-sentimento quotidiano di "sentire" le sofferenze altrui come proprie, ovvero in una partecipazione immediata e incondizionata al dolore altrui. La pietà etica si concretizza nelle due virtù cardinali della giustizia e della carità: la prima consiste nel non fare male agli altri (aspetto negativo della pietà), l'altra nel fare del bene al prossimo (aspetto positivo della pietà). L'ascesi, ultima tappa dell'*iter* salvifico, nasce dall'"orrore dell'uomo per l'essere", ed è quell'esperienza attraverso la quale l'individuo, cessando di volere la vita e il volere stesso, si propone di estirpare il proprio desiderio di esistere, di godere, di volere, mediante una serie di accorgimenti (castità, umiltà), al culmine dei quali c'è il "nirvana", un oceano di pace in cui le nozioni di "io" e "soggetto" si dissolvono.

12. Il candidato esponga il problema del "male" nel pensiero filosofico di Agostino rapportandolo alla dottrina della creazione e del tempo

Punti chiave
- Definire il passaggio dalla "generazione" alla "creazione *ex nihilo*" del mondo.
- Definire il problema del "tempo" come "*distensio animae*".
- Esaminare la polemica contro il manicheismo e la risoluzione agostiniana del male come "privazione del bene".

Svolgimento
Agostino di Ippona (354-430) è il più rappresentativo esponente dei padri della Chiesa e uno dei primi filosofi cristiani che tentò di risolvere il problema metafisico della derivazione del molteplice dall'Uno (tema ampiamente dibattuto nel pensiero di Platone e ripreso poi dal neoplatonismo di Plotino) ricorrendo al concetto di "creazione" preso in prestito dalla genesi biblica. Per Agostino la soluzione creazionistica è al tempo stesso "verità di fede e di ragione"; la creazione, infatti, può avvenire per generazione (in questo caso il generato deriva dalla sostanza del generante), per fabbricazione (il generato deriva da una materia esterna al generante), o dal nulla (*ex nihilo* – il generante non proviene né dalla sostanza del generante né dalla materia esterna). La creazione dal "nulla" è un atto gratuito di Dio e una manifestazione della sua infinita bontà e potenza. Creando il mondo dal nulla, Dio ha creato anche il "tempo", che esiste non ontologicamente ma solo nello spirito dell'uomo come "memoria, intuizione e anticipazione dell'anima". Ma se tutto crea Dio e tutto è Bene, come si spiega la presenza del male nel mondo?
Agostino, memore dell'errore in cui il manicheismo lo aveva fatto cadere da giovane facendogli affermare la presenza ontologica del male, lo considera da tre punti di vista:
1) dal punto di vista metafisico, il male non esiste, ma esistono solo gradi inferiori di essere rispetto a Dio;
2) da un punto di vista morale, il male nasce dalla cattiva volontà, che anziché tendere al Bene Sommo preferisce tendere a beni inferiori;
3) da un punto di vista fisico, il male è una conseguenza del peccato originale, ovvero del male morale.

La tematica del male è connessa al concetto di "volontà" che è autonoma dalla ragione, pertanto la ragione può conoscere il bene ma la volontà può respingerlo, come è accaduto ad Adamo per il peccato originale; dopo il peccato di Adamo ed Eva la volontà umana si è corrotta e solo l'intervento della grazia divina può aiutarla a risollevarsi.

13

Il candidato esponga, con riferimento al pensiero di Anselmo d'Aosta, gli argomenti relativi alle quattro prove "a posteriori" dell'esistenza di Dio e li confronti con la dimostrazione "a priori" o prova "ontologica"

Punti chiave

- Individuare il motivo che spinge Anselmo a definire la verità fondamentale della religione, ovvero l'esistenza di Dio, come una verità di ragione (*credo ut intelligam*).
- Esporre sinteticamente le prove addotte nel "*Monologion*" per la spiegazione "*a posteriori*" dell'esistenza di Dio.
- Illustrare sinteticamente la prova addotta nel "*Proslogion*" per la spiegazione "*a priori*" dell'esistenza di Dio e le conseguenze nel pensiero filosofico successivo.

Svolgimento

Anselmo d'Aosta è uno dei filosofi cristiani di maggior rilievo dell'XI sec. Tutto il suo pensiero è incentrato sull'idea di Dio, a proposito della quale il filosofo precisa che occorre distinguere tra la questione relativa all'"esistenza" da quella relativa all'"essenza".
Questa distinzione appare evidente nel *Monologion*, dove il filosofo argomenta la questione ricorrendo a quattro prove "*a posteriori*" (ovvero risalendo dagli "effetti" alla causa) che considerano la "natura" di Dio: la prima prova parte dal concetto che se al mondo esistono cose buone ciò è possibile solo perché il principio che le ha create è "bontà assoluta" che altri non è se non Dio; la seconda prova considera la varietà di grandezze presenti nel mondo che rinvia necessariamente a una "grandezza assoluta" di cui le altre partecipano, che altri non è se non Dio; la terza prova parte dal principio che se tutto esiste non può esistere in virtù di un nulla ma di una "causa suprema" che altro non è se non Dio; la quarta e ultima prova parte dall'osservazione che se nel mondo vi sono vari gradi di perfezione, questi non possono che rimandare a una "perfezione assoluta" che altro non è se non Dio.
Anselmo si rese conto che tali prove sarebbero state di difficile comprensione per gli uomini e allora individuò un'ulteriore prova dell'esistenza di Dio nel *Proslogion* che è stata poi denominata "la prova ontologica". Il ragionamento di Anselmo parte dal fatto che se Dio è quella realtà di cui nulla può pensarsi

più grande, per il fatto stesso che Lo si sta pensando, anche chi Lo nega come l'ateo o lo stolto, affermano la sua esistenza in quanto per negare qualcosa bisogna possederne il concetto come di "un essere di cui nulla è più grande"; ma questo concetto non può esistere solo nell'intelletto in quanto tra pensiero e realtà c'è una corrispondenza(prova "a simultaneo" perché nell'idea di Dio si trova anche l'esistenza).

Quest'ultima prova ha avuto molto successo nei secoli successivi (Cartesio e Leibniz) ma fu anche criticata (Tommaso e Kant).

14. Il candidato analizzi la concezione dello Stato in Aristotele evidenziando le condizioni "ideali" di un buon governo

Punti chiave
- Definire l'arte politica e il principio non autarchico dell'individuo; la differenza tra individuo-cittadino e individuo-schiavo.
- Indicare i tipi fondamentali di costituzione e le corrispondenti possibili degenerazioni.
- Delineare le condizioni del "buon governo" e il ruolo dell'educazione.

Svolgimento
Aristotele concepiva l'uomo come "animale razionale ma anche politico", intendendo con questa affermazione che l'uomo per realizzare la sua natura deve vivere in una società politicamente organizzata. Ma essere "cittadino" per il filosofo Stagirita significa partecipare attivamente all'amministrazione della *res publica*, ovvero fare parte delle assemblee e governare la Città. Ciò escludeva dall'essere cittadini i coloni, gli schiavi (i cosiddetti barbari) e tantomeno gli operai, che intenti a lavorare non avevano tempo per dedicarsi alla vita pubblica. Aristotele, figlio del suo tempo, ha una visione elitaria dell'essere cittadino, perché come l'anima e l'intelletto governano sul corpo, allo stesso modo gli uomini in cui predominano l'anima e l'intelletto devono comandare su tutti gli altri. Ecco perché distingue varie costituzioni o strutture politiche di Stato, a seconda che il potere sia esercitato "da uno solo, da pochi uomini o da una moltitudine di uomini". Inoltre chi governa può farlo secondo il bene comune e allora si avranno tre forme di governo (monarchia, aristocrazia, *politía*), oppure secondo il proprio interesse e allora si avranno altrettante forme di governo (tirannide, oligarchia, democrazia). Aristotele, pur non esprimendo una netta preferenza per nessuna delle tre forme di governo "secondo il bene comune", ritiene più opportuna la *politía*, intesa come governo di una moltitudine che, pur non eccellendo nelle virtù politiche, può però a turno comandare, piuttosto della democrazia, da lui vista come una forma, diremmo oggi, di demagogia, in cui la troppa libertà finisce col ledere gli interessi dei cittadini stessi. Anche Aristotele, come Platone, teorizza la costituzione di Stato ideale in cui ritrova la dottrina etica del giusto mezzo: uno Stato non troppo

popoloso, non molto grande e governato da cittadini, guerrieri da giovani e consiglieri da vecchi, il cui fine sia quello di vivere in pace e "contemplare solo cose belle". Inoltre è necessario che nello Stato comandino gli anziani perché i giovani obbediscono più facilmente sapendo che un domani qualcun altro obbedirà loro. Tra i compiti fondamentali dello Stato vi è quello di garantire ai cittadini un'educazione, che deve essere uniforme per tutti, capace di preparare non solo i corpi alla guerra ma anche le anime ad una vita virtuosa.

15. Il candidato descriva la controversia sugli universali alla luce delle varie soluzioni proposte dai pensatori nell'ambito della filosofia Scolastica

Punti chiave

- Individuare *la questione degli universali* come problema della relazione tra *voces* e *res*, parole e cose, pensiero ed essere.
- Indicare le varie soluzioni prospettate dal realismo estremo di Anselmo d'Aosta, dal realismo moderato di Tommaso d'Aquino, dal nominalismo di Roscellino e dal concettualismo di Abelardo.
- Spiegare la differenza tra "*ante rem*", "*post rem*", "*in re*".

Svolgimento

Il problema degli universali, argomento ampiamente dibattuto dalla filosofia Scolastica del XII secolo, si preoccupa di stabilire come termini "universali", come nel caso di "animale" (genere) o "uomo" (specie), possano venir riferiti a più soggetti o cose. Si parla di "problema" in quanto ci si interroga sulla reale esistenza o meno dei termini universali e sul rapporto esistente o meno tra *voces* e *res*, tra parole e cose, tra pensiero ed essere.

Varie sono state le soluzioni prospettate, ma sicuramente più interessanti per i risvolti avuti sul pensiero filosofico successivo sono quelle proposte dal realismo estremo, dal realismo moderato, dal concettualismo e dal nominalismo.

Il realismo estremo ha i suoi massimi esponenti in Guglielmo di Champeaux e Giovanni Scoto Eriugena che sostennero una perfetta adeguazione o corrispondenza tra i concetti universali e la realtà. Questa tesi, abbracciata anche da Anselmo d'Aosta, si concretizza nell'affermazione della presenza *ante rem* degli universali, su modello delle idee platoniche, come archetipi di realtà rispetto agli individui concreti.

Il nominalismo, attraverso il pensiero di Roscellino e di G. da Ockham, criticò aspramente questa soluzione, sostenendo che gli universali non hanno alcun valore semantico o predicativo, in quanto essi non sono *res* e quindi non hanno né una valenza ontologica né tantomeno una valenza logica, ma sono solo dei nomi che indicano una molteplicità di individui.

Per Abelardo invece gli universali non esistono in natura ma nella nostra mente (*post rem*) come concetti (donde il nome di concettualismo) e si formano per un processo di astrazione dell'intelletto che nel conoscere separa da più enti simili un modo d'essere comune: questo è il concetto universale per un certo gruppo di individui; cosi facendo, però, si può conoscere non la realtà stessa ma solo i concetti che esprimono una parte di quella realtà.

Per il realismo moderato di San Tommaso invece gli universali hanno una triplice valenza e sono: 1) *"ante rem"*, nella mente di Dio come idee-archetipo della realtà; 2) *"in re"*, ossia nelle cose come forma che struttura ontologicamente la realtà; 3)*"post rem"*, come concetti mentali e logici.

16. Il candidato esponga la nuova concezione cristiana della storia nel pensiero di Agostino e la confronti con la tradizione greca precedente

Punti chiave
- Descrivere la filosofia della storia proposta da Agostino nel *De civitate Dei* e sottolineare la differenza tra *cupiditas* e *charitas*.
- Individuare le varie fasi della storia secondo lo schema teologico.
- Evidenziare le ragioni del passaggio dalla visione "ciclica" della storia secondo i greci a quella "lineare" secondo i cristiani e Agostino.

Svolgimento

Agostino di Ippona compone tra il 413 e il 426 *La Città di Dio,* un'opera che, insieme alle *Confessioni*, rappresenta il capolavoro della produzione filosofica dello studioso.
La riflessione agostiniana parte dal concetto che così come l'uomo è fatto di carne e spirito, il mondo è costituito da due città, quella "terrena" o città del diavolo e dei dannati, quella "celeste" o città di Dio o dei beati. Nella prima il cittadino sembra essere un dominatore, nella seconda un pellegrino, ma il primo è destinato alla dannazione, il secondo alla salvezza. Le due città non dominano alternativamente la storia ma sono sin dalle origini più lontane destinate a essere mescolate insieme sino al giorno del giudizio. L'uomo può capire a quale città appartiene solo dialogando con se stesso (il dialogo come ricerca interiore). Inoltre, così come i giorni dedicati da Dio alla creazione sono sei, altrettante saranno le epoche storiche, la prima va da Adamo al diluvio universale, la seconda dall'arca di Noè ad Abramo, la terza da Abramo a Davide, la quarta da Davide alla *captivitas* babilonese, la quinta fino alla nascita di Gesù, la sesta e ultima dalla venuta di Gesù fino alla fine del mondo.
Per quanto riguarda il popolo d'Istraele, in particolar modo, Agostino individua tre periodi spirituali: nel primo gli uomini vivono senza leggi e non combattono per i beni materiali, nel secondo hanno le leggi ma combattono per i beni materiali, nel terzo combattono e vincono le tentazioni del mondo.
Per quanto attiene invece alla storia di Roma il giudizio agostiniano è molto severo, perché Roma nasce da un fratricidio, quello di Romolo, e questo già di

per sé la condanna, ma ha la possibilità di salvarsi convertendosi al cattolicesimo e rifuggendo dalle idolatrie pagane.

La concezione agostiniana rompe con le antiche tradizioni greche del passato per le quali la storia aveva necessariamente un andamento ciclico, mentre per i cristiani essa ha un andamento lineare, ovvero ha un inizio (l'*Eden*), un processo (la caduta) e una fine (la redenzione); inoltre Agostino anticipa la funzione salvifica e provvidenziale della storia, così ampiamente ripresa, e criticata, nei secoli successivi.

17. Il candidato spieghi il significato e il valore attribuiti da Vico alla storia e al lavoro dello storico

Punti chiave
- Definire il concetto vichiano di storia, evidenziando la differenza tra "scienza" e "conoscenza" di essa.
- Individuare le varie fasi del lavoro dello storico e il rapporto con la filologia.
- Delineare i "corsi" e "ricorsi" storici e l'idea di storia come opera della Provvidenza divina.

Svolgimento

Giambattista Vico (1668-1744), uno dei filosofi della storia più importanti, afferma che si ha "scienza" di un oggetto solo quando si ha "conoscenza" di tutti gli elementi che lo compongono (*verum ipsum factum* e *verum et factum convertuntur*). Questo implica che l'uomo non può conoscere né la natura né la matematica, perché la prima è una creazione di Dio, la seconda è un'astrazione della mente umana. Nei *Principi di una scienza nuova* (1725) riconobbe pertanto che solo la storia in quanto opera concreta dell'uomo può essere oggetto della sua conoscenza. Nella *Scienza nuova* (1730) il filosofo indica quale storia da evitare quella di "scienziati" come Leibniz o Cartesio perché si basa su dati esclusivamente quantificabili, o quella di storici come T. Livio o Erodoto che se ne sono serviti per dimostrare una loro tesi, come la grandezza dell'impero romano o della democrazia ateniese. Lo storico è colui che stabilisce un rapporto con la filologia applicando alla ricerca storica l'idea e il fatto storico, con la prima ricerca il "vero", con la seconda ricerca il "certo". Perché la coscienza dei fatti diventi scienza degli stessi è necessario "inverare il certo e accertare il vero" individuando dei principi fondamentali con valore universale ("*degnità*"). Bisogna poi riconoscere che l'uomo è oggetto dell'indagine storica, che non si baserà quindi più sul caso (come per Epicuro o per Hobbes) o sul fato (come per gli stoici o per Spinoza), bensì sull'inveramento del fatto storico grazie alla ricostruzione filologica. Vico sottolinea come l'uomo nel suo agire storico è sempre libero e che spesso i fini perseguiti individualmente si rivelano poi come mezzi universali (l'eterogeneità dei fini). Vico ripartisce la storia in tre "corsi", quello degli dei, quello degli eroi e quello degli uomini, corrispondenti all'uso rispettivamente che gli uomini hanno fatto dei sensi, della fantasia e della ragione, a cui possono seguire dei "ricorsi", ovvero il periodico ritornare della storia sui suoi passi. Inoltre Vico afferma che la storia è anche opera di Dio, la cui "Provvedenza" è l'artefice di quel progetto ideale eterno che gli uomini da sempre avvertono ma non possono dominare.

18. Il candidato ponga a confronto la dottrina filosofica di Aristotele e quella del suo maestro Platone evidenziandone le differenze

Punti chiave
- Individuare nella filosofia aristotelica i motivi di distacco da quella platonica e la diversa concezione del "sapere" e della "realtà".
- Individuare il passaggio dal "dialogo socratico-platonico" come ricerca sempre aperta alla ricerca sistematica di Aristotele.
- Soffermarsi sulla teoria antiplatonica tra metafisica e ontologia e la definizione di metafisica come struttura necessaria dell'essere e della realtà.

Svolgimento

Il pensiero di Aristotele non può essere compreso se non facendo riferimento a quello del suo maestro Platone. Infatti se è vero che Aristotele è stato il discepolo più fedele di Platone è anche vero che ha superato il maestro nelle sue teorie ma mantenendo intatta l'anima della sua filosofia.

La differenza fondamentale tra i due grandi filosofi greci risiede non tanto nel ruolo da attribuire alla filosofia quanto nella sfera di interessi; lo Stagirita *in primis* ha preferito rigorizzare il discorso filosofico privandolo di quella componente mistico-religiosa tanto cara al maestro. Se Platone inoltre manifestò grande attenzione per le scienze matematiche ma non empiriche (fatta eccezione per la medicina), Aristotele ebbe invece un interesse grandissimo per quasi tutte le scienze empiriche e scarsissimo amore per la matematica.

La differenza più rilevante però riguarda la metodologia a cui i filosofi ricorrono per spiegare il loro pensiero: Platone (discepolo di Socrate) rende suo il dialogo maieutico e dà vita a un discorso sempre aperto ("una vita senza ricerca non è degna di essere vissuta"), Aristotele procede per una sistemazione organica dei vari temi e problemi e crea quel *corpus* di scienze (teoretiche, pratiche e poietiche) sul quale poi si innesterà tutta la filosofia successiva.

Ma vi è un punto di riflessione che separa il discepolo dal maestro e che riguarda la teoria delle "idee" platoniche. La "sostanza" è il concetto fondamentale della filosofia di Aristotele, cui fanno capo sia la logica (la teoria del linguaggio e del ragionamento), sia la metafisica (la teoria filosofica dell'essere), sia la fisica. Rispetto alla metafisica, egli aveva individuato "quattro cause" di tale sostanza, ovvero la causa materiale (ciò di cui una cosa è fatta), formale (l'essenza della cosa), efficiente (l'origine della cosa, il suo "perché") e finale (lo scopo a cui la cosa tende). Il filosofo critica la filosofia precedente per essersi soffermata su una sola delle cause tralasciando le altre. In particolare Aristotele critica il suo maestro, che pur avendo individuato la causa formale delle cose, ovvero le "idee", le ha sistemate in un mondo a parte (l'Iperuranio). La domanda del discepolo è come possano essere causa di qualcosa le idee se esse risiedono in un mondo lontano dalle cose e non nelle cose stesse. Le idee platoniche non "semplificano" il discorso ma lo "complicano", perché ad avviso del filosofo di Stagira sono degli inutili doppioni, e allora trasforma le idee platoniche, archetipi trascendenti delle cose, in forme immanenti negli individui.

19
Il candidato analizzi il valore e l'apporto dato dalla "logica" all'enciclopedia delle scienze aristoteliche

Punti chiave
- Individuare il ruolo della logica rispetto alle altre scienze aristoteliche e specificare i motivi che inducono il filosofo a considerarla "analitica" rispetto al "corpus".
- Illustrare la struttura della logica attraverso definizioni di "concetti" e "proposizioni".
- Spiegare le strutture e i modi del ragionamento o sillogismo e fare anche degli esempi appropriati.

Svolgimento

Nella classificazione delle scienze aristoteliche (teoretiche, pratiche e poietiche) non trova spazio volutamente quella che Aristotele chiamò "analitica" e i suoi successori "logica", perché questa scienza ha per oggetto la forma comune di tutte le scienze, ovvero il procedimento dimostrativo di cui esse si avvalgono. Per questo motivo Alessandro di Afrodisia denominò la logica con il termine "*organon*" (strumento di ricerca) per sottolinearne la funzione propedeutica e introduttiva a tutte le altre scienze.

Nella logica, come noi oggi preferiamo chiamarla, Aristotele, dopo aver analizzato la struttura dei concetti o categorie e delle proposizioni, passa a illustrare le strutture e i modi del ragionamento. Per Aristotele si ragiona solo quando si passa da semplici concetti (Socrate, casa, albero) e da proposizioni (Socrate corre, la casa è di cemento, l'albero è verde) a proposizioni che abbiano fra di loro determinati nessi e che siano in qualche modo causa le une delle altre (antecedenti e conseguenti). Il "sillogismo" è il ragionamento per eccellenza perché è formato da due premesse, una maggiore e una minore, e da una conclusione (Ogni animale è mortale, ogni uomo è animale, ogni uomo è mortale). Il sillogismo così composto, detto di "prima figura", ha poi tre termini: uno maggiore, che funge da predicato nella premessa maggiore, uno minore, che funge da soggetto nella premessa minore, e uno "medio", che funge da "cerniera" e che è soggetto nella premessa maggiore e predicato nella minore e che non compare nella conclusione, dove invece compaiono gli altri due termini nelle funzioni di soggetto (il minore) e di predicato (il maggiore). Spesso accade che il sillogismo sia vero da un punto di vista logico ma non vero dal punto di vista della realtà, e per dimostrarlo il filosofo ricorre agli assiomi o postulati apofantici (principio di non contraddizione, di identità e del terzo escluso) e quando questi principi non sono sufficienti intervengono l'induzione (dal particolare all'universale) e la deduzione (dall'universale al particolare). Quando il sillogismo è vero sia da un punto di vista logico che ontologico si definisce "scientifico".

20. Il candidato illustri la teoria della "reminiscenza" nella filosofia platonica con riferimento anche alla spiegazione mitologica

Punti chiave
- Individuare il nesso reminiscenza/innatismo.
- Spiegare il mito di Er e il suo significato escatologico (la scelta del destino come "condizione" della vita vissuta).
- Rintracciare nel mito l'anticipazione del tema della filosofia cristiana della libertà come libero arbitrio.

Svolgimento

Platone ereditò dai pitagorici e dall'orfismo la convinzione che l'anima immortale, prima di calarsi nei corpi degli uomini, sia vissuta, priva del corpo, nel mondo dell'Iperuranio o delle idee, e che una volta discesa nei corpi conservi un ricordo sopito di quanto contemplato nel mondo delle idee. Successivamente, nel mondo sensibile viene a contatto con le cose e la memoria così stimolata si risveglia e ricorda tutto quanto appreso in precedenza. La conoscenza diventa così per il filosofo una sorta di "innatismo" dove l'esperienza sensibile funge solo da stimolo; infatti Platone esplicita questa sua tesi nel *Menone* riportando il caso di uno schiavo, ignorante di matematica e geometria, che opportunamente sollecitato da Socrate riesce a risolvere il celebre teorema di Pitagora. Per Platone si tratta di affermare la tesi per la quale "apprendere" non vuol dire partire da una tabula rasa ma solo ricordare ciò che si è dimenticato.

Nella *Repubblica* Platone affida ad Er, un guerriero morto e tornato alla vita dopo dodici giorni, il compito di raccontare quanto da lui visto; le anime dopo aver terminato il loro viaggio millenario devono tornare a incarnarsi e lo fanno raccogliendosi nella Pianura della Verità, dove la Moira Lachesi ha nel suo grembo i paradigmi delle vite; le anime, che non possono scegliere se vivere o non vivere, possono però scegliere se vivere rettamente o meno (tema del libero arbitrio), anche l'ultima anima in senso numerico può farlo, perché i paradigmi sono sempre in un numero superiore rispetto alle anime presenti. Dopo aver fatto la loro scelta le anime bevono al fiume della dimenticanza e tornano nei corpi. Ma la scelta delle anime non avviene a caso perché secondo

Platone molto dipende dalla vita trascorsa precedentemente nel mondo sensibile. Il tema della conoscenza-reminiscenza e il suo collegamento con il tema dell'immortalità dell'anima e ancora con quello del destino fanno di Platone un precursore della filosofia successiva.

21
Il candidato spieghi il legame tra giudizio estetico e teleologico nel pensiero di Kant mettendone in evidenza le differenze specifiche

Punti chiave
- Definire la differenza specifica tra giudizio determinante e giudizio riflettente alla luce del problema della ricerca dell'"universale".
- Il giudizio estetico e l'universalità del "bello".
- Il giudizio teleologico e il finalismo come bisogno insito nella mente umana.

Svolgimento
Se nella *Critica della ragion pura* (1781) Kant aveva posto al vaglio della ragione la conoscenza e nella *Critica della ragion pratica* (1788) "la morale", nella *Critica del giudizio* (1790) vuole studiare il sentimento.

Il sentimento è oggetto dei "giudizi riflettenti", che a differenza di quelli "determinanti" della ragion pura, non definiscono l'oggetto ma si limitano a riflettere su una realtà già costituita per poi interpretarla secondo le esigenze universali di finalità e armonia. I giudizi riflettenti sono di due tipi: estetici e teleologici.

Il primo è "la facoltà di giudicare la finalità formale o soggettiva per via del sentimento di piacere o dispiacere"; infatti "estetico" assume il significato di "dottrina dell'arte e della bellezza". Il bello per Kant non può essere una proprietà oggettiva delle cose, ma nasce necessariamente nel rapporto fra soggetto ed oggetto, e proprio perché tale si può classificare secondo quattro categorie: secondo la *qualità* il bello è ciò che piace senza interesse (sensitivo, economico o morale); secondo la *quantità* il bello è ciò che piace universalmente, dove l'universalità è sempre soggettiva, nel senso che vale per ogni soggetto; secondo la *relazione* la bellezza è la forma della finalità di un oggetto senza scopi ulteriori; secondo la *modalità* il bello è un piacere necessario che mette tutti d'accordo, perché la bellezza non è uno status ontologico di una cosa ma nasce nell'incontro fra noi e le cose (rivoluzione estetica copernicana).

Se i caratteri del bello sono dunque il disinteresse e l'universalità di ciò che è forma dell'oggetto, il sublime, che è affine al bello, riguarderà invece anche ciò che è informe e che implica la rappresentazione dell'illimitato. Inoltre se il bello produce un piacere positivo, il sublime ne può produrre uno anche negativo, e se con il bello l'animo tende alla contemplazione, con il sublime può tendere alla commozione. Il sublime, che non è nelle cose ma nell'uomo, può essere matematico (prodotto dalla percezione dell'infinitamente grande) e dinamico (prodotto dalla percezione dell'infinitamente potente).

Il giudizio teleologico invece è la "facoltà di giudicare la finalità oggettiva della natura, mediante l'intelletto e la ragione"; Kant infatti è consapevole che l'uomo non può conoscere la natura se non fenomenicamente, ma tuttavia non può fare a meno di pensarla organizzata finalisticamente, e nel pensare quale possa essere lo scopo della natura risiede la realizzazione del fine morale dell'uomo. Questa è stata la parte della *Critica del giudizio*, ma anche di tutta l'opera di Kant, che ha avuto maggiore influsso sui contemporanei e sulla filosofia successiva.

22. Il candidato spieghi il passaggio dal criticismo kantiano all'idealismo fichtiano soffermandosi sulla dottrina morale e sulla missione del dotto

Punti chiave
- Individuare i punti di passaggio che conducono dal criticismo di Kant all'idealismo di Fichte.
- Definire il concetto di idealismo etico e il primato della ragion pratica.
- Individuare il fine ultimo della società e dell'uomo e la nuova figura dell'intellettuale.

Svolgimento
Fichte (1762-1814) accettò entusiasticamente la filosofia kantiana pur essendo convinto che non fosse conclusiva ma che anzi iniziasse un discorso tutto ancora da scoprire. Per Fichte, Kant con il suo criticismo aveva individuato la vera filosofia ma non l'aveva sviluppata in un sistema filosofico vero e proprio. Lo studioso, nella sua opera *La dottrina della scienza* (1794), intendeva perciò unificare le tre critiche kantiane trasformando l'"Io-penso" di Kant in un "Io puro", ovvero in un "Io-principio primo" dal quale fosse possibile dedurre tutta la realtà fenomenica e noumenica. Con l'affermarsi di questa concezione dell'"Io" ha inizio quella corrente filosofica che prende il nome di "Idealismo". Dal porsi e opporsi dell'"Io" derivano l'attività conoscitiva e l'attività morale. La formula usata da Fichte riguardo l'attività morale è la seguente "l'Io delimita il non-Io", con la quale il filosofo vuole affermare che non c'è attività morale se non si compie uno sforzo (*Streben*), quello di superare un ostacolo: questo ostacolo è il "non-Io", che diventa condizione indispensabile affinché l'"Io" si realizzi nell'attività morale. A tal fine l'"Io" deve "liberarsi" dai propri vincoli e diventare così "infinito". Questo è ciò che trasforma il criticismo di Kant nel moralismo metafisico, che vede nell'azione la ragion d'essere e lo scopo ultimo dell'universo. Ma se l'"Io" per potersi realizzare ha bisogno degli altri uomini (non-Io) vuol dire che l'uomo si realizza soltanto vivendo in società con i suoi simili e stabilendo con essi un rapporto dialettico. Ogni uomo porta con sé i propri ideali, che cerca di imporre agli altri, chi vince è il migliore e il migliore è il "dotto", che ha una missione da compiere, quella di imporsi come modello morale indicando agli altri uomini i fini essenziali del vivere insieme e segnalando i mezzi per poterlo fare (*La missione del dotto*, 1798).

23. Il candidato spieghi il valore della dialettica nell'ambito del sistema hegeliano, soffermandosi sul concetto dell'"*Aufhebung*"

Punti chiave

- Spiegare la dialettica hegeliana come struttura "logica" e "ontologica" della realtà.
- Elencare e illustrare sinteticamente i tre momenti della dialettica.
- Individuare la novità speculativa della dialettica hegeliana.

Svolgimento

La dialettica non è un'invenzione hegeliana, essa appare per la prima volta con Zenone di Elea e poi successivamente la ritroviamo in Platone e Aristotele, i quali attraverso le "idee" o le "categorie" avevano raggiunto l'universale partendo dal particolare. Hegel contesta ai due grandi filosofi greci la "staticità" delle idee e delle categorie e afferma l'esigenza di un metodo conoscitivo "dinamico". Il tratto distintivo della dialettica diviene così il "movimento" che per la natura stessa dello Spirito non potrà essere se non circolare o a spirale con ritmo triadico. I tre momenti della dialettica sono generalmente indicati con i termini "tesi, antitesi e sintesi", ma Hegel preferiva denominarli come "il momento astratto o intellettivo, il lato dialettico o negativamente razionale, il lato speculativo o positivamente razionale". Nel primo momento (tesi) Hegel considera l'attività astrattiva dell'intelletto, che astrae al di là della percezione sensibile e determina i concetti e quindi cerca sì l'universale partendo dal particolare, ma questa conoscenza dell'universale o infinito è inadeguata perché non va oltre i limiti dell'intelletto stesso. Nel secondo momento (antitesi) l'intelletto si supera e si nega, ogni determinazione dell'intelletto è contraddetta (es. uno-molti; bianco-nero; particolare-universale); questa capacità di superare i limiti dell'intelletto è propria della ragione, che coglie le contraddizioni dell'intelletto e le combatte alienandosi e superandosi. Nel terzo momento (sintesi) la ragione coglie ciò che è positivo nella contraddizione e recupera elementi della tesi e negazioni dell'antitesi, riscoprendosi ad un livello superiore. Il momento più importante nell'ottica speculativa hegeliana è senza dubbio il terzo (o della sintesi) che il filosofo designò con il termine *Aufhebung* (superamento), che "da un lato vuol dire togliere, negare, dall'altro però anche conservare". Con questo termine Hegel volle indicare "il procedimento della dialettica che abolisce e nello stesso tempo conserva ciascuno dei suoi precedenti momenti" conducendoli alla loro migliore e più alta espressione.

24. Il candidato definisca il problema del rapporto fede-ragione nella filosofia Scolastica, soffermandosi sul pensiero degli autori più significativi a riguardo

Punti chiave

- Inquadrare il ruolo della filosofia Scolastica nella società e cultura dell'età medievale.
- Definire il problema dominante della Scolastica e il ruolo del singolo uomo nella sua risoluzione.
- Illustrare sinteticamente le posizioni di Agostino, Anselmo, Abelardo e Tommaso.

Svolgimento

La filosofia cristiana medievale è nota come Scolastica. Il termine *scholasticus*, che nei primi secoli del medioevo indicava l'insegnante delle arti liberali del trivio e del quadrivio, col tempo fu utilizzato per designare la figura del docente (*magister*) di filosofia o teologia, che aveva il compito di formare i chierici e portarli alla comprensione della verità rivelata dalla religione cristiana, attraverso la lettura (*lectio*) e discussione (*disputatio*) dei problemi religioso-filosofici più importanti.

Tra le argomentazioni elaborate dalla Scolastica emerge in particolar modo il "problema del rapporto tra ragione e fede", ovvero del ruolo che devono avere la ragione da un lato e la fede dall'altro nell'affrontare determinate questioni. Il primo a interessarsi a tale problema è Agostino di Ippona, che più che un rappresentante della Scolastica è uno dei più importanti esponenti della Patristica (corrente filosofica del III sec. d.C.), il quale afferma che tra fede e ragione esiste un rapporto di complementarità, in quanto la fede è una pre-conoscenza rispetto alla ragione (*credo ut intelligam*, credo per capire), ma la ragione dall'altro canto può vagliare criticamente le verità di fede (*intelligo ut credam*, capisco per credere).

La risoluzione nell'armonia piace anche ad Anselmo d'Aosta, secondo il quale non si può intendere nulla se non c'è fede (*credo ut intelligam*), ma è anche vero che occorre dimostrare e confermare la fede con motivi razionali. L'accordo di base tra fede e ragione sostenuto dal filosofo viene però meno in caso di un contrasto, nel qual caso bisognerebbe dar torto alla ragione e attenersi alla sola fede, ma questo contrasto, secondo Anselmo, è difficile che si verifichi dato che ragione e fede provengono entrambe dall'illuminazione divina.

Abelardo rovescia l'affermazione di Anselmo nell'"*intelligo ut credam*" (non si può credere se non a ciò che si intende), in quanto convinto assertore dei diritti della ragione e del fatto che *intelligire* e *comprendere* non sono la stessa cosa; l'*intelligere* è opera congiunta di *ratio* e *fides*, mentre il comprendere è un dono esclusivo di Dio concesso a pochi eletti.

Tommaso d'Aquino, che è il massimo rappresentante della Scolastica, afferma che la ragione è utile alla fede (filosofia come *preambula fidei*) perché dimostra i preamboli della fede (per es. l'esistenza di Dio), chiarisce tramite analogie e similitudini i misteri della rivelazione (per es. la Trinità), combatte le argomentazioni contrarie alla fede.

25. Il candidato illustri l'idea dello Stato-nazione e della missione civilizzatrice della Germania nella visione idealistica del pensiero di Fichte

Punti chiave

- Spiegare il passaggio che conduce dal primato dell'Io nella dottrina morale al primato dello Stato nella politica e definire il concetto di diritto.
- Illustrare le peculiarità dello Stato liberale e di quello autarchico.
- Spiegare il fondamento teorico che spinge Fichte ad affidare la missione civilizzatrice al popolo tedesco.

Svolgimento

Il pensiero politico di Fichte si sviluppa attraverso diverse fasi evolutive sulle quali influirono le vicende storiche contemporanee (la rivoluzione francese, le guerre napoleoniche, l'invasione della Germania). Partendo dalla dottrina morale nella quale Fichte elabora un "Io-puro" che dopo aver posto se stesso oppone a sé un "non-Io", il filosofo arriva alla considerazione che l'uomo per potersi realizzare moralmente deve compiere uno sforzo (*Streben*), quello di superare gli ostacoli e di comprendere che si esiste per l'agire e che il mondo è il teatro del nostro agire. Ma se l'individuo per potersi realizzare ha bisogno dei suoi simili, egli si afferma pienamente soltanto nella "società", cioè a contatto dialettico con gli altri uomini. Ma il vivere insieme degli uomini implica la necessità del "diritto" e dello "Stato", infatti l'uomo in quanto parte di una comunità è un essere libero accanto ad altri esseri liberi e quindi deve limitare la propria libertà con il riconoscimento della libertà altrui (il diritto). Due sono i diritti di cui l'uomo, secondo Fichte, è titolare: la libertà – che come già detto significa riconoscere quella altrui – e la proprietà – nello Stato di Fichte deve essere garantita a tutti la possibilità di poter vivere del proprio lavoro anche arrivando alla chiusura, se è necessario, dei commerci con l'estero, così da dar vita a un monopolio (Stato autarchico). In un primo momento il filosofo aderì all'idea cosmopolita dell'illuminismo, però dopo le invasioni napoleoniche si rese conto che l'impero di Bonaparte schiacciava la libertà e in un'opera molto famosa, *Discorsi alla nazione tedesca* (1808), esortò il popolo tedesco a ribellarsi e riunificarsi contro lo strapotere napoleonico. Fichte attribuiva al popolo tedesco il primato culturale e spirituale e affidava ad esso la missione di liberare l'umanità dal despota francese, alimentando in tal modo la teoria del pangermanesimo, che propugnava l'unità politica di tutti i popoli di lingua e stirpe germanica. L'idea della superiorità del popolo tedesco su tutti gli altri verrà sfruttata, nel Novecento, dal nazismo e utilizzata per giustificare l'azione totalitaria di Hitler.

26. Mondo sensibile e mondo iperuranico: il candidato discuta criticamente e in maniera sintetica questo binomio

Punti chiave

- Definire il concetto di "idea" in Platone, i vari tipi di idee e le loro caratteristiche.
- Spiegare la struttura del mondo ideale iperuranico e la sua creazione.
- Spiegare la genesi del mondo sensibile e il "principio" del Demiurgo, soffermandosi sul concetto di "tempo".

Svolgimento

Platone (427-347 a.C.) è il più fedele discepolo di Socrate dal quale riprende la forma metodologica del dialogo facendola diventare un genere letterario. Ma come tutti i discepoli nel senso stretto del termine, Platone si distacca e supera il maestro quando elabora la celebre "teoria delle idee". Le "idee" platoniche sono oggetto della scienza (*epistéme*) e diversamente da come oggi le intendiamo non sono delle rappresentazioni mentali, ma costituiscono l'"oggetto specifico del nostro pensiero", forma, struttura interiore, essenza delle cose. Queste entità che Platone ci dice essere "intelligibili, incorporee, immutabili e perfette" si trovano in un luogo che il filosofo chiama "Iperuranio" (ciò che si trova al di là del cielo), un luogo mitico, che come tale non è affatto reale. Qui le idee molteplici (perché ci sono le idee di tutte le cose) sono disposte secondo un sistema gerarchico ordinato e organizzato, in cui le idee inferiori implicano quelle superiori sino all'idea che è al vertice, che è "causa" di tutte ma non è causata da nessuna (l'idea del Bene o Uno). Il mondo intelligibile deriva tutto dalla cooperazione di due principi: l'Uno (principio formale di unità, definizione, determinazione, essere, verità, e al di sopra dell'essere) e la Diade (dualità di grande-piccolo, principio materiale di indeterminazione e di molteplicità, e al di sotto dell'essere). Il mondo sensibile invece nasce grazie all'intervento di un Dio-artefice o Demiurgo il quale, prendendo come modello il mondo delle idee, plasma la *chora*, cioè la materia che trova già esistente ma senza forma, e così genera il cosmo fisico. Alla domanda perché il Demiurgo faccia questo, Platone risponde: "per un atto di amore e di bontà". Il Demiurgo cerca inoltre di calare nella realtà fisica i modelli del mondo ideale, in funzione delle figure geometriche e dei numeri, che diventano così quegli enti "mediatori" che permettono di trasformare il "*caos*" del sensibile in modo matematico e produrre ordine. Il mondo sensibile intelligibile è eterno (la dimensione dell'"è"), mentre il sensibile è nel tempo, ovvero uno svolgimento dell'"è" attraverso l'"era" e il "sarà". Al mondo intelligibile corrisponderà il grado di conoscenza della scienza (immutabile e perfetta) a cui solo i filosofi possono giungere, al mondo sensibile invece quello dell'opinione (mutevole e imperfetta) a cui arrivano gli uomini comuni.

27. Il candidato discuta criticamente e sinteticamente il binomio fenomeno-noumeno

Punti chiave

- Evidenziare come il filosofo arrivi alla "sintesi *a priori*", le varie fasi della "critica della ragion pura" e i concetti di spazio, tempo e categorie.
- Spiegare la "rivoluzione copernicana" e il concetto di "trascendentale".
- Definire il passaggio dal fenomeno al "noumeno" e le sue problematiche.

Svolgimento

"Il cielo stellato sopra di me e la legge morale dentro di me" sono le parole incise sulla tomba dove riposa Immanuel Kant, il filosofo del criticismo trascendentale. Kant arriva ad elaborare il proprio pensiero attraverso una serie di riflessioni aventi per oggetto la natura della conoscenza scientifica; il filosofo la rintraccia nella "sintesi *a priori*", ovvero in ognuno di quei giudizi che abbiano il carattere *a priori* (universali e necessari) e al tempo stesso *a posteriori* (amplifichino la conoscenza). Sono giudizi sintetici *a priori* alcuni giudizi della matematica e della fisica, ma anche la metafisica ha la pretesa di operare con essi e Kant va alla ricerca di un fondamento di questa pretesa. Per farlo il filosofo analizza la conoscenza (*Critica della ragion pura*), che divide in conoscenza dei sensi (in cui gli oggetti sono "dati") e conoscenza dell'intelletto (in cui gli oggetti sono "pensati"); la prima la chiama "estetica", la seconda "logica", che a sua volta si divide in "analitica" e "dialettica". A tutte le forme di conoscenza Kant aggiunge l'aggettivo "trascendentale", indicando con questo termine la condizione di conoscibilità degli oggetti da parte del soggetto, che torna così al centro del processo conoscitivo (rivoluzione copernicana). Kant rintraccia le forme trascendentali della sensibilità, che individua nello "spazio" e nel "tempo", e quelle dell'analitica, che individua nelle "categorie", e trova anche l'unità a cui le categorie fanno riferimento, giustificando così il loro uso: l'"Io penso" o "appercezione trascendentale" che è garanzia dell'oggettività della conoscenza. Ma si prospetta una dicotomia tra le intuizioni di spazio e tempo del mondo sensibile e le "funzioni" o categorie del mondo intelligibile, e allora il filosofo trova un termine "medio" che possa essere omogeneo ai fenomeni da un lato e alle categorie dall'altro: lo "schema trascendentale" del tempo. Le conclusioni a cui Kant arriva nell'analitica sono molte decise: la conoscenza scientifica è sì universale e necessaria ma è anche fenomenica; il fenomeno (dal greco *manifestarsi*) è l'oggetto dell'intuizione sensibile, nella quale noi cogliamo non l'oggetto quale esso è in sé ma così come ci appare. Nel fenomeno dobbiamo distinguere una materia e una forma, la prima data dalle sensazioni *a posteriori* e la seconda dalle sensazioni del soggetto *a priori*. Il fenomeno presuppone il "noumeno", un concetto problematico e limite per Kant, perché è un qualcosa che noi possiamo pensare ma non conoscere. In conclusione, per Kant la conoscenza può avvenire solo da un intelletto superiore a quello umano, che invece può pensare l'esistenza del noumeno ma non lo può conoscere. Dal concetto del noumeno partirà tutta la filosofia idealistica per superare il kantismo.

28. Il candidato esponga i principi essenziali del metodo galileiano e il nuovo concetto di "scienza" alla base della "rivoluzione scientifica"

Punti chiave

- Individuare il contesto storico della rivoluzione scientifica.
- Evidenziare finalità, metodi e oggetto d'indagine di scienza e fede alla luce della rivoluzione galileiana.
- Descrivere le varie fasi del metodo scientifico sperimentale ed eventuali critiche sollevate successivamente.

Svolgimento

Il periodo compreso tra la pubblicazione del *De revolutionibus orbium coelestium* (1543) di Niccolò Copernico e dell'opera di Isaac Newton *Philosophiae naturalis principia mathematica* (1687) prende il nome di rivoluzione scientifica. Durante tale arco di tempo si sviluppa l'attività di Galileo Galilei.
Galilei rivendicherà nelle sue opere più conosciute (*Sidereus Nuncius*, *Il Saggiatore*, *Dialogo sopra i due massimi sistemi*) l'autonomia della conoscenza scientifica da quella delle Sacre scritture. Egli infatti dirà che la finalità della scienza è quella di indicare all'uomo come *"vadia il cielo"* (la conoscenza), mentre quello della fede come *"si vadia al cielo"* (la salvezza). Scienza e fede per il filosofo pisano sono incommensurabili tra di loro (non c'è l'*"aut-aut"*, ma l'*"et-et"*): la scienza dimostra empiricamente le cose che afferma e ci permette di capire il funzionamento del mondo (il "come"), il discorso religioso si preoccupa della nostra salvezza e del senso della vita (il "perché"). Ma scienza e fede hanno anche diverso metodo di indagine: la scienza si basa su "esperienza e dimostrazioni", la fede sull'autorità delle Sacre scritture. Ma se scienza e fede hanno differenti finalità e metodi, esse sono separate e autonome, ciascuna con un preciso campo d'indagine. La scienza è sempre modificabile perché è "la ricerca continua di nuovi saperi attraverso l'esperienza" ed è descrizione della realtà e delle sue qualità primarie-oggettive e misurabili: ciò è possibile perché lo stesso libro della natura è scritto in lingua matematica. L'indagine qualitativa cede all'indagine quantitativa e le cause finali a quelle matematiche. Il lavoro della scienza procede secondo due *step*: quello "risolutivo o analitico", che si basa sull'osservazione delle "sensate esperienze", e quello "compositivo o sinte-

tico", che si basa sulle "necessarie dimostrazioni"; il primo è il momento osservativo e induttivo del sapere, che da un'attenta ricognizione dei fatti e dei casi particolari conduce a una legge generale; il secondo è il momento ipotetico e deduttivo, attraverso cui, partendo da un'intuizione di base e procedendo per supposizione (esperimento), si formulano delle ipotesi da verificare poi nella pratica. Alcuni studiosi hanno voluto vedere una contraddizione tra "esperienza" e "dimostrazione", ma Galilei riteneva entrambe necessarie.

29. Il candidato esponga i concetti essenziali del metodo scientifico baconiano, galileiano e cartesiano

Punti chiave

- Definire il metodo di indagine in F. Bacone: dai "pregiudizi" del passato alla "costruzione" di nuove "ipotesi" passando per una formulazione del concetto di "induzione".
- Definire il metodo d'indagine in R. Cartesio: le quattro regole e il valore dell'enumerazione.
- Definire il metodo d'indagine in I. Newton ("*Hypotheses non fingo*"): le proposizioni inferite e dedotte a partire dai nostri esperimenti devono essere considerate vere o strettamente vicine alla verità fino a quando non si verifichino altri fenomeni dai quali o esse sono rese più esatte o sono assoggettate a eccezioni.

Svolgimento

La rivoluzione scientifica (1543-1687) oltre che mettere in crisi la visione fisica ed astronomica aristotelica ne mette in discussione anche il "metodo". Il primo ad affermare che bisogna liberarsi dai pregiudizi del passato o dalle false nozioni (*idola*) è F. Bacone, il quale indica poi un nuovo metodo per riportare la mente umana a contatto con la realtà. Il metodo baconiano è induttivo, ma diversamente dal passato l'induzione procede per "eliminazione" e si basa sull'esperienza, sull'osservazione e sul ragionamento. Il filosofo raccoglie, ordina e sistema i dati dell'esperienza, poi formula ipotesi che sottopone a verifica (come le api che ricavano il polline dai fiori e poi lo trasformano).

R. Cartesio nelle *Regulae ad directionem ingenii* indica dapprima ventuno poi solo quattro regole su cui fondare il nuovo sapere: l'evidenza, l'analisi, la sintesi, l'enumerazione. La prima è un punto di partenza ma anche d'arrivo di qualsiasi ragionamento, perché se non si hanno dal principio "idee chiare e distinte" non si risolve nessun problema. La seconda consiste nel procedere analitico per poter scomporre un problema nelle sue parti più semplici. All'analisi segue la sintesi, che consente invece di ricomporre le parti di un problema dalle più semplici alle più complesse, e infine la quarta regola, l'enumerazione dei passaggi effettuati, consiste nel verificare che durante l'analisi non sia stato omesso o tralasciato alcun elemento.

Il metodo newtoniano riprende quello matematico-sperimentale di Galilei (osservazione, ipotesi, esperimento) e indica quattro regole attraverso cui condurre l'indagine scientifica. La prima prescrive "la semplicità delle spiegazioni scientifiche" così da allontanare tutto ciò che è superfluo; la seconda presuppone "la corrispondenza rigorosa fra cause ed effetti"; la terza sostiene la validità universale di certe proprietà per tutti i corpi; infine la quarta impone la sperimentazione di prove per validare quanto affermato. Alla base del metodo di Newton vi è la celebre espressione "*Hypotheses non fingo*", ovvero che la ricerca scientifica deve cominciare dall'osservazione e dalla sperimentazione prima ancora che dalla formulazione di ipotesi non verificate.

30. Il candidato esprima la centralità e l'evoluzione della nozione di *lógos* nella riflessione filosofica. In particolare evidenzi la correlazione tra il piano logico, linguistico, ontologico e metafisico in Eraclito, Parmenide, Melisso

Punti chiave
- Definizione di *lógos* come legge razionale che governa la realtà: Eraclito.
- Definizione di *lógos* come struttura dell'essere nella sfera linguistica, logica e ontologica: Parmenide.
- Definizione di *lógos* come essere infinito: Melisso.

Svolgimento

Il termine *lógos* deriva dal greco *léghein* e significa scegliere, raccontare, enumerare che nella traduzione latina ha assunto poi il significato di calcolo, discorso. Con Eraclito di Efeso (VI-V sec. a.C.) il termine acquista un connotato del tutto particolare; Eraclito eredita dalla scuola di Mileto il concetto di dinamismo universale e lo approfondisce. "Tutto scorre" (*panta réi*) sta ad indicare che il divenire è una caratteristica della realtà, è un passaggio ordinato da un contrario all'altro (caldo-freddo, secco-umido), nulla è lasciato al *caos*: la "guerra madre di tutte le cose" si rivela armonia di contrari che così contendendosi si danno reciprocamente il loro senso specifico (la malattia rende dolce la salute). A governare questa realtà dinamica Eraclito pone il principio del "fuoco", che è un "fulmine che governa tutte le cose", è intelligenza, ragione, legge razionale, ovvero *lógos*. Il principio-fuoco viene strettamente connesso con il concetto di razionalità, ragion d'essere dell'armonia del cosmo, che si rivela però come tale solo ai pochi eletti o sapienti, il che spinge il filosofo a scrivere volutamente in maniera oscura "perché vi si accostassero solo quelli che lo potevano".

Parmenide di Elea, nel proemio dell'opera a noi giunta incompleta *Intorno alla natura*, immagina che davanti all'uomo si aprano due vie: il sentiero della verità, basato sulla ragione, e quello dell'opinione, basato sui sensi. Il primo, quello della verità razionale o *lógos*, conduce alla conoscenza dell'essere autentico: "l'essere è e non può non essere, il non essere non è e non può in alcun modo essere". Parmenide vuole dire che solo l'essere esiste, mentre il non essere non esiste e non può neanche essere pensato. Noi possiamo pensare e parlare riferendoci solo all'essere, perché ciò che è vero sul piano del linguaggio (non

poter dire nulla del non essere) lo è altrettanto su quello logico (il non essere non può essere pensato) e su quello ontologico (il non essere non esiste), e quindi la realtà vera esiste allo stesso modo in cui si dice e si pensa.
Melisso di Samo, allievo di Parmenide, concentrò la propria riflessione sugli attributi dell'essere vero o *lógos* e partendo dal principio che "dal nulla non si genera nulla" affermò che l'essere è ingenerato, incorruttibile, immutabile, infinito, unico e incorporeo.

31
Il candidato individui i capisaldi del sistema hegeliano e le novità dell'idealismo assoluto rispetto all'idealismo etico di Fichte e a quello romantico di Schelling

Punti chiave

- Definire i capisaldi del sistema hegeliano sottolineando il nuovo concetto di "finito" ed "infinito", della realtà come razionalità e della nuova funzione della filosofia come "giustificazione" della realtà.
- Individuare la differenza tra Fichte ed Hegel: dalla tesi/antitesi alla tesi/antitesi/sintesi.
- Individuare la differenza tra Schelling ed Hegel: dallo Spirito Assoluto a-dialettico a quello dialettico (tesi, antitesi e sintesi) di Hegel.

Svolgimento

Le tesi di fondo dell'idealismo hegeliano sono tre: la risoluzione del finito nell'infinito, l'identità tra ragione e realtà, la funzione giustificatrice della filosofia. Riguardo al primo punto, Hegel sostiene che tutta la realtà è "un organismo unitario di sostanze autonome di cui tutto ciò che esiste è parte o manifestazione". Con questa affermazione il filosofo vuole intendere che il mondo (il finito) è una rappresentazione della realtà (l'infinito) e che dunque il finito non è tale, ma è sempre infinito. Per quanto riguarda il secondo punto, celebre è l'aforisma "Ciò che è razionale è reale e ciò che è reale è razionale", con il quale il filosofo vuole intendere, nella prima parte, che la razionalità non è idealità astratta ma forma concreta di ciò che esiste, perché la ragione governa il mondo, nella seconda parte che la realtà non è affidata al *caos*, ma ha una struttura razionale che si manifesta inconsciamente nella natura e nell'uomo. Ma se l'idea o ragione è identità di ragione e realtà, ciò che esiste è ciò che razionalmente deve essere e quindi la sola funzione che la filosofia possa avere è quella di prenderne atto e "giustificare", ovvero accettare la realtà per quello che è razionalmente e non affannarsi a volerla modificare.

Hegel intende la verità non come una Sostanza fissa e immobile ma come Soggetto e Spirito, e lo Spirito si autogenera (tesi), generando la propria determinazione (antitesi) e superandola (sintesi); lo Spirito hegeliano è infinito perché si attua e si realizza sempre come infinito che pone insieme e supera il finito: è in questo superamento della scissione Io-non Io che Hegel va oltre Fichte.

Più dura è la critica al suo "amico" Schelling, il cui pensiero accusa essere come "la notte in cui tutte le vacche sono nere", perché considerare l'Assoluto come identità di oggetto e soggetto, natura e ragione, attività reale e attività ideale lo fa diventare un'entità astratta in cui si perde il senso della molteplicità e della diversità delle singole cose.

32. Il candidato esprima le coordinate essenziali del falsificazionismo di Popper e del concetto di scienza come sapere aperto, antidogmatico e congetturale

Punti chiave

- Individuare la critica di Popper al neopositivismo: la scienza deve definire la verità essenziale delle cose e non solo decodificare l'aspetto esteriore.
- Individuare la critica di Popper all'induzione tradizionale e spiegare la celebre metafora della "mente come faro".
- Analizzare il nuovo metodo scientifico: problemi, teorie, critiche, importanza dell'errore scientifico.

Svolgimento

Karl Popper (1902-1994) è il più grande filosofo della scienza del secolo scorso. Tra le sue opere molto importante è *La logica della scoperta scientifica* nella cui premessa afferma che la filosofia deve smettere di preoccuparsi dell'analisi dei significati delle parole e concentrarsi invece sulle teorie criticabili, sui ragionamenti e sulla loro validità. Il filosofo è inoltre convinto di aver risolto una delle questioni più dibattute nella storia del pensiero filosofico, ovvero il problema dell'induzione (procedimento che va dal particolare all'universale), di cui nega l'esistenza, tanto di quella per "enumerazione" che di quella per "eliminazione". Rifiuta anche il principio dell'osservazionismo, secondo il quale lo scienziato osserva i fatti senza presupposti o ipotesi precostituite, affermando che la mente umana non è una "tabula rasa" ma un "faro" che illumina, ovvero deposito di ipotesi consce o inconsce alla luce delle quali percepiamo la realtà. Egli critica anche il principio di verificazione dei neopositivisti, per i quali avevano senso solo le proposizioni che si possono realmente verificare ("Piove o non piove"), e indica un nuovo criterio, quello del "falsificazionismo", non come criterio di senso ma di "demarcazione" tra scienza empirica e non scienza, tra teorie scientifiche e teorie non scientifiche: una teoria appartiene alla scienza empirica solo se può venir "falsificata", cioè smentita dall'esperienza ("Qui domani pioverà"). Popper, pur non credendo nell'esistenza di un metodo capace di "trovare" le teorie, crede però nell'esistenza di un metodo capace di "controllarle", che si risolve nella triade "problemi-teorie-critiche": come Popper stesso sintetizza si tratta d'"inciampare in un problema", tentare di risolverlo mediante una nuova ipotesi, imparare dai nostri "errori" che diventano così momenti strutturali del nostro procedere scientifico.

33. Il candidato illustri le diverse fasi che secondo Gadamer costituiscono il "circolo ermeneutico" soffermandosi sul ruolo svolto dal soggetto interpretante

Punti chiave

- Ripercorrere sinteticamente il senso attribuito all'ermeneutica nel Novecento da Schleiermacher e Dilthey.
- Soffermarsi sul "circolo ermeneutico" come "esser-ci" nella riflessione di Heidegger.
- Spiegare "il circolo ermeneutico" come movimento del comprendere in Gadamer e illustrarne le varie fasi.

Svolgimento

Hans-Georg Gadamer (1900-2002) è autore dell'opera *Verità e metodo* (1960) a cui affida la celebre teoria dell'ermeneutica. L'ermeneutica intesa come "metodologia o teoria elaborata dell'interpretazione" nasce in epoca moderna; il primo ad affermare che l'interpretazione riguardi la comprensione di ogni testo è stato D. Schleiermacher seguito da Dilthey, che insieme poi alle riflessioni di M. Heidegger hanno visto nell'ermeneutica non solo lo strumento per comprendere i testi, ma anche la struttura costitutiva dell'uomo, del suo "esser-ci" (*Dasein*). Il "circolo ermeneutico" di cui parla Heidegger assume un significato ontologico positivo solo se il soggetto dell'interpretazione è consapevole che nella sua esegesi non si debba lasciare influenzare da "pre-disponibilità, pre-veggenze, pre-cognizioni". Gadamer approfondisce questo concetto e afferma che quando gli interpreti si avvicinano ad un testo non lo fanno con la mente simile a una "*tabula rasa*", ma piuttosto simile a una "*tabula plena*", con quell'insieme di aspettative o pre-giudizi (*Vor-urteile*) che costituiscono la pre-comprensione (*Vor-verständnis*). In base a questo "bagaglio culturale" l'interprete elabora una prima interpretazione del testo che deve essere confermata dal passo successivo, che consiste nell'"analisi" del testo stesso. Se la prima interpretazione si "scontra" con il testo, allora l'interprete dovrà elaborarne una seconda e confrontarla ulteriormente con il testo e così via all'infinito fino a quando non se ne trovi una più adeguata e corretta. L'interpretazione è un compito "infinito e possibile", in quanto essa si effettua alla luce del nostro sapere precostituito che muta a seconda del tempo, così come cambiano anche le probabili letture del testo. Lo scontro tra l'interprete e il testo fa evincere quella che Gadamer chiama "l'alterità" del testo, ovvero ciò che esso voglia comunicarci a prescindere dalla nostra pre-comprensione. I pregiudizi dell'interprete devono far parlare il testo e devono saperlo ascoltare, solo così si realizza quel movimento del "comprendere" che il filosofo chiama appunto "circolo ermeneutico".

34. Il candidato illustri le linee principali dell'analitica esistenziale di *Essere e tempo* di Heidegger e si soffermi sul nuovo valore attribuito dal filosofo al concetto di "trascendenza"

Punti chiave
- Delineare il passaggio dalla fenomenologia all'esistenzialismo e i tratti costitutivi dell'analitica esistenziale, soffermandosi sull'"essere nel mondo"-"essere con gli altri"-"essere per la morte".
- Evidenziare la differenza tra "esistenza autentica" ed "esistenza in-autentica".
- Individuare il nuovo concetto di "trascendenza" come "progettualità" verso se stessi e verso gli altri.

Svolgimento
Martin Heidegger (1889-1976) pubblica il suo capolavoro *Essere e tempo* nel 1927, opera con la quale vuole costruire un'ontologia in grado di stabilire quale sia il senso dell'essere. Ma se a ricercare il senso dell'essere è l'uomo allora la prima indagine filosofica di Heidegger si risolve in un'analitica esistenziale su quell'ente-uomo che ricerca l'essere. L'uomo di per sé è già un esser-ci (*Dasein*), un essere in una situazione, la cui caratteristica è l'esistenza, che altro non è se non la capacità dell'uomo di progettare, trasformare le cose del mondo in strumenti necessari per l'esistenza stessa. Quindi la prima caratteristica dell'uomo è quella di "essere nel mondo", nei cui confronti egli non deve assumere un mero atteggiamento contemplativo, ma deve "pensarlo, progettarlo, trascenderlo"; l'essere nel mondo significa "trascendenza" verso il mondo, ovvero fare di esso il progetto delle proprie azioni. Il "*Dasein*" implica dunque il prendersi cura delle cose necessarie per i progetti dell'uomo così come l'essere delle cose nel mondo implica il loro essere utilizzate dall'uomo. La seconda caratteristica dell'esser-ci dell'uomo sarà il suo "essere con gli altri", che si tradurrà non nel sottrarre gli altri alle loro "cure" (esistenza in-autentica) ma nell'aiutarli a trovare la libertà di curarsi (esistenza autentica). Infatti se l'uomo rivolge la propria attenzione alla fattualità delle cose rimane nella falsa esistenza e se si limita alla chiacchiera, alla curiosità, al "si dice" rimane nell'esistenza anonima. Ecco perché l'uomo per uscire dall'esistenza in-autentica, ovvero risalire dal piano ontico (deiezione) a quello ontologico, ha varie possibilità legate alla voce della coscienza (lavoro, studio, dedizione

verso il prossimo), ma la via della coscienza che sicuramente può salvare l'uomo è l'essere per la morte che permette di comprendere come tutte le altre possibilità siano solo nullità e ci ricorda il nostro essere finiti. La morte ci impedisce di perderci nelle attualità e ci mostra la vacuità di qualsiasi progetto, e soltanto comprendendo la "possibilità" della morte come "impossibilità" dell'esistenza l'uomo ritrova il suo essere autentico.

35. Il candidato esponga la teoria fenomenologico-trascendentale di Husserl evidenziandone il legame con la filosofia kantiana

Punti chiave

- Definire la distinzione leibniziana e husserliana tra "verità di ragione"/ "verità di fatto" / verità fattuali e verità universali e necessarie.
- Illustrare i momenti dell'agire fenomenologico: intuizione eidetica, riduzione eidetica, *epoché*, residuo fenomenologico.
- Definire il passaggio dall'Io-penso di Kant all'Io-trascendentale di Husserl.

Svolgimento

Edmund Husserl (1859-1938) è l'inventore della "fenomenologia" e autore di celebri opere tra le quali va ricordata *La crisi delle scienze europee e la fenomenologia trascendentale*, pubblicata postuma. Husserl è convinto che la conoscenza cominci con l'esperienza di fatti e i fatti sono solo quelli "contingenti", cioè presenti "qui ed ora" (che potrebbero esserci ma potrebbero anche non esserci). Ma quando un fatto si presenta alla coscienza (per es. ascolto questo suono - Leibniz le chiamava verità di fatto) noi cogliamo la sua essenza (il suono); quando si presenterà un altro suono noteremo delle somiglianze con il suono precedente e diremo che il suono è una essenza, perché in noi si è formata l'idea di suono (Leibniz le chiamava verità di ragione). La conoscenza delle essenze, cioè dell'apparire dei fenomeni alla nostra coscienza, non si ottiene per astrazione ma è il frutto di quella che il filosofo chiama "intuizione eidetica" o intuizione delle idee delle essenze. La fenomenologia è dunque quella scienza che studia i modi di apparire dei fenomeni alla nostra coscienza, ovvero le essenze eidetiche, che sono sempre universali (il suono). Il fenomenologo agisce ricorrendo a due strumenti: la riduzione eidetica, quando nel manifestarsi di un fenomeno mette da parte la considerazione dei fatti singoli e procede per intuizione di essenze, e l'*epoché* ovvero il mettere tra parentesi le credenze proprie sia scientifiche che filosofiche. Ciò che resta al di fuori della parentesi è unicamente la coscienza o residuo fenomenologico o soggettività. L'unica cosa che è assolutamente evidente dunque è la coscienza, alla quale tutto si manifesta, essa è realtà assoluta, fondamento di cui il mondo è costituito. Nelle *Meditazioni cartesiane* Husserl applicherà la riduzione eidetica alla costituzione dell'Io e ai suoi rapporti con gli altri, e distinguerà tra l'Io empirico e naturale che risulta nel rapporto con il mondo e con gli altri e l'Io trascendentale o fenomenologico che si pone invece il problema della costituzione dell'Io empirico e del mondo in cui esso vive e degli altri Io. Husserl arriverà alla conclusione che solo l'Io trascendentale è possibilità di tutto ciò che esiste (realismo-idealismo-superamento di Kant).

36
Il candidato esponga gli aspetti principali relativi al tema della "crisi della coscienza", con riferimento ad almeno uno degli autori della filosofia contemporanea definiti "maestri del sospetto"

Punti chiave
- Spiegare il tema della "crisi della coscienza" e il motivo per il quale alcuni pensatori furono definiti "i maestri del sospetto".
- Illustrare la filosofia della storia nella riflessione di F. Nietzsche e la "crisi" della storia.
- Delineare la teoria del "superuomo" e il suo rapporto privilegiato con la storia come "eterno ritorno".

Svolgimento
F. Nietzsche, K. Marx, S. Freud furono definiti da Paul Ricouer, un filosofo esistenzialista del Novecento, i "maestri del sospetto", in quanto la loro riflessione filosofica operava, seppur con le dovute diversità, un'azione di smantellamento delle certezze legate al pensiero. Infatti se R. Descartes aveva ammesso che di fronte al dubbio sulla realtà ci fosse almeno la certezza del pensiero e quindi dell'esistere dell'individuo (*cogito, ergo sum*), i tre filosofi in questione portano il dubbio all'interno di questa certezza e la annullano. F. Nietzsche (1844-1900) infatti è stato definito da Reale come "un vero dissacratore dei valori tradizionali e un critico spietato del passato e inattuale profeta del futuro" che si pone contro l'esaltazione della scienza e della storia di cui combatte la "saturazione" (l'eccesso e la potenza di storia che rendono insicuro l'uomo) e l'idolatria del fatto (i fatti sono stupidi, ciò che conta sono i soggetti che li interpretano e per questo solo le teorie sono intelligenti). Sono tre gli atteggiamenti che il filosofo distingue di fronte alla storia: la storia monumentale, che è propria di chi guarda ai grandi eventi trascorsi per cercarvi modelli e maestri che non scorge nel presente e tende a mitizzare il passato; la storia antiquaria, che è propria di chi guarda al passato con fedeltà e amore e rischia così di rimanere prigioniero di esso; la storia critica, che è propria di chi (come il filosofo) guarda al passato come a un peso di cui liberarsi e spesso cade nella presunzione di poter tagliare i ponti con esso. Nietzsche dopo aver annunciato "la morte di Dio", cioè la morte di tutte le certezze assolute che hanno sostenuto l'uomo per secoli, profetizza l'arrivo di un uomo nuovo, il

"superuomo", il quale, liberatosi dalle catene del passato, darà un nuovo senso al suo vivere sulla terra, e andando "oltre" l'uomo amerà la terra, la volontà di potenza, l'amore e lo spirito dionisiaco, e comprenderà che tutte le realtà e gli eventi del mondo sono destinati a riproporsi in modo identico per infinite volte (l'eterno ritorno).

37 Il candidato analizzi il problema del tempo nel pensiero di Bergson

Punti chiave

- Definire la concezione di H. Bergson a proposito del tempo come "tempo della scienza" e "tempo della vita".
- Illustrare i "momenti" del tempo: memoria, ricordo e percezione.
- Illustrare gli "strumenti" del tempo: istinto, intelligenza e intuizione.

Svolgimento

Henri Bergson (1859-1941) è il filosofo più rappresentativo del periodo a cavallo tra le due guerre. Nell'opera *Saggio sui dati immediati della coscienza* lo studioso elabora la distinzione tra il tempo della "scienza" e il tempo della "vita". Il tempo della scienza, o anche "tempo della meccanica", è un tempo "spazializzato" perché fatto di una serie di istanti l'uno accanto all'altro e "reversibile" perché si può tornare indietro e ripetere più volte lo stesso esperimento. Diverso è il tempo della vita, o anche dell'"esperienza concreta", che contrappone alla spazialità della scienza la concretezza, l'interiorità e la durata della coscienza (l'io vive il presente con la memoria del passato e l'attenzione al futuro). Il tempo concreto è quello della coscienza perché conserva le tracce del proprio passato (durata), in essa non esistono due eventi identici (irreversibile) e non c'è niente di prevedibile (vissuta).
Questa dicotomia tra tempo spazializzato e tempo concreto si ripropone nella dualità tra spirito e corpo a cui il filosofo arriva dopo aver distinto tra memoria, ricordo e percezione. La memoria è la stessa coscienza, che registra tutto il nostro passato, anche ciò di cui non abbiamo consapevolezza; il ricordo è la materializzazione di un'immagine ad opera del cervello ma non avviene sempre; la percezione agisce come un filtro che seleziona i dati in vista dell'azione. Per superare la dicotomia tra spirito e corpo il filosofo afferma che la vita, nella sua natura costitutiva, è creatività infinita e continua produzione di una varietà di forme. In tal senso, l'evoluzione della realtà si fonda su uno "slancio vitale", ossia su un'azione che di continuo si crea e si arricchisce. La coscienza come durata è una corrente libera e imprevedibile che penetra nella materia e tende a dominarla secondo due direzioni: l'istinto (facoltà tipica degli ani-

mali di utilizzare strumenti organizzati) e l'intelligenza (capacità dell'uomo di creare strumenti artificiali). L'intelligenza non si separa mai dall'istinto ma torna ad esso grazie all'intuizione, che è il rapporto immediato con la durata della coscienza.

38. Il candidato esprima la peculiarità del pensiero di Wittgenstein nel dibattito epistemologico contemporaneo

Punti chiave

- Illustrare la teoria del linguaggio come rappresentazione ontologica della realtà e la distinzione in proposizioni molecolari ed atomiche.
- Illustrare la fase del ritorno a Cambridge e la nuova teoria del linguaggio come "giochi di lingua".
- Definire il ruolo terapeutico della filosofia.

Svolgimento

Ludwig Wittgenstein (1889-1951) è stato uno dei pensatori più brillanti del Novecento per quel che attiene la filosofia del linguaggio.

In una prima fase della sua riflessione, che fa riferimento all'opera *Tractatus logico-philosophicus* (1921), il filosofo afferma che tra linguaggio ideale e pensiero c'è identificazione e che "il linguaggio e i pensieri sono una raffigurazione proiettiva della realtà". Il mondo o realtà è fatto dalla "totalità dei fatti", che si determinano in fatti "atomici", ovvero in fatti che accadono indipendentemente l'uno dall'altro e che a loro volta sono composti da oggetti semplici.

Il linguaggio è formato da proposizioni "molecolari", composte a loro volta da proposizioni atomiche, vale a dire raffigurazioni formali o logiche del fatto (dove fatto sta per uno stato di cose che può verificarsi). Ogni raffigurazione deve avere qualcosa in comune con la realtà raffigurata e la proposizione ha in comune con il fatto atomico la forma degli oggetti, e questo rende esprimibile i fatti nel linguaggio e dota il linguaggio di senso. In base a queste premesse le raffigurazioni che hanno senso sono quelle della scienza naturale, mentre la filosofia, che non è una scienza naturale ma un'attività, ha il solo compito di "critica del linguaggio", cioè di chiarire logicamente il pensiero.

Il secondo Wittgenstein, quello che nel 1929 pubblicherà le *Ricerche filosofiche*, affermerà invece che non è più il linguaggio ideale a essere oggetto di ricerca, ma il linguaggio comune quotidiano, fatto di giochi e atti linguistici (quello della scienza è solo uno dei tanti possibili modi di usare il linguaggio), con il quale noi però non denominiamo soltanto ma facciamo tante altre cose, come pregare, imitare, inventare, giocare, cantare, ecc. Ma se il linguaggio può essere usato in modi diversi, a ciascun uso corrisponderanno determinati regole e allora il problema sarà quello di chiarire l'opportuno uso delle parole stesse, compito che spetta alla filosofia (compito terapeutico).

39. Il candidato illustri il rapporto tra linguaggio e verità alla luce delle riflessioni operate dai maggiori esponenti del Circolo di Vienna

Punti chiave
- Illustrare i punti programmatici del manifesto del Circolo di Vienna.
- Definire le conseguenze del principio di verificazione: l'antimetafisica.
- Individuare le linee di convergenza e divergenza: la critica alla metafisica, il fisicalismo, la controllabilità e confermabilità del linguaggio.

Svolgimento
Negli anni tra le due guerre un gruppo di giovani studiosi di filosofia, Neurath, Carnap, Hanh, si riunirono intorno a Moritz Schlick e fondarono il "Circolo di Vienna" (1924), un'associazione che aveva lo scopo di riflettere sullo sviluppo della ricerca scientifica. Il manifesto programmatico del "Circolo" si basava su tre assunti fondamentali: la formulazione di una scienza unificata, che cioè comprendesse tutte le conoscenze provenienti dalla fisica e dalle scienze naturali; l'uso del metodo logico di analisi di Frege e Russell; la chiarificazione dei concetti e delle teorie della scienza empirica e dei fondamenti della matematica. Postulato da seguire rigorosamente era il principio di "verificazione", per il quale hanno senso solo le proposizioni che si possono verificare empiricamente, e quindi quelle della scienza empirica, donde l'atteggiamento antimetafisico dei neopositivisti viennesi, per i quali tutto ciò che non è scienza è solo un "non-senso". Schlick (1882-1936) confermerà così la tesi di Wittgenstein secondo cui l'"attività filosofica" è solo un'attività di "chiarificazione" del senso delle proposizioni linguistiche e affermerà che la metafisica è solo un insieme di "pseudo-concetti" e di "pseudo-proposizioni". Otto Neurath (1882-1845) darà una svolta più "fisicalista" alla sua indagine affermando la necessità di un linguaggio come fatto fisico e l'eliminazione della sua funzione di rappresentazione proiettiva dei fatti, la sostituzione della teoria della verità come corrispondenza tra una proposizione e un fatto da quella della "verità" come "coerenza tra proposizioni". Rudolf Carnap (1891-1970), non interessato al rapporto tra linguaggio e realtà, accetterà la tesi fisicalista di Neurath ma non insisterà sulla risoluzione del linguaggio a fatto fisico, quanto piuttosto sulla sua universalità. Successivamente, in una seconda

fase della sua riflessione, sostituirà il concetto di verificabilità neopositivistico con quello di "controllabilità", per il quale una proposizione è controllabile se si conosce un metodo per poterla confermare, mentre è confermabile se sono note le condizioni che la rendono confermata.

40. Il candidato tracci i lineamenti della filosofia analitica del Novecento e si soffermi sulle posizioni a suo avviso più rilevanti

Punti chiave

- Individuare la svolta linguistica della filosofia e la funzione che i filosofi attribuiscono al linguaggio.
- Esporre sinteticamente la teoria di G. Ryle sull'"errore categoriale".
- Esporre sinteticamente la teoria di J. Austin: dagli enunciati performativi e constativi agli atti illocutivi.

Svolgimento

Ludwig Wittgenstein nelle *Ricerche filosofiche* (1929) aveva sostenuto la teoria secondo la quale il linguaggio può avere "usi" differenti (pregare, imitare, chiacchierare) e che a ciascun "uso" corrispondono "regole" specifiche che i soggetti parlanti devono rispettare. Il linguaggio è formato pertanto da "giochi linguistici", definire il cui uso è compito della filosofia. La filosofia analitica inglese prende le mosse dalla riflessione di Wittgenstein e affida alla filosofia il compito di chiarificazione concettuale degli usi linguistici, attraverso l'analisi del linguaggio scientifico e di quello ordinario. La filosofia analitica si è sviluppata soprattutto a Cambridge e ad Oxford e tra i filosofi di Oxford la scena è stata dominata dalle figure di G. Ryle (1900-1976) e J. Austin (1911-1960). Ryle sulla scia di Wittgenstein affermò che quando un concetto viene classificato secondo una categoria di tipo logico diversa da quella a cui effettivamente appartiene, si cade in errori e fraintendimenti logico-linguistici. Il compito del filosofo è quello di rintracciare questi errori "categoriali" e, come nel caso del mito dualistico cartesiano di corpo e anima, applicare la *"reductio ad absurdum"* ed eliminarli. Austin sottolinea la differenza tra linguaggio ordinario e "uso" del linguaggio ordinario e afferma che il linguaggio ordinario va tenuto in considerazione e reso oggetto di un'accurata analisi perché molto più ricco e significativo di quello formale e perché ci mostra entità linguistiche con le quali noi non solo diciamo ma facciamo tante cose. Infatti Austin evidenzia oltre al carattere "descrittivo" anche quello "operativo" del linguaggio; se gli enunciati descrittivi o constativi o indicativi possono essere veri o falsi ("Oggi il tempo è bello"), quelli operativi o performativi suggeriscono un'azione da compiere ("Ti giuro che domani passerò a trovarti") e come tali sono efficaci o inefficaci, ma non sono né veri né falsi. Distinguerà infatti successivamente tra atto "locutivo" (l'emissione di una frase dotata di significato), atto "illocutivo" (atto che si realizza tramite il dire qualcosa) e atto "perlocutivo" (atto provocato con il quale si mettono in evidenza gli effetti sugli interlocutori che un atto linguistico ha determinato).

41. Il candidato analizzi la costituzione dello Stato nella riflessione empirica soffermandosi sulla lettura assolutistica di Hobbes e quella liberale di Locke

Punti chiave

- Delineare i tratti dell'assolutismo hobbesiano: irreversibilità del "patto" sociale e potere "indivisibile" del sovrano.
- Soffermarsi sull'analisi dell'immagine del "Leviatano".
- Delineare i tratti dello Stato liberale di J. Locke: potere "ascendente", Stato come garante dei diritti naturali e diritto alla ribellione.

Svolgimento

Thomas Hobbes (1588-1679), ammiratore del metodo galileiano, volle fondare una filosofia civile che distinguesse la filosofia dalla religione e dalle Sacre scritture. La filosofia deve avere per oggetto i corpi (corporeismo), siano essi animati, inanimati, naturali e artificiali, e quindi deve occuparsi anche dell'uomo come "cittadino". Hobbes elabora una visione egoistica e convenzionalistica dello Stato, per la quale l'uomo non è l'animale politico di cui parlava Aristotele, che per sua natura nasce per vivere con gli altri in una società adeguatamente strutturata, ma ogni uomo è un "atomo di egoismo" che si lega agli altri uomini non per "stato di natura" ma per "stato di necessità". Gli uomini si trovano da sempre in uno stato di "guerra" gli uni con gli altri e questo perché *"homo homini lupus"* (l'uomo è malvagio all'altro uomo). La guerra è dovuta al fatto che ogni uomo cerca di appropriarsi di ciò che serve per la propria sopravvivenza e si scontra inevitabilmente con gli altri uomini che cercano altrettanto di sopravvivere. Ecco perché, nel timore di perdere tutto, facendo leva sull'istinto da un lato e la ragione dall'altro, si stabiliscono delle leggi "naturali", come il perseguire la pace, rinunciare al "diritto su tutto", che è all'origine di tutte le guerre, e rispettare i patti stabiliti. Ma le leggi naturali non bastano, occorre un potere forte che le faccia rispettare e così gli uomini stipulano tra loro un "patto" irreversibile con il quale delegano un unico uomo a rappresentarli. Ma perché il potere sia forte deve essere "assoluto" e Hobbes lo paragona al Leviatano, un mostro biblico, che viene raffigurato con il corpo fatto dalle teste degli altri uomini e con in mano la spada da un lato (simbolo del potere temporale) e il pastorale dall'altro (simbolo del potere spirituale).

Diversa sarà la visione liberale di John Locke (1632-1704) per il quale il potere non è "discendente" da Dio, come nella tradizione medievale, ma "ascendente" dal popolo, che delega al sovrano o a un'assemblea di uomini, attraverso l'esercizio del potere legislativo, esecutivo e la tolleranza religiosa, il rispetto dei diritti naturali quali quello alla vita, alla libertà, alla proprietà. I governati detengono in ogni caso il limite al potere sovrano e quando avvertono una minaccia per i diritti naturali "devono" ribellarsi per riprendersi il potere e affidarlo a individui e strutture più meritevoli.

42. Il candidato illustri l'analisi pascaliana dell'uomo e si soffermi sul concetto di *"divertissement"*

Punti chiave

- Delineare l'antagonismo tra ragione e cuore: "spirito di geometria" e "spirito di finezza".
- Illustrare che cosa intende Pascal con il termine *"divertissement"*.
- Esporre sinteticamente l'argomentazione con la quale Pascal invita l'uomo a scommettere sull'esistenza di Dio.

Svolgimento

Blaise Pascal (1623-1662) afferma che per conoscere l'uomo è necessario l'intervento di due *"esprit"*, quello di "geometria", che riguarda le verità razionali ed empiriche e procede dimostrativamente, e quello di *"finesse"* o intuitivo, che ha per oggetto le verità etiche e religiose e si fonda sul cuore o sull'intuito. Per Pascal l'indagine filosofica pone al centro l'uomo che egli paragona a una "canna pensante", "canna" per sottolineare la fragilità e "pensante" per evidenziare la grandezza che già la sola presenza del pensiero attesta, che poste insieme nell'essere umano costituiscono il cosiddetto "realismo tragico" di Pascal. Nella condizione "realisticamente tragica" e "paradossale" dell'uomo si intersecano miseria e grandezza, l'uomo infatti è "grande" proprio perché si riconosce miserabile, a differenza di un oggetto o di un albero che pur essendo miseri invece non possono farlo. I segni della miseria umana sono evidenti nella nostra ragione e nei sensi che ci ingannano vicendevolmente, ma la miseria umana tocca il suo apice nel comportamento morale quando, non contenti di ciò che abbiamo, ci sforziamo di apparire agli occhi altrui quelli che vorremmo essere, inseguendo il "verosimile", l'"esteriorità" e perdendo così di vista il "vero". L'uomo, che è "un nulla" rispetto all'infinito, allora non può che fuggire da se stesso e dagli altri e obliarsi nel *"divertissement"*, che ci "di-verte", ci stordisce nell'occupazione di svariate faccende quotidiane, ci devia cioè dalla retta via e ci impedisce di guardare in noi stessi e di pensare. Ma solo il pensiero e il corretto uso della ragione possono salvare l'uomo e gettare luce sulla sua miseria facendolo svegliare dallo stordimento del *divertissement* e avvicinandolo a Dio. Infatti la conclusione a cui il filosofo approda è che solo di una cosa abbiamo certezza "o Dio esiste oppure non esiste", e anche se Dio non è oggetto di ragione, essa può aiutarci a farci scommettere in favore dell'esistenza di Dio, perché se perdiamo non perdiamo nulla, ma se vinciamo guadagniamo l'infinito, cioè la beatitudine eterna, rendendoci disponibili all'intervento della grazia divina.

43. Il candidato descriva la struttura della *Repubblica* di Platone e il ruolo attribuito alla filosofia e ai filosofi

Punti chiave
- Soffermarsi sul concetto di giustizia come "armonia fra le classi sociali".
- Individuare i caratteri e le motivazioni delle classi sociali e il rapporto con le tre parti dell'anima.
- Evidenziare la finalità politica del filosofare.

Svolgimento
Platone nella *Repubblica* sostiene l'identità tra l'arte politica e l'arte filosofica, tra il politico e il filosofo, perché entrambe/i curano l'anima dell'uomo. Alla luce di questa affermazione si comprende il perché della struttura dell'opera che stabilisce una corrispondenza tra le tre parti dell'anima e le tre classi sociali dello Stato. La prima classe dei contadini, artigiani, mercanti è quella in cui prevale l'aspetto concupiscibile-elementare dell'anima; questa classe sociale è buona quando predomina la virtù della temperanza, che da un lato frena i desideri, dall'altro è la capacità di sottomettersi a una classe superiore. Questa classe non dovrà essere né troppo ricca né troppo povera. La seconda classe, quella dei custodi, è formata da uomini in cui prevale l'aspetto irascibile dell'anima (Platone li paragona a cani di buona razza, mansueti e fieri allo stesso tempo), la cui virtù è il coraggio, perché i custodi dovranno vigilare sui pericoli esterni ma anche interni alla città (come evitare che nella prima classe si produca troppa ricchezza o viceversa troppa povertà) e che ogni cittadino svolga il compito a lui preposto. La terza classe, quella dei governanti, corrisponde all'aspetto razionale dell'anima e la virtù predominante è quella della sapienza che porta i governanti ad agire con zelo e per il Bene di tutti. La giustizia è l'armonia tra le tre classi sociali e di conseguenza tra le tre parti dell'anima. Per ogni classe sociale, fatta eccezione per la prima, che non ne ha bisogno perché i mestieri si apprendono con la pratica, è prevista una forma di educazione. I custodi dovranno affinare il corpo e l'anima attraverso la poesia, la musica e la ginnastica e dovranno seguire la "comunanza" di tutti i beni, delle donne e della prole e abolire la proprietà privata. Per i governanti il filosofo impone un tirocinio filosofico "*long-life*" che dura fino ai cinquanta anni e ha lo scopo di giungere alla contemplazione del Bene e plasmare se stessi secondo il Bene, per poi calarlo nella realtà storica.

44. Il candidato illustri la concezione filosofico-politica del Rinascimento tra utopia e realtà

Punti chiave

- Illustrare la visione utopistica di T. More e T. Campanella: da *Utopia* alla *Città del Sole*.
- Individuare il passaggio dalla realtà ideale a quella effettuale: il realismo di Machiavelli.
- Individuare il passaggio dalla dimensione storica a quella particolare: la visione storica di Guicciardini.

Svolgimento

Thomas More (1478-1535) deve la sua fama all'opera *Utopia*, un titolo che è stato poi elevato per denominare un genere letterario fortunatissimo. *Utopia*, che significa "ciò che non esiste in alcun luogo", è la trasposizione della "città ideale che non esiste da nessuna parte sulla terra" di cui aveva parlato Platone nella *Repubblica*. Utopia ha una capitale, "Amauroto", che vuol dire "evanescente", è attraversata dal fiume "Anidro", cioè senza acqua, ha un principe, "Ademo", ovvero un principe che non ha popolo. Tutta l'opera è strutturata attraverso questi e tanti altri giochi linguistici con l'intento di riprodurre quella tensione tra "ideale e reale" che da sempre tormenta l'uomo e il filosofo. Tommaso Campanella (1568-1639) affida invece alla sua città ideale, *La città del Sole* che dà il titolo all'opera in questione, il compito di rinnovamento spirituale del mondo e dei suoi abitanti dai mali che lo affliggono. Per questo nella città, che sorge su un colle ed è divisa in sette gironi, il potere è affidato al principe Sole che governa con l'aiuto dei principi Pon, Sin e Mor (potestà, sapienza, amore) e impone la "comunanza dei beni" platonica, di lodare Tolomeo, ammirare Copernico e fuggire da Aristotele. A coloro che si perdono nel cercare la cosa come "dovrebbe" essere si contrappone la "verità effettuale" di Machiavelli (1469-1527) che fa del suo realismo politico uno stile di vita e partendo dalla constatazione plautiniana della malvagità dell'uomo (*homo homini lupus*) guarda al governo di un sol principe come la soluzione di tutti i mali reali. Il Principe, che non sarà né troppo buono né troppo malvagio e che sarà in grado di dominare con l'astuzia della ragione tutte le situazioni, non corrisponde però alla visione idealistica del filosofo, che sognerà un ritorno ai principi e alla repubblica romana fondata sulla libertà e sui buoni costumi. Francesco Guicciardini (1483-1540), pur condividendo il pensiero di Machiavelli, punterà l'attenzione più che sulla dimensione storica su quella "particolare" del singolo individuo e auspicherà di vivere in una repubblica ben ordinata, liberata dai barbari e dalla tirannia dei preti.

45. Il candidato descriva la visione della natura nella filosofia rinascimentale attraverso l'analisi del pensiero di Telesio e Bruno

Punti chiave

- Esporre la concezione ilozoistica-pampsichistica della natura rinascimentale: Telesio e la dottrina dei due principi.
- Definire l'esigenza di una fisica "quantitativa" e la critica alla fisica aristotelica.
- Esporre la dottrina della duplicità della concezione bruniana di Dio e dell'universo come "infinito".

Svolgimento

Bernardino Telesio (1509-1588), filosofo calabrese, è autore dell'opera *De rerum natura iuxta propria principia* (La natura studiata secondo i suoi principi) nella quale, rifacendosi alla concezione vitalistica dei filosofi presocratici, afferma che "tutto è vivo". I principi che agiscono nella natura sono il caldo e il freddo, il primo dilata, il secondo condensa, essendo incorporei hanno bisogno di una massa corporea su cui agire. I due principi pervadono la massa corporea contemporaneamente e questo fa sì che si percepiscano reciprocamente, facoltà che è propria di tutti gli esseri semplici (piante, acqua) e complessi (animali). L'uomo si differenzia però dalle altre realtà naturali in quanto è dotato di uno spirito che, aristotelicamente parlando, possiamo definire anima sensitiva, oltre la quale ha anche un'anima divina e immortale che serve per spiegare gli oggetti che trascendono la sua naturalità. L'uomo riceve entrambe da Dio, che per Telesio non è il Dio-Motore immobile di Aristotele ma è il principio creatore della natura e dell'uomo, il quale, però, una volta creato il mondo lascia all'uomo e al fisico il compito di indagarlo. Telesio avrà anche l'intuizione di una fisica quantitativa (determinare la quantità di calore o freddo sufficiente per produrre certi fenomeni) ma non avendo gli strumenti adatti per poterla realizzare lascerà questo compito ai posteri (G. Galilei). Giordano Bruno (1548-1600) è un mago-filosofo rinascimentale che elabora una visione dell'universo-natura di stampo copernicano, eliocentrica e infinita. Il principio di tutto è Dio *"mens super omnia"* che crea l'universo "infinito", ma come dalla statua non si può risalire allo scultore così dall'universo (effetto) non si può risalire alla conoscenza della "Causa" e pertanto Dio, in quanto sostanza trascendente, è oggetto di fede. Dio, però, è anche "*mens insita omnibus*", mente, principio presente in tutte le cose, anima del cosmo, forma che plasma la materia e in quanto tale risulta accessibile alla ragione umana. L'originalità della filosofia di Bruno è in una nuova idea dell'universo-natura che rispetto al passato è concepito come un qualcosa di illimitato e di infinito, così come infinite sono le vite simili alle nostre tanto che il morire non è altro che "un mutamento di essere" (Parmenide).

46. Il candidato si soffermi sulla figura della "coscienza infelice" di Hegel e spieghi perché venga considerata come la chiave di lettura di tutta la *Fenomenologia dello Spirito*

Punti chiave

- Definire la funzione della *Fenomenologia dello Spirito* nell'ambito del sistema hegeliano: introduzione o filosofia?
- Definire la funzione delle "figure" nell'ambito della *Fenomenologia* e il loro rapporto con lo Spirito.
- Soffermarsi sull'analisi della figura della "coscienza infelice" e il suo superarsi nello Spirito.

Svolgimento

Nella *Fenomenologia dello Spirito*, pubblicata nel 1807, Hegel si pose la domanda come fosse possibile passare dalla coscienza empirica a quella assoluta, e rispose affidando tale compito alla mediatezza di una "introduzione" della filosofia che svelasse le tappe percorse dalla coscienza nella storia per poi ritrovarsi come Spirito. Questa introduzione, secondo alcuni critici, è la fenomenologia stessa, che per altri ancora invece è la vera filosofia di Hegel. I momenti percorsi dalla coscienza sono sei: coscienza, autocoscienza, ragione, spirito, religione, sapere assoluto; a questi momenti vanno poi aggiunte le "figure", ovvero entità ideali e storiche che esprimono le tappe ideali dello spirito e che hanno trovato una loro esemplificazione nella società, nella religione, nella storia, ecc. Tra le figure la più importante è quella della "coscienza infelice" che dopo aver preso coscienza, appunto, della scissione tra la coscienza che vorrebbe superare le alterità della vita e una coscienza che invece soccombe alle stesse (grazie alla filosofia stoica e scettica) esplicita questa separazione nel rapporto radicale con Dio. La prima forma di questa separazione è per Hegel la religione ebraica, che ha creato un Dio trascendente, lontano dall'uomo e dalla coscienza; la seconda forma è quella del cristianesimo medievale che pretende di cercare Dio nella realtà effettuale, ma questa ricerca inquieta si conclude, come nelle crociate, con il ritrovamento di un sepolcro vuoto. La manifestazione di questa infelicità cristiano-medievale si esplicita ancora di più attraverso le sottofigure della devozione (il pensiero che non ancora ha compreso l'unità tra finito e infinito), del fare o dell'operare (la coscienza rinuncia al contatto con Dio e si oggettivizza nel lavoro che avverte sempre come un dono di Dio) e della mortificazione di sé (dove la coscienza si nega attraverso pratiche ascetiche a favore di Dio). Nel rinascimento e nell'età moderna avviene però che la coscienza si risveglia e comprende che non c'è bisogno di unificarsi con Dio perché essa stessa è Dio, ovvero soggetto assoluto.

47. Il candidato esponga il problema del dualismo cartesiano della sostanza e la soluzione prospettata dal sistema filosofico di Spinoza

Punti chiave

- Definire il problema del "dualismo cartesiano" e il rapporto tra sostanza "prima" e sostanze "seconde".
- Individuare la soluzione spinoziana e il passaggio dalle "sostanze" alla "sostanza" e le sue proprietà.
- Esporre la visione panteistica spinoziana dell'universo e il nuovo concetto di Dio/natura.

Svolgimento

Nel suo capolavoro *Ethica ordine geometrico demonstrata* (pubblicata postuma nel 1677) Spinoza affronta uno dei temi più dibattuti nella storia della filosofia, ovvero il problema della "sostanza". La sostanza per la metafisica antica, che faceva riferimento ad Aristotele, era molteplice e gerarchicamente organizzata e lo stesso Cartesio in età moderna, pur partendo dall'idea di sostanza come qualcosa che per esistere non ha bisogno di null'altro se non di sé medesima (*causa sui*), ovvero Dio, aveva poi postulato l'esistenza di altre due sostanze secondarie o derivate, la "*res cogitans*" e la "*res extensa*", pensiero ed estensione, che per esistere hanno bisogno unicamente di Dio. Spinoza risolve il problema del "dualismo" cartesiano e afferma che esiste una sola unica sostanza "increata, eterna, unica e infinita" che è Dio, mentre la "*res cogitans*" e la "*res extensa*" diventano "attributi" o qualità essenziali della sostanza e i singoli pensieri e i singoli corpi diventano "affezioni" o modificazioni accidentali degli attributi della sostanza. Gli attributi, in quanto manifestazioni della sostanza infinita, saranno anch'essi infiniti, ma noi uomini ne conosciamo soltanto due: il pensiero e l'estensione (già individuati da Cartesio); le determinazioni degli attributi sono i "modi" (per es. attributo della sostanza è l'estensione, il modo è il corpo) che sono finiti; tra gli attributi infiniti e i modi finiti ci sono poi i modi infiniti (per esempio l'intelletto infinito o la volontà infinita), ma Spinoza non spiega come dalla sostanza infinita siano stati generati anche modi finiti e questa è l'aporia del suo sistema filosofico. Il filosofo afferma poi che se Dio è la sostanza con i suoi infiniti attributi, il mondo è dato invece dall'insieme dei modi infiniti e finiti, per cui Dio è *"natura naturans"*, il mondo invece *"natura naturata"*. Spinoza elabora così una visione panteistica per la quale Dio non si limita a creare le cose e a lasciarle fuori di sé, ma è "una causa immanente" il cui prodotto esiste in essa stessa.

48. Il candidato delinei i caratteri generali della rivoluzione psicoanalitica del Novecento soffermandosi sulla struttura dell'apparato psichico in Freud

Punti chiave

- Illustrare la teoria freudiana della rimozione e il suo rapporto con la libido.
- Illustrare la struttura psichica dell'inconscio e la nascita del "conflitto".
- Illustrare le tecniche psicoterapeutiche, il metodo di lavoro dell'analista e la nascita del *transfert*.

Svolgimento

La psicoanalisi è una creazione del dottor Sigmund Freud (1856-1939) che partendo dallo studio di un caso di isteria riuscì, ricorrendo al metodo ipnotico, a risalire alle origini del trauma. Il passo dall'ipnotismo alla psicoanalisi è breve: tutte le cose che facevano provare sentimenti di frustrazione ai pazienti venivano "rimosse" nella parte inconscia della *psiche*, per poi riaffiorare sotto forma di nevrosi, dimenticanze, *laspsus* e sogni. Per Freud generalmente tutte le cose rimosse sono tali perché desideri di carattere sessuale incompatibili con i valori dell'Io e della sua sfera familiare e sociale. Per cui la libido, cioè la forza con cui si manifesta la vita sessuale, è una delle cause più importanti delle malattie che affliggono non solo l'uomo nella maggiore età ma anche e soprattutto nell'infanzia, generando complessi come quello edipico o di Elettra (attrazione libidica per il genitore di sesso opposto). La struttura psichica per Freud risulta composta da "*Es, Ego* e Super-Io"; l'"*Es*" è l'inconscio della nostra *psiche*, l'"*Ego*" è il rappresentante conscio dell'"*Es*" che si trova a mediare tra l'"*Es*" da un lato e il "Super-Io" dall'altro, il "Super-Io" è la coscienza morale, cioè l'insieme delle proibizioni che vengono impartite all'uomo fin dalla sua nascita, prima dai genitori, poi dalla società, e che lo accompagnano per tutta la vita. Per Freud è compito dello psicoterapeuta guidare il paziente, dopo averlo posto in una situazione di rilassatezza (luce bassa e seduto alle sue spalle), attraverso una serie organizzata di domande, alla scoperta di ciò che lo turba, e questo avviene mediante varie tecniche, come la "libera associazione di idee", l'"interpretazione dei sogni" e degli atti mancati. Solo così il paziente potrà liberare l'inconscio e guarire dalla sua malattia. Molta attenzione Freud riserva al fenomeno del *transfert* o traslazione, ovvero il trasferimento sulla persona del medico di una serie di stati d'animo di amore o ostilità provati dal paziente durante l'infanzia nei confronti dei genitori, che può rivelarsi un successo, se viene risolto, o un insuccesso, se non viene reso cosciente.

49. Il candidato illustri il nuovo concetto di "scienza" e di enciclopedia del sapere nell'ambito dello sviluppo del pensiero positivistico

Punti chiave
- Definire i caratteri generali del positivismo europeo.
- Illustrare la legge dei tre stadi nel pensiero di A. Comte.
- Individuare il nuovo concetto di scienza del positivismo come "dominio sulla natura" e soffermarsi sulla classificazione delle scienze di A. Comte.

Svolgimento
Col termine "positivismo" si suole indicare quel vasto e complesso movimento filosofico, politico, storiografico, scientifico e letterario che dominò la cultura europea dal 1840 alle soglie della prima guerra mondiale. Le grandi scoperte scientifiche e le loro applicazioni tecnologiche illusero i positivisti circa la potenza dell'uomo e della nuova società industriale. Il positivismo in Francia ebbe grande fervore grazie ad Auguste Comte (1798-1857) che nel *Corso di filosofia positiva* affermerà che l'umanità, come la *psiche* dei singoli uomini, passa attraverso tre stadi: teologico, metafisico e positivo. Nel primo stadio (corrispondente all'infanzia degli uomini) i fenomeni sono spiegati con l'influenza di agenti soprannaturali; nel secondo stadio (la giovinezza) agli agenti soprannaturali si sostituiscono le idee; nel terzo stadio l'uomo rinuncia alle spiegazioni metafisiche della realtà e comprende che solo grazie alle osservazioni e alla conoscenza delle leggi fisiche e meccaniche che regolano la natura e i rapporti sociali è possibile cogliere le cause e i nessi della realtà stessa. Comte si inserisce nella tradizione filosofica che da Bacone a Cartesio aveva individuato nella scienza l'elemento che avrebbe portato l'uomo al dominio sulla natura. La scienza a cui il filosofo fa riferimento è quella teorica che ha rispondenza nei fatti empirici, ecco perché il vero scienziato è il filosofo che è in grado di guardare alle finalità della scienza in funzione dell'umanità. Per comprendere la realtà fisica e sociale bisogna rifarsi alle scienze ordinate gerarchicamente secondo un criterio di "minore generalità e maggiore complicazione", esse sono: astronomia, fisica, chimica, biologia, sociologia (alla base di tutte vi è la matematica). La sociologia (che comprende anche la filosofia) è la scienza più importante perché attraverso essa è possibile indagare i rapporti umani e sociali con criterio scientifico. Essa si divide in statica sociale (quando si studiano le condizioni che permettono l'ordine sociale di una determinata società in un dato momento storico) e dinamica sociale (quando si indagano le leggi di sviluppo della società).

50. Il candidato esponga cosa intende Rorty con l'espressione "*linguistic turn*" e si soffermi ad analizzare la sua idea di "post-filosofia"

Punti chiave

- Illustrare la svolta linguistica secondo Rorty e la classificazione della filosofia del linguaggio.
- Esporre la critica di Rorty alla filosofia kantiana e la metafora della "mente come specchio".
- Individuare il passaggio dalla filosofia alla "post-filosofia": la filosofia edificante e le sue categorie.

Svolgimento

Richard Rorty nasce a New York nel 1931 e si forma nel contesto di una forte tradizione filosofica analitica (Sellars, Quine, Kuhn e Davidson). Il suo intento è quello di andare oltre la prospettiva analitica e aprire nuovi scenari alla ricerca filosofica. Infatti, come lui stesso premette allo scritto antologico *The linguistic turn* (1967), la filosofia linguistica si occupa del linguaggio e si articola in filosofia analitica, che va alla ricerca del linguaggio ideale, perfetto e definitivo, e in filosofia del linguaggio ordinario, che pretende di risolvere i problemi filosofici in problemi relativi ai significati delle parole. Lo scopo di Rorty non è quello di escogitare nuovi punti di vista su vecchi problemi, ma di "sbarazzarsi di un millenario modo di filosofare". Il filosofo americano paragona la filosofia critica da Kant in poi a "un tribunale della ragione pura che conferma o respinge le pretese della cultura restante". La filosofia è da Kant e i suoi successori resa prigioniera dell'immagine della mente "come un grande specchio che contiene rappresentazioni diverse e può essere studiato attraverso metodi puri e non empirici". La filosofia kantianamente intesa ha fallito perché ha assunto un atteggiamento fondazionalista ed epistemologico, pretendendo che essa possedesse una specifica comprensione dei fondamenti della conoscenza e dei meccanismi della mente. Rorty, sulla scia di Wittgenstein, vuole "guarire" le menti dalla filosofia tradizionalmente intesa e aprirle a una "post-filosofia" che sia antifondazionalista, antiepistemologica e antimetafisica. Ecco perché simpatizza per i filosofi "edificanti" come Kierkegaard e Nietzsche che reattivamente "offrono satire, parodie e aforismi" e rifuggono da un'idea della filosofia come sapere specialistico e dal filosofo come colui che "forma" gli uomini ma non conosce oggettivamente il mondo. Per Rorty si tratta invece di elaborare una idea "post-metafisica" della filosofia che sia "contingente" (non esistono essenze necessarie universali e atemporali ma tutto è un prodotto del tempo e del caso), "ironica" (riconosca il carattere storico, cioè fugace, delle proprie convinzioni), "solidale" (che si batta per diminuire storicamente le sofferenze altrui).

Parte Terza
Scienze umane

1

Partendo dalla tesi di Max Weber secondo cui chiunque si avvicini allo studio sull'uomo deve accettare l'idea della superabilità dei risultati conseguiti, il candidato spieghi cos'è l'antropologia e quale ne è l'oggetto di indagine

Punti chiave

- Nelle scienze umane e sociali non è possibile considerare alcun traguardo come definitivo.
- Il termine "antropologia" deriva dal greco antico e vuol dire "discorso sull'uomo".
- Concetto centrale dell'antropologia è quello di "cultura".

Svolgimento

Riguardando il discorso che l'uomo fa sull'uomo, le scienze umane e sociali danno vita a problemi di ordine ontologico (*cosa è?*), epistemologico (*cosa si può conoscere?*) e metodologico (*con quali strumenti si può conoscere?*). Queste difficoltà derivano soprattutto dal fatto che in tali discipline l'oggetto studiato e il soggetto studiante coincidono. È lecito chiedersi, quindi, se l'uomo sia in grado di definire un impianto scientifico per studiare se stesso, ma per tale domanda non esistono risposte univoche. Esistono più che altro differenti correnti che, all'interno delle diverse scienze umane e sociali, tentano di dare una soluzione al quesito. Poiché l'aspetto peculiare che accomuna tali discipline è l'identità tra soggetto studiante e oggetto studiato, esse devono essere consapevoli della provvisorietà dei propri presupposti teorici e dei propri risultati empirici. Questa è la tesi sostenuta dal sociologo e filosofo Max Weber, il quale definisce "scienze della cultura" le scienze che studiano l'uomo. Tra di esse l'antropologia si pone forse come una delle più problematiche e dalla natura più incerta. Al suo stesso interno sono presenti differenti filoni nazionali, tanto che si usano addirittura nomi diversi per designare il medesimo campo di studi. In Italia, ad esempio, si è diffuso il termine "antropologia", dal greco *anthropos*, che vuol dire "uomo", e *lógos*, che vuol dire "discorso", "sapere" e, per esteso, "scienza".

Dunque, a differenza della sociologia, che si occupa dell'uomo "collettivo", l'antropologia focalizza l'attenzione sullo "studio comparativo" delle diverse manifestazioni culturali che gli uomini, nel tempo e nello spazio, hanno assunto, intendendo per cultura l'insieme di valori, norme e abitudini che regolano la vita dei vari gruppi sociali. Ecco perché risulta più corretto parlare di "antropologia culturale", piuttosto che di antropologia in generale. Nelle prime fasi del suo sviluppo (XVII e XVIII secolo), l'antropologia si è rivolta alle culture primitive, comparandole tra loro e con la cultura occidentale dominante. In seguito, soprattutto dagli anni Cinquanta del XX secolo, si è occupata anche dello studio della cultura occidentale, riscontrando la cosiddetta "alterità" all'interno della stessa società occidentale e non più solo presso le popolazioni primitive.

2. Il candidato descriva le principali caratteristiche dell'osservazione partecipante, tra gli strumenti metodologici maggiormente usati in antropologia

Punti chiave
- Bronislaw Malinowski è stato tra i primi a formalizzare l'osservazione partecipante.
- L'osservazione partecipante consiste nel "vivere" il contesto e nel prendere parte alle attività che vi hanno luogo.
- L'informatore è la prima e più diretta fonte di notizie per il ricercatore.

Svolgimento
Il primo studioso ad aver formalizzato in maniera sistematica le linee dell'osservazione partecipante è stato l'antropologo polacco Bronislaw Malinowski, in particolare nell'introduzione al suo testo per eccellenza *Argonauti del Pacifico occidentale*, nel quale egli sottolinea quali siano i parametri da seguire nell'utilizzo di tale metodologia.

L'osservazione partecipante consiste, dunque, nel "vivere" il contesto scelto per la propria ricerca e nel prendere parte alle attività che vi hanno luogo. Consiste, inoltre, nel dimenticare le categorie comportamentali del proprio ambiente di provenienza, nel non dare per scontato alcun elemento della vita sociale e collettiva e nell'immergersi totalmente nelle usanze del contesto osservato, laddove esse siano accessibili a soggetti esterni e quando siano gli stessi abitanti a concedere al ricercatore di partecipare alle attività quotidiane oggetto di osservazione.

Un altro punto di fondamentale importanza è la scelta del cosiddetto "informatore", ossia di un soggetto che conosce il contesto di studio e che, avendo instaurato un rapporto di fiducia con il ricercatore, farà da garante per quest'ultimo durante il periodo di osservazione.

A questo punto l'antropologo può definitivamente fare esperienza sul campo, prestando sempre attenzione agli effetti perturbanti che la sua presenza quasi certamente provocherà sul contesto studiato. Dopo avere preventivamente indagato alcuni parametri del contesto in questione, come per esempio particolari norme di educazione, l'osservazione entra nella sua fase più operativa. Giorno dopo giorno il ricercatore dovrà annotare su un taccuino, da tenere sempre con sé, qualsiasi elemento possa in futuro aiutarlo nella fase di spiegazione che conclude la ricerca, evitando che il quaderno possa essere percepito come un oggetto "indiscreto" dagli abitanti del contesto. Naturalmente potrà utilizzare altri strumenti di supporto nella sua opera di osservazione – un registratore, una macchina fotografica o una videocamera –, il cui uso da una parte impedisce le distorsioni dovute alla fallibilità o selettività della memoria, dall'altra rende possibile dare alla comunità scientifica prova concreta degli elementi ritenuti utili ai fini della ricerca.

3. Il candidato descriva gli aspetti essenziali della prima antropologia nordamericana

Punti chiave

- Il nativo come "buon selvaggio" e come "cattivo selvaggio".
- Molti antropologi legittimarono le prevaricazioni nei confronti dei nativi.
- Alcuni si posero come difensori dei diritti degli indiani.

Svolgimento

L'antropologia europea nasce come strategia di legittimazione del colonialismo occidentale e si sviluppa descrivendo le caratteristiche di un "Altro da sé", distante non soltanto in termini culturali, ma anche in termini geografici. Discorso differente va fatto per l'antropologia americana, la quale porta avanti un ragionamento sull'alterità senza quelle distanze geografiche che contrassegnavano invece l'antropologia europea. La caratteristica principale su cui si sviluppa la prima antropologia nordamericana è, infatti, la presenza dell'Altro – nella fattispecie gli Indiani d'America, i pellerossa, i nativi americani – nel suo stesso contesto territoriale. Gli antropologi nordamericani si trovarono a dover affrontare l'esistenza dell'Altro in casa propria, o almeno in quella che gli ex coloni europei, diventati cittadini degli Stati Uniti, avevano eletto a loro dimora. Un Altro che, per la società bianca nascente, rappresentava un "ostacolo", sia dal punto di vista materiale sia da quello prettamente ideologico.

Nei confronti di tale ostacolo, ossia nel tentativo di soluzione del cosiddetto "problema indiano", l'antropologia ebbe due differenti reazioni, comunque confluenti all'interno di un'unica strategia di sottomissione: il nativo considerato come "buon selvaggio", ossia come garante della genuinità della terra da colonizzare; il nativo come "cattivo selvaggio", ossia come soggetto degenerato o involuto e non in grado di sfruttare a dovere – secondo i parametri economicisti occidentali – una terra satura di ricchezze.

In ogni caso il conflitto tra i bianchi e i popoli nativi è stato aspro durante l'intero sviluppo di quelli che sarebbero diventati gli Stati Uniti d'America. E gli antropologi hanno legittimato dal punto di vista scientifico le prevaricazioni che venivano compiute nei confronti dei nativi. Questi ultimi ebbero soltanto due possibilità di azione: adeguarsi alle imposizioni di acculturazione, oppure resistere strenuamente alle ingerenze esterne. Alcune tribù scelsero la prima opzione, altre la seconda. Entrambi i gruppi persero gradualmente la propria identità e i propri costumi, entrambi si videro soggiogati da un potere forte sia dal punto di vista culturale e ideologico, sia sotto l'aspetto militare. Va tuttavia sottolineato che anche all'interno di questo contesto alcuni antropologi si posero, sebbene con scarsa fortuna, come difensori dei diritti dei nativi, diritti che venivano costantemente disconosciuti dai bianchi.

4. Il candidato tracci a grandi linee il pensiero dell'antropologa statunitense Margaret Mead

Punti chiave
- Margaret Mead è tra i primi esponenti della scuola antropologica nota come "cultura e personalità".
- In un suo famoso libro sulle ragazze samoane mostra un'idea nuova dell'adolescenza.
- La Mead riconosce l'importanza dell'Altro come fonte di apprendimento.

Svolgimento
L'opera più nota di Margaret Mead è *L'adolescente in una società primitiva*, che rappresenta una riuscita espressione dei parametri relativisti, nel senso di considerare la presenza dell'Altro in termini culturali, giustificando comportamenti e atteggiamenti diversi dai propri in virtù delle particolarità culturali. Così come i contributi di Ruth Benedict, per la quale ogni cultura è irriducibilmente differente dalle altre, anche i lavori di Margaret Mead possono essere considerati gli apripista di quella scuola antropologica che prende il nome di "cultura e personalità" e che rileva i tratti psicologici soggettivi delle varie culture.

Margaret Mead si dedica allo studio della cultura samoana, in particolare del periodo dell'adolescenza, quando si interiorizzano le norme e i valori dominanti nel proprio contesto. A differenza di quanto avviene nella società occidentale, sostiene la studiosa, l'adolescenza samoana non è una fase di vita problematica e traumatica, ma un passaggio biografico come un altro, privo di peculiari difficoltà e in cui le ragazze non sono esposte a messaggi concorrenziali e competitivi. La conclusione cui perviene la Mead è che il disagio adolescenziale non è naturale ma appreso, dovuto non già agli aspetti biologici, ma a quelli culturali. La conformazione semplice delle società primitive fa sì che le scelte possibili da assumere durante l'adolescenza non siano pluridimensionali, come invece in Occidente.

In un testo pubblicato successivamente, e considerato un contributo di fondamentale importanza per la teoria dell'educazione, *Crescere in Nuova Guinea*, la Mead rifiuta il concetto che i primitivi siano come dei bambini, sostenendo, al contrario, che è la cultura a formare la personalità dell'individuo. Alla Mead va, oggi, il merito di aver riconosciuto l'importanza dell'Altro, dell'umano e del diverso come fonte di apprendimento. Secondo la studiosa si può imparare dagli altri popoli, poiché le diversità umane sono da considerare una grande risorsa, non un ostacolo, e gli esseri umani sono tutti in grado di apprendere dall'Altro e di farsi, a loro volta, maestri dell'Altro. Margaret Mead ha documentato dunque un elemento di fondamentale importanza, ossia che spesso, attraverso l'osservazione dell'Altro, l'antropologia riesce a rendersi conto delle dinamiche interne alla società occidentale.

5

Nel 1949 Claude Lévi-Strauss pubblica il suo primo grande lavoro, *Le strutture elementari della parentela*, opera in cui prende corpo la ricerca di elementi invariabili nei diversi contesti culturali. Il candidato ne esponga sinteticamente i contenuti

Punti chiave
- La necessità di studiare l'uomo in modo oggettivo.
- Il tabù dell'incesto.
- I differenti tipi di struttura matrimoniale.

Svolgimento

Claude Lévi-Strauss può essere considerato il padre dello strutturalismo in antropologia. Egli, allo scopo di attenuare la distinzione tra natura e cultura, sostiene la necessità di studiare l'uomo in maniera oggettiva e distaccata. Tutto, secondo Lévi-Strauss, è determinato da leggi sociali e rintracciare tali leggi è il compito dell'antropologo. Esistono determinati elementi atti a definire gli aggregati umani che sono uguali in ogni caso, non tanto nel modo in cui essi emergono e si stabilizzano, quanto piuttosto nel loro essere necessariamente strutturali. In altre parole, tali elementi, sebbene non si sviluppino sempre nello stesso modo in ogni contesto, hanno un'equivalenza strutturale che li mette innegabilmente sullo stesso piano.
Nell'opera *Le strutture elementari della parentela* lo studioso sostiene che in ogni cultura vige un elemento invariante, il "tabù dell'incesto", e che esso risponde a necessità inevitabili nell'ordine della struttura. Questo tabù regola i flussi dei legami matrimoniali e fa sì che i diversi gruppi delle diverse società, o culture, riescano a conservarsi in base alle linee della struttura. Ogni società, infatti, definisce regole matrimoniali specifiche in cui esistono divieti e prescrizioni che costringono – in misura sempre maggiore quanto più le strutture sono elementari – un soggetto a sposarne un altro. Esistono, dunque, differenti tipi di struttura matrimoniale, grossomodo suddivisibili in tre grandi gruppi: strutture "elementari", come quelle che impongono il matrimonio tra un uomo e la figlia del fratello di sua madre, o come quelle che impongono il matrimonio tra un uomo e la figlia della sorella di suo padre; strutture "semicomplesse", che si basano su divieti più che su prescrizioni, ossia che descrivono "chi non si può sposare", non "chi si deve" sposare, legati al lignaggio; strutture "complesse", che tendenzialmente non impongono prescrizioni né limitazioni, se non

in sporadici casi. Un esempio è rappresentato dal sistema matrimoniale della società occidentale, in quanto, salvo alcuni parenti più stretti, un soggetto è libero di sposare chiunque voglia.

In conclusione, la proibizione che riguarda il divieto di unirsi sessualmente con un consanguineo è una regola unica fra tutte le regole sociali, che possiede il carattere dell'universalità.

6. Il candidato illustri in quale contesto storico nasce e si consolida l'antropologia come disciplina e quali scopi si prefigge inizialmente

Punti chiave
- L'antropologia nasce per giustificare il sistema coloniale europeo.
- L'evoluzionismo fornirà il supporto ideologico al colonialismo.
- L'evoluzionismo vittoriano.

Svolgimento

L'antropologia nasce e si consolida nel corso del XIX secolo, durante un periodo di relativa pace interna ai confini europei. Concentrate nel conservare la propria egemonia economica e sociale, le potenze europee profondono una grossa parte delle proprie energie per supportare ideologicamente l'impresa coloniale ai danni di quelle società identificate come selvagge, arretrate o primitive. L'antropologia è dunque intesa come studio dell'uomo nelle società altre e si prefigge come scopo iniziale la conoscenza dei contesti esterni a quello europeo. Si tratta tuttavia di una conoscenza, quella che i primi antropologi cercavano, necessaria e conseguente all'impresa coloniale.

L'idea che la storia dell'umanità sia un susseguirsi di stadi tendenti al progresso ha fatto da sfondo e da architrave all'antropologia nel suo consolidarsi ottocentesco. È, infatti, proprio l'Ottocento il secolo in cui la disciplina in questione, forte di una necessità sistemica, quella appunto della giustificazione del dominio, si conforma alle formulazioni dell'evoluzionismo, la corrente di pensiero che troverà terreno fertile soprattutto nel paese che più di altri intraprese una forte politica coloniale, ovvero l'Inghilterra.

Il XIX secolo, secondo le storie più accreditate dell'antropologia, è esattamente il secolo del cosiddetto "evoluzionismo vittoriano" (dal nome della Regina Vittoria, allora al potere), ossia il periodo in cui l'egemone isola britannica, impegnata al massimo nella sua impresa coloniale, detta le leggi del discorso antropologico, che tendono fondamentalmente a giustificare scientificamente la violenza perpetrata nei confronti dei popoli colonizzati. La concezione della storia dell'uomo per stadi, come quella di Auguste Comte (per il quale la storia dell'umanità è progredita attraverso tre stadi successivi) e di Herbert Spencer (secondo il quale, se esiste un'evoluzione del mondo naturale, lo stesso può dirsi per il mondo sociale), aiuta dunque a creare una legittima scala gerarchica in cui collocare tutti i popoli del mondo: al vertice l'Europa civilizzata, alla base i popoli selvaggi. Viene da sé che coloro che si trovano in cima al processo evolutivo e di civilizzazione possano legittimamente operare affinché le popolazioni arretrate conquistino lo stesso posizionamento nella scala.

7

Alfred Reginald Radcliffe-Brown è considerato il padre di quello che convenzionalmente viene definito struttural-funzionalismo in antropologia. Il candidato ne esponga in sintesi il pensiero

Punti chiave

- La ricerca antropologica deve concentrarsi sui meccanismi che operano all'interno della società.
- I concetti di struttura sociale, funzione sociale e processo sociale.
- La metodologia d'indagine deve essere quella delle scienze naturali.

Svolgimento

Alfred Reginald Radcliffe-Brown, attingendo alla tradizione di Émile Durkheim, fonda un paradigma scientifico noto come struttural-funzionalismo. Il suo contributo riguarda, in particolar modo, l'analisi dell'oggetto specifico dell'antropologia, che rintraccia nello studio dei fenomeni sociali in quanto tali. Alla stessa maniera di Durkheim, egli è convinto che la società costituisca un aggregato coerente e funzionale, le cui parti devono contribuire a mantenere in equilibrio l'intero sistema, grazie ad una complessa rete di relazioni reciproche e correlate. Radcliffe-Brown considera l'antropologia come una branca delle scienze naturali che, in quanto tale, deve sottostare alla ricerca di leggi e norme universalmente valide. Nella riflessione dello studioso trova parte anche l'idea evoluzionista del mutamento sociale. Possiamo sintetizzare il pensiero dell'antropologo inglese affermando che secondo lui lo scopo principale dell'antropologia è individuare le modalità di funzionamento e di mutamento delle differenti società. Egli dunque si distacca dall'antropologia nordamericana, in cui il fattore culturale veniva analizzato alla stregua di una serie di comportamenti ed elementi di natura psicologica assunti da soggetti organici ad un contesto, e coglie la natura dei rapporti sociali come se questi formassero una sorta di ossatura su cui si sostiene la struttura sociale. Per fare ciò, l'antropologia deve prendere in considerazione, oltre alla struttura sociale, altri due elementi fondamentali che caratterizzano le società stesse e che sono in netto collegamento con la struttura sociale. L'antropologia struttural-funzionalista insiste, dunque, su tre punti: 1) la struttura sociale, che consiste nella trama dei rapporti realmente esistenti tra gli individui di cui è composta una società; la funzione sociale, che consiste nel rapporto tra la struttura e il processo vitale, e che riguarda il ruolo degli elementi della società; il processo sociale, che consiste nel complesso delle azioni degli esseri umani, particolarmente quando questi interagiscono tra loro e congiuntamente. Ecco che la società viene considerata nella sua trama di rapporti reali e che può essere pensata e analizzata in termini organizzativi.

8. Karl Polanyi può essere considerato il massimo esponente della branca dell'"antropologia economica". Il candidato ne illustri il pensiero nelle sue linee essenziali

Punti chiave
- L'opera più conosciuta di Polanyi è *La grande trasformazione*.
- Le formulazioni dell'economia politica occidentale non possono essere applicate ad ogni società.
- Polanyi individua tre forme di integrazione dell'economia.

Svolgimento
Nella sua opera più importante, *La grande trasformazione*, Karl Polanyi propone la tesi secondo cui le formulazioni dell'economia politica occidentale non possono essere valide per ogni società, come invece sostenuto, seppure spesso in maniera quasi inconsapevole, dalla maggior parte degli antropologi e sociologi a lui contemporanei. Inoltre, presupposto fondamentale del pensiero di Polanyi è che l'economia di mercato – ossia la manifestazione occidentale e "civilizzata" dell'economia – non sia il naturale risultato di un'evoluzione che tende verso il "meglio" o verso l'"autentico". Poste tali premesse, il lavoro dello studioso austro-ungherese identifica diversi modelli a cui sarebbero riferibili differenti economie del tempo e dello spazio. In tal senso vanno distinte economie che tendono a riferirsi soltanto a se stesse, in quanto si autoregolano e non hanno nessun genere di dipendenza da altri settori del sociale, ed economie che, invece, sono dipendenti dal contesto in cui si sviluppano.

Polanyi esamina vari tipi di economie appartenenti a contesti diversi e analizza i rapporti che questi tipi di economie hanno avuto con il sistema istituzionale del contesto di appartenenza. Lo studioso prende in considerazione due parametri fondamentali: i "movimenti ubicativi", che si riferiscono alle attività economiche della produzione e del trasporto dei beni, e i "movimenti appropriativi", che si riferiscono, invece, alle attività economiche che contemplano la transazione e la cessione dei beni.

Sulla base di tali criteri sarebbero individuabili tre forme di integrazione dell'economia: "reciprocità" (cui corrispondono istituzioni economiche simmetriche, con un sostanziale equilibrio tra potere e risorse), "redistribuzione" (cui corrisponde la cosiddetta centricità istituzionale, come, ad esempio, nel caso del sistema economico delle società feudali) e "scambio" (è il caso tipico dell'economia di mercato). Ognuna di queste tre forme di regolazione è in relazione dunque con un differente tipo di comportamento individuale, secondo il principio che è il carattere istituzionale di un contesto a determinare il modo in cui gli individui agiscono e non il contrario. Ciò significa che affinché sia stata possibile la crescita di un'economia di mercato si è dovuto sviluppare un preciso e peculiare assetto istituzionale non riproducibile in contesti differenti da quello delle società occidentali.

9. Il candidato illustri la "legge dei tre stadi" della storia umana formulata da Auguste Comte

Punti chiave
- Auguste Comte è considerato il fondatore della sociologia.
- La conoscenza umana attraversa tre fasi successive.
- La scala gerarchica delle scienze.

Svolgimento

Allo studioso francese Auguste Comte è legata la nascita ufficiale della sociologia come disciplina definitivamente formalizzata, avente un nome e un coerente programma di intervento. Secondo Comte la società si svilupperebbe in maniera squisitamente consequenziale attraverso un percorso di stadi che si susseguono necessariamente l'uno all'altro.

Egli fissa una serie di tre periodi che avrebbero accompagnato l'evoluzione delle società umane; tre stadi che, simbolicamente, corrispondono alle fasi di crescita di ogni singolo individuo: teologico, metafisico e dell'età matura.

Nello "stadio teologico", corrispondente alla fanciullezza, l'uomo interpreta il mondo in base a credenze magiche e religiose e le cause di tutti gli eventi vengono attribuite a fenomeni di ordine oltremondano, come per esempio l'azione delle divinità.

Nello "stadio metafisico", corrispondente all'adolescenza, le cause degli eventi sono attribuite non più ad elementi di ordine divino, bensì ad entità astratte provenienti dal pensiero filosofico, come per esempio accadeva durante l'illuminismo con la fiducia nei confronti della ragione.

Infine nello "stadio positivo", corrispondente all'età matura, le cause degli eventi non vengono più ricercate né nell'azione delle divinità né nella definizione di entità astratte: è la scienza a dirigere la ricerca del senso delle cose; a spiegare, letteralmente, i fenomeni e a trarre leggi generali e oggettivamente valide circa il funzionamento della realtà.

La fiducia che Comte affida alla scienza rappresenta dunque un vero e proprio elemento di rottura con il passato, in quanto egli postula implicitamente che proprio il raggiungimento dell'ideale scientifico sia lo scopo ultimo del genere umano. A completamento della legge dei tre stadi, Comte elabora una scala gerarchica delle stesse scienze, ponendo alla base la matematica e al vertice la sociologia. Tra i due estremi si collocano, dal basso verso l'alto, astronomia, fisica, chimica e biologia. Tale scala è definita in base alla natura dell'oggetto studiato, sempre più complesso mano a mano che si sale nella gerarchia: inorganico per le scienze più "basse"; organico per le scienze più "alte" ed evolute.

10. Il candidato descriva gli aspetti principali del funzionalismo

Punti chiave

- Il funzionalismo affonda le sue radici nell'organicismo di Saint-Simon e Comte.
- La sociologia di Durkheim precorre le analisi del funzionalismo.
- Il funzionalismo si sviluppa nel secondo dopoguerra grazie agli studi di Parsons e Merton.

Svolgimento

La prospettiva funzionalista trae l'ispirazione originaria dall'opera dello studioso britannico Herbert Spencer, secondo il quale l'ordine sociale si evolve come un qualsiasi organismo e, quindi, sopravvive alla morte delle sue singole parti complessificandosi in maniera crescente. Quindi, se da organismi semplici si è arrivati, nella storia della biologia, fino ad organismi complessi, lo stesso può dirsi per quel che riguarda la società.

Le radici del funzionalismo si ritrovano nel pensiero di Saint-Simon e Comte, entrambi organicisti, anche se è Émile Durkheim a essere considerato il vero iniziatore della corrente. Egli, infatti, è stato forse il primo a mettere in evidenza la specificità della natura sociale dei fenomeni che regolano la realtà collettiva degli uomini, al di là di considerazioni di carattere biologico e psicologico. La realtà sociale, secondo i funzionalisti, costituisce un "sistema funzionale", proteso alla soddisfazione di determinati bisogni per poter sopravvivere e adattarsi all'ambiente. L'organizzazione sociale corrisponde a un'unità, che, attraverso complessi meccanismi di regolazione, tende alla stabilità delle condizioni interne, ripristinando l'equilibrio qualora un cambiamento repentino produca effetti di disgregazione. I principi del funzionalismo comportano precise scelte di tipo metodologico, che inducono a studiare la società utilizzando l'"analisi funzionale", vale a dire interrogandosi sulle funzioni svolte dalle istituzioni e sulle loro interrelazioni all'interno del contesto sociale complessivo. Il funzionalismo, attraverso i principi durkheimiani, esercita, nel periodo compreso tra la Prima e la Seconda Guerra Mondiale, una notevole influenza sugli antropologi Alfred Reginald Radcliffe-Brown e Bronislaw Malinowsky, e, a partire dal secondo dopoguerra, si sviluppa soprattutto grazie all'opera di Talcott Parsons e Robert Merton. Il funzionalismo di Parsons postula l'esistenza di una società perfettamente integrata nelle sue parti, al modo dell'organicismo. Ogni suo settore avrebbe, infatti, una funzione specifica, e il sistema sociale, nella sua generalità, tenderebbe sempre all'equilibrio. Merton è fautore di un funzionalismo maggiormente accorto rispetto a quello di Parsons, sostenendo che in una società, oltre agli elementi funzionali alla stessa, esistano elementi disfunzionali – che tendono allo squilibrio del sistema – ed elementi semplicemente non funzionali. In sostanza, Merton sembra accogliere il conflitto e le contraddizioni all'interno del contesto sociale inserendoli in quel paradigma funzionalista che li ha sempre rifiutati.

11

Il candidato individui e descriva brevemente i passaggi fondamentali in cui si articola un progetto di ricerca sociologica

Punti chiave

- La scelta dell'oggetto di indagine e l'analisi della letteratura.
- La formulazione dell'ipotesi e la scelta dello strumento di raccolta dati.
- La codifica e analisi dei dati e la discussione dei risultati.

Svolgimento

Qualsiasi indagine sociologica necessita di un progetto che orienti lo studio verso un determinato fine e che consenta al ricercatore di delimitare i confini della propria analisi. Un progetto si articola generalmente in una serie di fasi che partono dalla definizione del problema e si concludono con una discussione sui risultati.

Il primo passo riguarda dunque la "scelta dell'oggetto di indagine", che può essere motivata da svariate ragioni, come, ad esempio, l'importanza sociologica che caratterizza un fenomeno o una serie di fenomeni, il forte interesse personale nutrito dal ricercatore o la disponibilità di fondi da impiegare per lo studio di una determinata problematica.

La seconda fase consiste nell'"analisi della letteratura", ovvero nell'esame delle ricerche sociologiche già svolte sull'argomento in questione, che risulta necessario per ottenere utili informazioni, per decidere l'approccio teorico da utilizzare o per schivare il rischio di replicare studi già compiuti.

Si procede poi con la "formulazione di un'ipotesi", nel senso che il problema oggetto della ricerca deve essere esposto in modo tale da poter essere sottoposto a prova, formulando un'affermazione sperimentale che preveda l'esistenza di una relazione tra variabili. L'ipotesi va espressa in modo molto chiaro, si parla a tal proposito di "definizioni operative", nel senso che i concetti astratti devono essere resi in termini di procedimenti semplici e osservabili. Un esempio può essere costituito dalla definizione dell'intelligenza in termini di punteggio ottenuto in un test finalizzato a misurare il quoziente intellettivo.

Il passaggio successivo è costituito dalla "scelta dello strumento di raccolta dei dati", come, ad esempio, l'indagine sul campo, l'esperimento, lo studio basato sull'osservazione, l'uso delle fonti esistenti oppure una combinazione di strumenti, ponderando i loro pregi e i loro difetti.

Si procede poi con "la raccolta e la registrazione delle informazioni" e con "l'analisi e l'interpretazione dei risultati". La teoria espressa nell'ipotesi può essere confermata, respinta o modificata. Poiché talvolta accade che i dati smentiscano l'ipotesi di partenza per provarne altre alle quali il ricercatore non aveva pensato, si dovrà in quei casi adattare i fatti alla nuova ipotesi.

L'ultima fase consiste nella stesura di un rapporto del progetto in cui si indicano le fasi attraversate dalla ricerca e si conclude con una "discussione sui risultati", valutando gli assunti da modificare delle ricerche precedenti in riferimento ai nuovi dati. Il rapporto può individuare problemi insoluti da approfondire ulteriormente e suggerire nuove ipotesi da verificare.

12. Il candidato illustri nelle sue linee essenziali la peculiarità del pensiero di Durkheim

Punti chiave

- La differenza tra "solidarietà meccanica" e "solidarietà organica".
- Il diritto come indice obiettivo per distinguere tra i diversi tipi di organizzazione sociale.
- La società industriale è segnata dalla differenziazione sociale.

Svolgimento

Émile Durkheim è il primo studioso ad attribuire dignità accademica alla sociologia, abbandonando il metodo analogico, centrato sull'idea della società come organismo biologico o come proiezione di vicende psichiche individuali, e ritenendola invece un fatto autonomo da indagare mediante l'osservazione diretta. Durkheim individua nella divisione del lavoro lo spartiacque tra due periodi differenti della storia generale delle società umane. Queste ultime, secondo lo studioso francese, si caratterizzano sempre per essere tenute insieme da un sentimento specifico di "solidarietà", grazie al quale gli individui al loro interno possono identificarsi in un sentire comune. L'avvento della divisione del lavoro e della produzione industriale modifica in maniera sensibile il portato della solidarietà, creando un significativo scarto tra la contemporaneità e il passato. In tal modo si possono distinguere due tipi di società: le società basate sulla "solidarietà meccanica" e quelle basate sulla "solidarietà organica". Nelle prime non vi è un sistema definito di divisione del lavoro (non vi è specializzazione), gli uomini sono legati da un forte vincolo solidaristico e appartengono ad un insieme sociale saldamente coeso, in cui istituzioni come la religione fanno da vero e proprio collante sociale.
Nelle società basate sulla solidarietà organica, in cui è oramai subentrata la moderna divisione del lavoro, quel legame forte di natura meccanica presente nel precedente stadio tende a svanire in favore di un legame solidaristico più blando. Le istituzioni come la religione non hanno più la forza coesiva che avevano prima e la divisione del lavoro ha creato una specializzazione delle competenze a cui corrisponde un'accesa "individualizzazione" delle personalità. Poiché solidarietà e coscienza sono realtà difficilmente misurabili, il

diritto, secondo Durkheim, si dimostra un indice obiettivo per poter operare distinzioni tra i diversi tipi di organizzazione sociale. Se alla solidarietà meccanica e a un forte livello di coscienza collettiva corrisponde un diritto "repressivo", teso a punire gli atti che minacciano l'unità del gruppo, alla solidarietà organica e a un elevato grado di coscienza individuale corrisponde un diritto "restitutivo", finalizzato a eliminare le carenze e a ricostituire l'equilibrio. La società industriale non è dunque segnata dalla libertà completa, ma dalla differenziazione sociale, che induce i membri a scegliere tra regole diverse e valori diversi; la disgregazione delle norme, dei modelli e del controllo sociale genera però reazioni patologiche, come il suicidio, fenomeno ampiamente studiato da Durkheim.

13. Nell'ambito delle teorie sulla devianza, il candidato delinei i principi su cui si basano le teorie dell'anomia

Punti chiave
- Il concetto di devianza in sociologia.
- La nozione di anomia.
- Il legame tra comportamenti devianti e norme contraddittorie.

Svolgimento
Il concetto di devianza implica una diversità morale, poiché si riferisce all'incapacità o al rifiuto di un individuo o di un gruppo di attenersi ai modelli predominanti del contesto di appartenenza. Se gli psicologi indagano sulle motivazioni che inducono i singoli devianti ad agire, i sociologi mirano a comprendere le cause dell'affiorare della devianza in una determinata società e del suo seguire modelli specifici.

La nozione di anomia fu introdotta, verso la fine del XIX secolo, dal sociologo Émile Durkheim, per indicare la condizione di confusione, riscontrata sia negli individui sia nella società, causata dall'assenza, dalla debolezza o dalla conflittualità delle norme. In uno stato anomico le società rischiano la disgregazione e gli individui il disorientamento. Durkheim sostenne che ogni approccio sociologico al problema della devianza non dovesse concentrarsi sulle motivazioni individuali, bensì sulla necessaria esistenza di un capro espiatorio, che consentisse al gruppo di riaffermare la propria autorità e la propria identità sociale e morale. Secondo questa prospettiva, la presenza dei devianti sarebbe dunque necessaria per consentire di rimarcare continuamente i confini di ciò che è lecito, e la loro condanna, se da un canto dimostrerebbe l'insuccesso del controllo sociale, dall'altro renderebbe consapevoli gli altri membri delle conseguenze della difformità, dissuadendoli dall'imitare la condotta eslege.

Un esempio emblematico e inquietante di questo insieme di meccanismi è rappresentato dalla creazione di un tipo di devianza che, in realtà, non esisteva, la stregoneria, ad opera dei puritani di Salem, nel Massachusetts, nel XVII secolo, che, con la persecuzione delle streghe, riaffermarono la solidarietà alla propria comunità e il loro senso della giustizia.

I comportamenti devianti si manifestano con maggiore probabilità quando le norme sociali appaiono contraddittorie: secondo il sociologo Robert Merton, tutte le forme di comportamento deviante derivano dalla dissonanza tra le aspirazioni indotte dalla socializzazione e gli strumenti messi a disposizione dalla società per realizzarle, vale a dire dalla disparità di accesso, con mezzi socialmente approvati, alle mete che rappresentano il successo nella società, in particolare l'acquisizione di beni materiali e di uno status elevato. Anche l'approccio mertoniano cerca dunque non nell'individuo, ma nella struttura sociale le origini del fenomeno della devianza, tentando di fornire una spiegazione plausibile degli atti delittuosi, in particolare di quelli riguardanti la proprietà.

14
Il candidato spieghi il significato di "paradigma", un concetto fondamentale nella storia delle scienze sociali

Punti chiave
- Con "paradigma" Kuhn intende definire l'indirizzo assunto dalle diverse scienze in una determinata epoca.
- Esistono delle condizioni di possibilità che rendono stabile un certo apparato di sapere.
- Il significato di "mutamento di paradigma".

Svolgimento

Il concetto di "paradigma" è stato elaborato dal filosofo della scienza Thomas Kuhn nel volume *La struttura delle rivoluzioni scientifiche*. Tale concetto racconta quanto avviene nel gioco della costruzione di ogni impianto scientifico. A parere di Kuhn le scienze, tutte le scienze, operano secondo "periodi di normalità" in cui le nozioni e i metodi utilizzati sono condivisi dalla maggior parte (se non dalla generalità) dei suoi stessi componenti. Tali nozioni e metodi vanno a formare quello che propriamente si chiama "paradigma scientifico", ovvero una sorta di astratto *vademecum* cui ogni scienza si deve naturalmente adeguare.
Durante i periodi normali, i paradigmi non subiscono alcun mutamento, se non dei piccoli aggiustamenti (lievi innovazioni strumentali, tecnologiche o teoriche) che non ne inficiano lo statuto generale. Ma tra un periodo normale e l'altro si inseriscono dei "periodi di rottura", di "rivoluzione scientifica", per usare le parole di Kuhn. Durante questi periodi, si ristabiliscono le linee delle scienze nei diversi campi disciplinari, e si pongono le basi affinché si possano riformare altri paradigmi che garantiscano la stabilità dell'operato scientifico. Per fare un esempio di momento di rottura, si può ricordare quanto avvenuto tra il XVI e il XVII secolo con le innovazioni in campo fisico e astronomico (e con le naturali implicazioni filosofico-teologiche di tali innovazioni) introdotte da personaggi illustri come Copernico, Keplero, Torricelli e Galilei.
Dopo la rottura imposta dal loro lavoro, il vecchio impianto astronomico di matrice tolemaica non poteva in alcun modo essere considerato ancora valido. A questo si sostituì il nuovo impianto cosiddetto copernicano. Si verificò, dun-

que, un vero e proprio "mutamento di paradigma", perché la considerazione del nuovo modello astronomico inficiava le regole di un paradigma che si riferiva, invece, ad un oggetto non più attuale e valido.

Naturalmente ogni periodo di rivoluzione, come quello inaugurato da Copernico e Galilei, non si esaurisce in poco tempo, perché la comunità scientifica ha bisogno di comunicare, di validare e accettare le nuove scoperte e soprattutto deve abbandonare quelle vecchie (che sempre dimostrano una forte resistenza nello scomparire) in favore di quelle nuove.

15

Gli anni che chiudono il Novecento e quelli che inaugurano il secolo successivo vedono il sorgere e il consolidarsi di un nuovo modo di fare sociologia. Il candidato tracci a grandi linee il pensiero di Ulrich Beck e Zygmunt Bauman, considerati dalla comunità scientifica tra i più importanti sociologi contemporanei

Punti chiave
- La sociologia della post-modernità.
- La società del rischio di Beck.
- La società liquida di Bauman.

Svolgimento

Negli ultimi anni si è affermata la cosiddetta "sociologia della post-modernità" che ha visto i sociologi fornire numerose versioni della fase successiva a quella della società moderna.

Il nome del sociologo tedesco Ulrich Beck è legato soprattutto al concetto di "società del rischio", espressione con cui lo studioso definisce l'epoca postmoderna. Egli sostiene che il rischio, percepito dall'intera società attraverso le storture del proprio operato (disastri nucleari, cambiamenti climatici, deforestazioni, ecc.), si ripercuote anche sulle esistenze dei singoli soggetti che in tale società vivono. L'affermarsi della società del rischio è dovuto, secondo Beck, ai seguenti fattori: il dissolvimento delle vecchie strutture identitarie causato dall'identificazione di classe; il mutamento della condizione femminile all'interno della società; la decentralizzazione e la flessibilità in ambito lavorativo. Grazie a tali processi, i soggetti che popolano la società contemporanea sono liberi da forti riferimenti istituzionali e, dunque, hanno davanti a loro un ventaglio di scelte estremamente più ampio rispetto al passato. In tal modo, essi possono gestire con maggiore indipendenza il proprio percorso biografico, anche per quel che riguarda lo stile di vita, i consumi, la formazione culturale, ecc. Ma tale ampiezza di possibilità ingenera anche un processo che, al contrario, può avere risultanti negative sull'individuo stesso: una sempre maggiore responsabilizzazione e un peso crescente da sobbarcarsi anche nel minimo del quotidiano.

Il sociologo polacco Zygmunt Bauman definisce la post-modernità come "società liquida", uno stadio caratterizzato da un particolare allentamento dei vincoli classici che tenevano l'individuo legato alla propria comunità più immediata. Ma quest'allentamento in Bauman, a differenza che in Beck, sarebbe causato soprattutto dalle nefaste influenze che il liberismo sfrenato e il mercato onnipotente provocherebbero nella vita quotidiana dei singoli. Ciò porterebbe ad una "flessibilizzazione" crescente del mercato del lavoro, nonché a una pervasiva "precarietà" nei rapporti sociali e nei vincoli istituzionali. Persino l'amore e i rapporti sentimentali sarebbero destinati a questa sorte.

16

La raccolta dei dati avviene mediante diversi metodi tra cui quello sperimentale. Il candidato illustri con esempi pratici i vantaggi e i limiti di tale modalità di indagine per lo studio dei fenomeni sociali

Punti chiave
- Il ricercatore manipola in modo controllato le variabili in esame.
- Gli esperimenti possono essere effettuati sia in laboratorio sia sul campo.
- Il metodo sperimentale è applicabile in modo ridotto all'universo sociale.

Svolgimento

Il metodo sperimentale si dimostra affidabile se si intende studiare la relazione tra le variabili in condizioni accuratamente controllate. Il ricercatore manipola le variabili in esame e misura in modo esatto i risultati. Gli esperimenti possono essere effettuati sia in laboratorio, ambiente artificiale che può essere controllato attentamente, sia sul campo, se il ricercatore intende minimizzare le possibilità che gli individui modifichino il loro comportamento.
Il tipico esperimento consiste nell'introdurre una variabile indipendente in una situazione definita e nel registrare la sua influenza sulla variabile dipendente. Si studiano dunque i fenomeni usando deliberatamente alcuni elementi di "perturbazione" dell'oggetto di indagine, in modo che tali stimoli consentano l'interpretazione di effetti, mutamenti, reazioni. Si immagini ad esempio di condurre un esperimento sugli effetti che l'integrazione razziale scolastica produce sugli atteggiamenti degli studenti bianchi verso quelli di colore. Innanzitutto bisogna misurare l'atteggiamento degli studenti bianchi, quindi far sì che in classe siano accolti alcuni studenti di colore, e, dopo un congruo periodo di tempo, misurare di nuovo l'atteggiamento degli studenti bianchi per registrare eventuali cambiamenti. Tali mutamenti, però, nel frattempo potrebbero essere stati causati da fattori coincidenti, come, ad esempio, l'esplosione di sommosse razziali nel quartiere dove sorge la scuola considerata oppure una campagna antirazzista promossa dai mass media mentre l'esperimento era in corso. Si rende necessario allora dividere gli alunni in due gruppi i cui componenti si assomigliano sotto tutti gli aspetti fondamentali. Di entrambi i gruppi viene misurato l'atteggiamento razziale, ma solo uno di essi, il "gruppo sperimentale", viene esposto all'operazione di integrazione razziale effettuata in classe, mentre l'altro, detto "gruppo di controllo", è soggetto a

tutte le esperienze della classe eccetto quella dell'integrazione. Alla fine i due gruppi vengono ancora sottoposti ai test di atteggiamento razziale e allora ogni differenza tra i gruppi potrà essere considerata il risultato della variabile indipendente. Il metodo sperimentale, utilizzabile solo per problemi limitati, per quanto utile, poiché consente di indagare su fenomeni specifici non esaminabili sistematicamente nelle condizioni di vita quotidiana, può però favorire la produzione dell'effetto che lo studioso sta ricercando.

17. Si illustrino le caratteristiche principali delle terapie somatiche e delle psicoterapie e i fini che le due categorie generali di intervento si propongono nella cura del paziente

Punti chiave

- Le terapie somatiche utilizzano mezzi di tipo chimico o fisico.
- Le tecniche psicoterapiche si basano su mezzi psicologici.
- Elemento essenziale delle psicoterapie è la comunicazione tra il terapeuta e il paziente.

Svolgimento

Le tecniche terapeutiche utilizzate per trattare i vari tipi di disturbo comportamentale, finalizzate alla trasformazione della condotta dell'individuo emotivamente disturbato, sono differenziabili in due categorie principali: le "terapie somatiche", che agiscono sul paziente con mezzi fisiologici, come i medicinali, e le "psicoterapie", che cercano di intervenire sul soggetto con strumenti psicologici.

L'esperienza ha mostrato gli effetti drammatici di metodi come l'elettroshock, impiegato nella cura di individui gravemente depressi, o la chirurgia cerebrale, usata al fine di placare comportamenti emotivi troppo intensi. Il metodo di trattamento somatoterapico attualmente usato consiste nella terapia farmacologica, grazie alla quale sono stati ottenuti notevoli successi nel trattamento delle psicosi: infatti, oltre a calmare l'agitazione dei pazienti, determinati farmaci riducono la frequenza delle allucinazioni e fanno riacquistare il contatto con la realtà. Questo tipo di terapia deve comunque essere accompagnato dal pervicace tentativo di aiutare la persona sofferente a risolvere i propri problemi sia con il miglioramento delle circostanze ambientali sia con la psicoterapia. Quest'ultima consiste in un procedimento finalizzato ad elevare il senso di benessere di un soggetto, vale a dire l'opera che un terapeuta autorizzato ed esperto svolge in incontri clinici sistematici per apportare determinati cambiamenti positivi nei sentimenti e nell'orientamento di chi ricerca aiuto. Tutti i metodi psicoterapeutici, nonostante le differenze tecniche, appaiono accomunati dalla presenza di un elemento, la comunicazione tra il terapeuta, che non deve mai lasciarsi coinvolgere emotivamente, e il paziente, sollecitato ad esprimere liberamente i propri desideri e le proprie paure. Le tecniche psicoterapiche rivelano la propria efficacia in particolare nella cura dei soggetti nevrotici, disposti a comunicare per ricevere l'ausilio necessario.

18 Il candidato spieghi i principi su cui si basa la terapia psicoanalitica

Punti chiave

- Le teorie psicoanalitiche affermano che i disturbi di natura psicologica costituiscono l'espressione di un'irrisolta conflittualità.
- Le associazioni libere sono l'elemento principale del metodo psicoanalitico.
- I sogni sono considerati eventi psichici di estrema importanza.

Svolgimento

La terapia psicoanalitica è fondata sulle teorie freudiane. Un elemento fondamentale del metodo psicoanalitico è costituito dalle "associazioni libere", finalizzate all'espressione verbale di pensieri e sentimenti profondamente rimossi di cui il paziente non ha consapevolezza. L'"interpretazione" delle associazioni libere assume due forme: l'analista può richiamare l'attenzione del paziente sulle sue resistenze, manifestate, ad esempio, quando una catena di associazioni si blocca improvvisamente, o può disvelare le idee celate dalle sue parole, offrendogli uno spunto per proseguire nel flusso successivo delle associazioni. La tendenza del paziente a fare dell'analista l'oggetto di risposte emotive viene definita *transfert*: sullo psicoterapeuta vengono proiettati atteggiamenti simili a quelli di figure significative del proprio ambiente, come i genitori o i fratelli. Durante il corso di una terapia psicoanalitica si delineano tre esperienze fondamentali: l'*abreazione* o *catarsi*, una sorta di purificazione emozionale, che si riferisce all'intenso rivivere un'esperienza affettiva, l'*insight*, la comprensione dell'origine della condizione conflittuale, che deriva da un progressivo perfezionamento della conoscenza di sé, anche se talvolta si verifica mediante il recupero di un ricordo rimosso, e il *working through*, processo rieducativo in cui, nel clima del contesto terapeutico, si riesaminano gli stessi conflitti e il paziente impara ad affrontare il mondo reale. Anche i sogni sono eventi psichici che contengono materiale emotivo rimosso, come impulsi e desideri respinti nel profondo della psiche perché vietati dalla coscienza. Il contenuto latente di un sogno corrisponde al suo significato nascosto, come le motivazioni che esso esprimerebbe, interpretabili a partire dal contenuto manifesto – personaggi e loro azioni –, quale viene conservato nella memoria. Freud ha interpretato i processi onirici come esperienze integrative di desideri segreti che l'individuo nella vita di veglia non ha il coraggio di affrontare, in quanto proibiti dal "Super-io". A differenza di quanto avviene nel soggetto psichicamente sano, che ha perfettamente superato il problema del soddisfacimento dei bisogni, secondo Freud la disfunzione emotiva del nevrotico è prodotta da un turbamento dell'equilibrio psichico profondo verificatosi già durante la prima infanzia a causa di stimoli inappagati.

19

L'approccio ecologico rappresenta un tentativo di studiare il fenomeno dello sviluppo nella sua complessità, rivolgendo l'attenzione sia alla realtà biologica e psicologica che caratterizza l'individuo, sia all'ambiente in cui egli vive. In tale ottica il candidato analizzi il microsistema familiare

Punti chiave
- L'importanza di regole chiare e coerenti.
- Una modalità educativa efficace si basa su una fiducia di fondo.
- La famiglia non va concepita in termini di proprietà ma di comunità.

Svolgimento

Ogni famiglia, influenzando in maniera profonda il sé, le motivazioni, i valori, le opinioni, gli atteggiamenti dei suoi membri, è caratterizzata da una particolare atmosfera, che non dipende dai singoli, ma dalle reciproche relazioni tra essi. Esistono norme familiari, regole di comportamento comunicate mediante comandi o tacite, che i genitori fanno rispettare ricorrendo alla pressione socio-emotiva, basata su premi e punizioni, o alla pressione informativa, che fa leva sulla persuasione. Regole chiare e coerenti producono certezza e i figli conoscono in anticipo ciò che può provocare un determinato comportamento. I modi imperativi, comandi espressi in forma diretta e dura, tendono a essere imitati dai figli, che imparano a essere aggressivi, mentre formulazioni più morbide e indirette, corredate di spiegazioni riguardanti gli ordini, risultano molto più efficaci.

Vari studi hanno dimostrato che coloro che subiscono eccessive restrizioni tendono a soffrire di timidezza, mentre coloro che godono di eccessiva libertà tendono a diventare poco rispettosi degli altri e a risultare poco motivati al successo. Una modalità educativa efficace è basata su una fiducia di fondo, corredata di un discreto controllo esercitato dai genitori attraverso domande rivolte direttamente ai figli, e sull'offerta di un aiuto costante ma moderato, per evitare il pericolo di diminuire il loro senso di autoefficacia. La famiglia, da non intendere come proprietà di qualcuno, ma come una comunità con cui i membri si rapportano, ricavandone benefici e prestando servizi, rappresenta un ancoraggio affettivo, che consente di avventurarsi successivamente nel mondo, acquisendo una progressiva indipendenza. Durante l'infanzia il soggetto ha valori che ricalcano quelli dei genitori, ma, una volta cresciuto, è possibile che egli scopra una discrepanza tra le idee iniziali e la formulazione di giudizi propri. Gli studi hanno dimostrato che una famiglia che lascia al ragazzo un certo grado di autonomia incoraggia l'emancipazione dall'autorità parentale e dalla dipendenza emotiva dai genitori, a differenza di una famiglia autoritaria, che, limitando fortemente la libertà e basando la disciplina su sanzioni fisiche, produce un adolescente insicuro e fortemente dipendente.

20. Dopo aver definito il concetto di "motivazione" si esponga la teoria "bisogno-pulsione-incentivo"

Punti chiave

- La definizione di "bisogno" e di "pulsione".
- Le fasi del comportamento motivato.
- La teoria della motivazione di Woodworth basata sul primato del comportamento.

Svolgimento

Per "motivazione" o "motivo" si intende una forza alla base del comportamento che sollecita l'organismo ad agire guidandone la stessa azione. Oltre a determinare uno stato di prontezza, un motivo tende a dirigere il comportamento in un particolare senso: l'animale, se è affamato, corre verso il cibo e, se è sofferente, cerca di sfuggire allo stimolo doloroso. Nonostante la motivazione sia un processo interiore, si svolge dunque in costante interazione con l'ambiente esterno, e si configura come specifica, poiché mette in moto verso una meta precisa. Anche se comportamenti riflessi, come le pulsazioni cardiache o la digestione, sono finalizzati ad assicurare il corretto funzionamento dell'organismo e si rivelano sensibili a varie specie di attivazione motivazionale, si considera motivato il comportamento più complesso.
Nell'infinità di motivi che spingono l'individuo ad agire, le classificazioni si sono focalizzate sui bisogni fondamentali all'origine dei processi motivazionali. Il termine "bisogno" si riferisce a una condizione fisiologica, che, però, sortisce conseguenze di carattere psicologico definite "pulsioni". La condizione di bisogno, determinata sia da deprivazione sia da stimolazioni dolorose, si configura come uno stato attivo e orientato dal comportamento, in una pulsione caratterizzata da tensione ed energia. La prima fase del comportamento motivato, alimentata dalla pulsione, è rappresentata da un'"attività preparatoria" finalizzata, che, se coronata da successo, fa raggiungere all'organismo un oggetto ambientale, detto "incentivo positivo", capace di ridurre la pulsione attraverso la gratificazione del bisogno, provocando un'attività finale o "comportamento consumatorio", che conclude la sequenza del comportamento motivato.

La teoria bisogno-pulsione-incentivo, fondata sulla deprivazione e su stimolazioni dolorose, è adattabile ad altri motivi fisiologici, come quello sessuale e quello materno. Esistono, però, motivazioni fondamentali, come l'"attività", la "manipolazione" e la "curiosità", che presentano correlati fisiologici meno definiti. Robert S. Woodworth propose una teoria della motivazione basata sul "primato del comportamento" in contrasto a quella centrata sul "primato del bisogno": assumendo questo punto di vista appare più plausibile la spiegazione di fenomeni come il gioco o la ricerca di avventure, motivi autonomi non finalizzati alla gratificazione di bisogni fisiologici.

21 Il candidato illustri la funzione delle emozioni e le sequenze in cui si articolano

Punti chiave
- La definizione di emozione in psicologia.
- Il concetto di *appraisal*.
- L'universalità degli schemi evento-emozione.

Svolgimento

Un'emozione corrisponde a un processo psicologico, articolato in una sequenza di cambiamenti, che è promossa da un evento scatenante, causato da modificazioni dell'ambiente esterno o interno. L'esperienza emotiva, paragonabile ad uno strumento mediante il quale il soggetto entra in rapporto con la realtà circostante, è complessa, poiché, dispiegandosi sugli orizzonti cognitivo, biologico e comportamentale, tende a coinvolgere l'individuo nella sua globalità. Le emozioni sono conseguenza di squilibri che si verificano nell'*appraisal* – l'operazione di costante monitoraggio dell'individuo e dell'ambiente, volta alla valutazione della conciliabilità tra i contesti e i fini del soggetto stesso – e sono accompagnate da elementi di comportamento diretti ad affrontare le situazioni, risolvendo o eludendo i problemi che queste presentano.

Nonostante la relazione tra tipi di eventi e tipi di reazione sembri abbastanza prevedibile, tale nesso non è così scontato. La grande variabilità esistente tra le modalità di risposta degli individui è spiegabile se si sottolinea il fatto che si reagisce emotivamente non tanto all'accadimento in sé, ma a come esso viene percepito. Le ricerche transculturali hanno dimostrato che molti "schemi evento-emozione", cioè modelli interpretativi che, da un lato, rappresentano la struttura dell'evento e, dall'altro, l'emozione da provare, sono universali, indipendenti dalla cultura in cui si manifestano, anche se esistono, però, schemi specifici, propri di determinate collettività, legati alle "emozioni etniche", esperienze vissute in particolare da alcuni popoli.

Nel processo emotivo si verificano fenomeni fisiologici che riguardano l'attività cerebrale, la regolazione delle funzioni vegetative, la circolazione sanguigna, la digestione, la termoregolazione, il sistema endocrino e il sistema immunitario. Un'emozione, ben lontana dall'essere un fenomeno puramente irrazionale, comporta un'attività altamente razionale. L'*appraisal* è la valutazione complessiva dell'accadimento, dall'evento scatenante alle reazioni individuali. Si compie un'operazione di "pianificazione", di decisione delle strategie da seguire per riprendere il controllo sull'ambiente, di "coping", che vuol dire rifinitura e che si riferisce all'attuazione dei piani, e di "monitoraggio" degli effetti dell'azione. L'esperienza soggettiva delle emozioni subisce un'"elaborazione cognitiva", grazie al filtro delle conoscenze individuali. Su tutti i livelli del processo emotivo si esercita il "controllo", sia per ragioni sociali, che impediscono di esprimere o addirittura di provare determinate emozioni, sia per motivi di tipo edonistico, che spingono a ricercare le emozioni piacevoli e ad evitare quelle spiacevoli.

22 Il candidato illustri brevemente le principali teorie sulle emozioni

Punti chiave
- Teorie intellettualistiche e teorie fisiologiche.
- Il modello James-Lange.
- Il modello Cannon-Bard.

Svolgimento

Per spiegare la natura che caratterizza le emozioni e le leggi che le regolerebbero sono state elaborate varie teorie, distinguibili in "intellettualistiche" e "fisiologiche". Secondo le prime, le emozioni potrebbero, almeno in certi casi, avere per antecedenti immediati fenomeni dell'intelletto, come l'immaginazione e il giudizio. Le seconde negano, invece, la capacità da parte di uno stato intellettivo di produrre direttamente un'emozione: l'individuo, infatti, percepirebbe le trasformazioni fisiologiche che si verificano in lui, ne prenderebbe coscienza, e, dato che ogni *pattern* fisiologico corrisponde a uno stato emotivo diverso, a seconda dei casi, proverebbe felicità, ira, dolore.

Il clima intellettuale del XIX secolo, dominato dalla teoria biologica dell'evoluzione, influenzò la "teoria periferica" nota come "modello James-Lange", che, ribaltando la concezione tradizionale della mente come luogo di origine delle emozioni, identificò queste ultime come risposte fisiologiche dell'organismo a stimoli ambientali, individuandone dunque l'origine nel corpo. Secondo questa prospettiva, la consapevolezza degli stati fisiologici comporterebbe non solo un giudizio della situazione, che, ad esempio, può essere ritenuta pericolosa o terrificante, ma anche l'effetto di retroazione, il *feedback*, delle risposte somatiche scatenate dall'emozione: se, ad esempio, si inciampa per le scale, automaticamente si afferra la ringhiera, prima di avere il tempo di riconoscere lo stato emotivo, che, avvertito successivamente, comporterà la percezione del battito cardiaco e del respiro affannoso. Altri studiosi elaborarono la "teoria centrale", secondo la quale l'emozione sarebbe un fenomeno meramente cerebrale: alla prima metà del XX secolo risale il "modello Cannon-Bard", i cui sostenitori sottolinearono come i tentativi di formulare una teoria delle emozioni in base alle sole risposte fisiologiche fossero destinati all'insuccesso, poiché dimostrarono che animali non in grado di ricevere informazioni sul proprio stato fisiologico, avendo subito l'interruzione delle vie nervose afferenti al cervello, provavano comunque emozioni.

La modernità rivela una particolare tendenza a reprimere l'espressione emotiva, anche se il tentativo di liberarsi dalle emozioni, inibendone la manifestazione, va solo parzialmente a buon fine, come dimostrano molti aspetti fisiologici delle emozioni indipendenti dal controllo volontario. Anche nel caso in cui la repressione agisca con successo e a lungo, trasformandosi in rimozione, non sortisce la perdita definitiva delle emozioni, che, con mezzi adatti, è sempre possibile recuperare.

23 Il candidato illustri i principi su cui si fonda la Psicologia della Gestalt

Punti chiave

- A inaugurare la *Gestalt* è stato Christian von Ehrenfels.
- Nei fenomeni psichici sono importanti le relazioni tra gli elementi che li compongono.
- Wolfgang Köhler e il concetto di *insight*.

Svolgimento

Nel primo trentennio del Novecento, in Germania comincia a svilupparsi un filone di studi noto come Psicologia della *Gestalt*, termine tedesco, quest'ultimo, che significa "forma". Con l'avvento del totalitarismo nazista molti psicologi tedeschi sono costretti a trasferirsi negli Sati Uniti, contribuendo alla diffusione, anche oltreoceano, della Psicologia della *Gestalt*, la cui ampia risonanza concorre a scardinare la fissità e l'accettazione di molti tratti dell'approccio comportamentista dominante.
Alla base della Psicologia della forma sta un assunto fondamentale, ovvero che l'esperienza percettiva è formata da una serie unitaria di elementi che, organizzati in un unico insieme, trascendono qualitativamente dalla loro semplice sommatoria. Per rendere con un banale esempio quanto detto, si pensi a una poesia: essa, nella percezione che un soggetto ne può avere, non è riducibile ad una semplice sommatoria delle parole che la compongono, bensì al modo in cui esse si relazionano l'una con l'altra formando una nuova entità globale. Anche nei fenomeni psichici, dunque, sono importanti soprattutto il modo e il sistema delle relazioni tra gli elementi che li compongono. A dare questa prima definizione d'insieme fu, già nel 1890, lo psicologo tedesco Christian von Ehrenfels, con la pubblicazione del suo pionieristico libro intitolato *Le qualità formali*. Secondo von Ehrenfels le "qualità formali" (da cui Psicologia della forma, *Gestalt*), che danno appunto il titolo al libro, sono proprio quei tratti che, aggiungendosi alla semplice somma degli elementi che costituiscono una percezione, la rendono del tutto peculiare. Tali qualità formali sono prerogativa del lavoro della "fantasia" e dell'"intelletto".

Un altro concetto innovativo della psicologia della *Gestalt* è quello di *insight*, formalizzato in prima battuta dallo psicologo Wolfgang Köhler, il quale sostiene, in opposizione ai comportamentisti, che la psiche dell'essere umano possiede anche una peculiare capacità intuitiva, che trascendendo dalla semplice successione dell'esperienza per "prove ed errori" è in grado di dare soluzione ai problemi. Per *insight*, dunque, si intende proprio l'"intuizione", specifica caratteristica dell'essere umano (e solo di alcune scimmie), che invalida molte delle conclusioni del paradigma comportamentista il quale non distingue tra i processi psichici degli uomini e quelli degli animali. Grazie all'intuizione, sostiene Köhler, l'uomo è in grado di risolvere determinate situazioni senza necessariamente dover passare attraverso il processo che a una o più prove giustappone uno o più errori, fino alla soluzione dello specifico problema.

24. Nella psicologia ha avuto molta importanza la nozione di "Sé": il candidato analizzi le formulazioni proposte da William James e George Herbert Mead

Punti chiave
- È stato William James a introdurre in psicologia il termine "Sé".
- James distingue tre dimensioni del Sé.
- Secondo Mead il Sé si sviluppa nell'essere umano solo grazie alla sua disposizione sociale.

Svolgimento

Il primo ad aver introdotto in psicologia il termine "Sé" è William James, il quale definisce l'essere umano come costituito da due parti strettamente connesse, l'"Io" e il "Me", ovvero rispettivamente la parte consapevole, che riflette sul mondo e su se stessa, e la parte che l'Io conosce (auto-conosciuta) del Sé.
Il Sé, dunque, è un quadro complesso all'interno del quale, oltre a questa coppia di termini, operano diverse dimensioni. James, infatti, propone una suddivisione del Sé in tre parti principali: 1) il "Sé materiale", ossia la parte immediatamente corporea del soggetto e le connessioni che tale parte intrattiene con l'ambiente (esemplificando, il corpo è il nucleo centrale del Sé materiale, mentre i vestiti, gli accessori eccetera sono la parte periferica); 2) il "Sé sociale", ossia quella parte del soggetto che si relaziona con gli altri e con il mondo degli oggetti non solo come corpo (esistono differenti Sé sociali in ragione di quanti sono i modi e i gruppi di altri soggetti con cui un essere umano si relaziona); 3) il "Sé spirituale", quella parte maggiormente autoriflessiva del Sé, cioè la consapevolezza che ogni essere umano ha del suo essere al mondo. La distinzione proposta da James va intesa naturalmente come la definizione di tre dimensioni della stessa entità, che coesistono senza poter essere separate, sebbene, in base alle situazioni, uno dei Sé prevalga sugli altri.
George Herbert Mead propone una definizione di Sé che si allontana da quella di James. Ipotizzando un processo di formazione squisitamente sociale, Mead sostiene che il bambino appena nato non possiede alcun Sé e ne sviluppa uno solo crescendo e relazionandosi con gli altri. Tale processo avviene, dapprima singolarmente, seguendo le regole di un gioco inteso come *Play*, in cui il bambino gioca assumendo volta per volta un ruolo isolato dal contesto specifico. In

un secondo momento, invece, la formazione del Sé avviene mediante le regole di un gioco inteso come *Game*, in cui il ruolo assunto dal bambino deve presupporre l'accettazione di altri ruoli, diversi dal suo e svolti da altri soggetti, all'interno del gioco stesso. La fase ultima della formazione del Sé è quella in cui si sviluppa l'immagine dell'Altro generalizzato, che permette al bambino di riconoscere se stesso e gli altri in base ai ruoli ricoperti e alle situazioni poste in atto.

25. Secondo Jean Piaget lo sviluppo della psiche umana passa attraverso alcuni stadi fondamentali. Il candidato li descriva sinteticamente

Punti chiave

- Jean Piaget è stato uno maggiori studiosi dello sviluppo intellettivo.
- Ciascuno degli stadi del percorso evolutivo è caratterizzato da un particolare tipo di operazione.
- Dallo stadio senso-motorio allo stadio delle operazioni formali.

Svolgimento

Il dispiegamento del pensiero e dell'intelligenza del bambino, secondo Jean Piaget, uno degli studiosi del XX secolo che ha maggiormente contribuito ad analizzare la natura infantile, percorre quattro stadi fondamentali, ognuno dei quali è caratterizzato da un tipo particolare di operazione.

Il primo è lo "stadio senso-motorio", che va dalla nascita all'età di due anni e che consente all'intelligenza di esprimersi solo attraverso il contatto sensorio e fisico con l'ambiente. Prima che sia raggiunto il livello del linguaggio i significati vengono definiti attraverso la manipolazione, tra i cui effetti vi è il "conseguimento dell'oggetto", la consapevolezza cioè che un oggetto visto da differenti angoli visuali costituisca una realtà duratura, rimanendo lo stesso oggetto.

Il secondo stadio viene definito "preoperazionale", si prolunga dai due ai sette anni e appare caratterizzato dall'"egocentrismo". Il soggetto inizia con il comprendere e il sentire attraverso se stesso, prima di riuscire ad operare una distinzione tra ciò che appartiene alle cose o agli altri e ciò che proviene dal proprio universo intellettivo e affettivo. Nel periodo che va dai cinque ai sette anni si sviluppa progressivamente il principio della "conservazione" della massa, del peso e del volume degli oggetti.

Il terzo stadio è quello delle "operazioni concrete", che dura dall'età di sette anni all'età di undici, in cui si alterna il primitivo egocentrismo all'accettazione passiva dei giudizi altrui. Fino all'età di sette anni, dato che il rapporto con gli adulti, innanzitutto con i genitori, appare predominante e segnato dalla soggezione e dalla coercizione, il pensiero e la coscienza morale sono ancora esterni al bambino. Durante questa fase, i fanciulli sono capaci di trattare il mondo concreto quasi con la stessa abilità cognitiva di un adulto. Il bambino diventa capace di usare operazioni logiche, come la "reversibilità" in aritmetica, la "classificazione", cioè l'organizzazione di oggetti in gerarchie di classi, e successivamente la "seriazione", ossia l'organizzazione di oggetti in serie ordinate. Appare un'altra forma di relazione sociale, quella fondata sulla "cooperazione", instaurata tramite il contatto con compagni coetanei. Infine, lo "stadio delle operazioni formali" comincia con l'inizio dell'adolescenza ed è caratterizzato dall'acquisita capacità del soggetto di "concettualizzazione" e di "formulazione" di un ragionamento ipotetico-deduttivo.

26 Il candidato esponga i principi su cui si fonda la teoria dell'attaccamento

Punti chiave

- L'attaccamento è una predisposizione biologica.
- Le fasi dell'attaccamento sono quattro.
- La relazione madre-bambino condiziona i rapporti affettivi di un individuo in età adulta.

Svolgimento

Elaborata da John Bowlby, psicoanalista britannico, e successivamente da Mary Ainsworth, psicologa statunitense allieva di Bowlby, e da numerosi altri autori, la teoria dell'attaccamento affonda le proprie radici nello studio della qualità relazionale dell'interazione madre-bambino. In una rielaborazione dei contributi provenienti da diversi approcci teorici, la teoria di Bowlby rimane significativa per le evidenze scientifiche ottenute attraverso numerose osservazioni di dinamiche relazionali tra madre e bambino.

L'attaccamento, secondo l'autore, è una predisposizione biologica che si struttura o con la madre o, in sua mancanza, con un adulto significativo che ricopre il ruolo di *caregiver*. Il bambino, secondo questa prospettiva, ricerca fin dal principio la relazione con la madre e non la sviluppa, come le teorie psicoanalitiche sottolineano, in una fase successiva alla soddisfazione dei bisogni primari. Il pianto, il riso, sono schemi comportamentali programmati che il bambino mette in atto in funzione adattiva, poiché influenzano la vicinanza della madre. Attraverso l'elaborazione delle informazioni che provengono dall'ambiente, il bambino sviluppa un sistema di attaccamento che ha una forte connotazione "cibernetica". Quanto più egli percepisce situazioni di pericolo, tanto più aumentano i segnali volti a mantenere la vicinanza della madre.

Le fasi dello sviluppo del legame di attaccamento sono quattro. Nei primi due mesi di vita il bambino mette in atto una serie di meccanismi di ricerca della vicinanza, attraverso l'uso del pianto, del sorriso, delle vocalizzazioni, poiché essi sono funzionali ad assicurare condizioni di benessere e la sopravvivenza. Egli usa il contatto e la prossimità e lo fa in modo non selettivo. Dai tre ai sei mesi, queste azioni sono invece rivolte a figure familiari. Dai sei mesi ai due anni il bambino non solo si orienta verso le figure familiari, ma lo fa privilegiando quella di attaccamento. Nella quarta fase, successiva ai due anni, il bambino sviluppa competenze e abilità sociali più raffinate e il suo comportamento è non solo intenzionale, ma anche tattico. Egli è in grado di fare previsioni sulle reazioni dell'adulto e di riorientare le proprie azioni di conseguenza. Bowlby sottolinea come la qualità del rapporto madre-bambino, nei primi anni di vita, sia condizionante per il futuro di un individuo e per la qualità delle sue relazioni future.

27 Il candidato esponga sinteticamente le più importanti teorie relative allo studio della personalità

Punti chiave
- Teorie tipologiche e psicodinamiche.
- Teorie dell'apprendimento sociale.
- Teorie dei costrutti personali e del Sé.

Svolgimento

Tra le tante teorie elaborate per spiegare il concetto di personalità, e per delineare come essa si forma e si mantiene, le più significative sono le teorie tipologiche, le teorie psicodinamiche e quelle incentrate sul condizionamento ambientale nell'ambito dell'apprendimento sociale.

Le "teorie tipologiche" studiano la personalità sulla base di presunte corrispondenze tra caratteristiche fisiche e psicologiche. Esse si basano sull'esistenza di tipi psicologici che posseggono caratteristiche determinate, sia affettive che mentali. L'impostazione tipologica ha origine nei tempi antichissimi. Già Ippocrate distingue quattro tipi psicologici: il sanguigno, il flemmatico, il collerico, il malinconico.

Le "teorie psicodinamiche" della personalità fanno riferimento prevalentemente al conflitto tra tendenze contrapposte, dal cui risultato emergono le differenze tra una personalità e l'altra. La teoria freudiana individua negli stadi dello sviluppo psicosessuale i punti di equilibrio di tali dinamiche. Essa suddivide perciò lo sviluppo in fasi: orale, anale, fallica, di latenza e genitale. Freud distingue anche tre istanze dell'apparato psichico: Es, Io e Super-Io. L'Es, come sede delle pulsioni sessuali e aggressive, l'Io come area della coscienza, e il Super-Io come richiamo alle figure genitoriali che presiede alla nascita della coscienza morale.

La "teoria dell'apprendimento sociale", proposta dallo psicologo americano Julian B. Rotter, individua quattro fattori che, correlandosi fra loro, consentono una previsione sul comportamento dell'individuo: il comportamento potenziale, determinato dalla qualità di interazione tra individuo e ambiente, l'aspettativa (legata alle passate esperienze), la motivazione e il rinforzo.

La "teoria dei costrutti", elaborata dallo psico-pedagogista e matematico statunitense George Alexander Kelly, si basa sull'assunto che l'individuo opera in base a previsioni che formula sugli eventi della vita. Da questa modalità anticipatoria derivano dei "costrutti dicotomici" attraverso i quali egli si rapporta all'ambiente. L'organizzazione di tali costrutti, la loro estensione, elaborazione e modificazione nel tempo determinano il quadro della personalità di un individuo.

La "teoria del Sé" di Carl Ramson Rogers si basa su tre elementi, l'organismo, il campo fenomenico e il Sé. L'organismo è l'individuo considerato nella sua totalità, il campo fenomenico è la totalità dell'esperienza, il Sé è il risultato dell'interazione tra individuo e ambiente. L'esperienza non percepita come appartenente al Sé viene recepita come minacciosa.

28. Il candidato illustri la "funzione materna di *holding*" teorizzata da Donald Winnicott

Punti chiave
- La preoccupazione materna primaria.
- La madre "sufficientemente buona".
- I concetti di illusione-sostegno.

Svolgimento

La teoria di Donald Winnicott è centrata sulla relazione tra madre e bambino, che per lo psicoanalista inglese inizia già nel periodo della gravidanza: soprattutto durante le ultime due settimane emerge nella madre una sensibilità accentuata che lo studioso chiama "preoccupazione materna primaria" e che consente alla donna di predisporsi all'accudimento. La madre, in quanto "sufficientemente buona", è in grado di prendersi cura del piccolo al momento della nascita e di entrare in simbiosi con lui.

Winnicott ritiene che nel neonato esista una vita psichica, ma afferma contemporaneamente che il neonato non esiste se non in relazione ad una madre che se ne prende cura. Tra le "capacità di *holding*" (prendersi cura) lo studioso pone come maggiormente significativo il "prendere in braccio". La madre sufficientemente buona fornisce una forma di "Io ausiliario" e il bambino quando comincia a fare esperienza della realtà esterna ne può accogliere i dati e organizzarli.

Il funzionamento psichico si struttura su quello che Winnicott chiama "Sé", istanza psichica preliminare alla costituzione dell'"Io": con il termine "Sé" l'autore indica il senso di continuità garantito dalla capacità di adattamento della madre verso il bambino. Tale capacità suscita nel neonato l'illusione che il seno sia parte di lui, illusione che gli permette di esprimere una creatività primaria personale; la madre favorirà poi, progressivamente, una graduale disillusione, portando a poco a poco il bambino dalla dipendenza assoluta alla dipendenza parziale e, infine, all'autonomia.

Lo stato definitivo, come preoccupazione materna primaria, è quello in cui la madre sviluppa una sorprendente capacità di identificarsi con il bambino, fatto che le permette di prendersene adeguatamente cura. Prendersi cura assume per Winnicott il significato di abbracciare, contenere, e il contenimento delle braccia materne sostituisce in qualche modo quello della parete uterina. Il contenimento ha la funzione di "Io ausiliario" che consente lo sviluppo adeguato del rudimentale "Io" del bambino. I concetti di illusione-sostegno, nella relazione materna, conducono alla relazione oggettuale, modificazione legata al passaggio dalla fusione alla separazione.

Se, invece, la madre "non è sufficientemente buona", il bambino percepirà insicurezza, timore di frammentazione, assenza di relazione con il corpo. Tutti i disagi psichici saranno espressi attraverso la pelle, che è il punto di confine e di contatto tra mondo interno ed esterno.

29
Un aspetto interessante dello sviluppo delle competenze sociali è rappresentato dalla capacità di cogliere la prospettiva dell'altro e metterla in relazione con la propria: il candidato esponga a tale riguardo il concetto di *role-taking* (assunzione di ruolo sociale)

Punti chiave
- Il concetto di sé e quello di autostima.
- La percezione della differenza tra competenza e impegno.
- La comprensione della specificità delle regole.

Svolgimento
È stato Robert Selman a coniare l'espressione *perspective taking* per riferirsi all'assunzione di una "prospettiva sociale" e ha correlato l'acquisizione della capacità di assunzione di un punto di vista diverso dal proprio allo sviluppo del giudizio morale. Durante la fanciullezza, il bambino sviluppa la capacità di comprendere il ruolo dell'altro e assumerne il punto di vista. Parallelamente alle conoscenze sugli altri, si accrescono le conoscenze sul sé. Durante gli anni della scuola elementare, la descrizione di sé passa gradualmente da un elenco di attributi fisici, comportamentali ed esterni a rappresentazioni dei loro tratti, delle qualità interiori, delle credenze, dei valori.

Esiste un altro aspetto del concetto di sé, quello dell'"autostima", basato sul giudizio dei sentimenti o delle qualità che si percepiscono come proprie. A partire dai sei anni, i bambini cominciano a fare paragoni tra le informazioni sociali che ricevono e a chiedersi se sono più o meno competenti dei loro compagni. Questo tipo di paragone sociale si intensifica con l'età e in condizioni di competitività, ad esempio in classe o sul campo del gioco, provocando l'insorgere dei primi dubbi sulle proprie capacità e le prime percezioni sulla differenza tra competenza e impegno.

Un'ulteriore caratteristica dello sviluppo sociale è rappresentata dalla comprensione della specificità delle regole che governano i rapporti tra i pari rispetto a quelle in vigore verso gli adulti. Nei suoi rapporti con gli adulti, il fanciullo accetta la loro autorità unilaterale, fruendo anche dei vantaggi che derivano da tale accettazione, come essere accuditi, non avere responsabilità. Con i suoi coetanei vige una reciprocità simmetrica o diretta, che prevede un contributo paritario di entrambi i partecipanti alla relazione. Tutti questi elementi contribuiscono a trasformare la fisionomia dei processi di gruppo di cui il bambino fa parte. Le amicizie si distinguono ora più nettamente: grazie al supporto emotivo fornito dalla stabilità del rapporto, con gli amici il bambino coopera e compete, riesce a risolvere problemi, si confronta, cercando conferme al proprio valore personale. Fare amicizia e soprattutto mantenerla è, per così dire, il banco di prova delle sue capacità sociali.

30. Come esprime le emozioni il bambino e come le riconosce? Il candidato esponga le sue conoscenze su tale argomento

Punti chiave

- Il bambino ha un corredo emozionale che gli permette di esprimere più emozioni.
- I bambini di dieci settimane reagiscono ad alcune espressioni facciali e vocali.
- Il concetto di "riferimento sociale".

Svolgimento

Numerose teorie convergono nel riconoscere che il bambino, con il suo corredo emozionale, manifesta, attraverso *pattern* espressivi generali, più emozioni. Ad esempio, configurazioni tipiche di una mimica correlata al dolore sono proprie di neonati anche in risposta a situazioni diverse. Il sistema edonico, legato alle sensazioni piacere-dispiacere, il primo polo emozionale, è quello invece che permette di comunicare universalmente lo stesso tipo di informazione. La relazione con gli adulti diventa un importante rinforzo e assolve una funzione di regolazione dell'espressione emotiva, poiché gli adulti tendono a dare un'attribuzione di significato a ciò che i bambini esprimono.

Perché sia in grado di riconoscere le emozioni altrui il bambino deve essere prima necessariamente consapevole delle proprie. In tal senso l'interesse per il volto, in modo significativo per quello della madre, favorirebbe la maturazione della capacità di riconoscimento delle emozioni. Interessanti, in tal senso, sono i rilievi di Haviland e Lewica, i quali hanno osservato che i bambini di dieci settimane sono in grado di reagire a tre espressioni facciali e vocali, quella della gioia, di tristezza e di collera, e lo fanno in modo appropriato. Dopo il primo anno di vita il bambino è in grado di regolare il proprio comportamento in risposta alle emozioni della madre, fenomeno questo che viene definito di "riferimento sociale", e che ha un preciso valore adattivo.

Prima dei dieci mesi il bambino reagisce agli stimoli, indifferentemente rispetto al fatto che siano oggetti o persone, rispetto all'effetto che le sollecitazioni hanno su di lui. Dopo il decimo mese, invece, egli prima di avvicinarsi all'oggetto cercherà il viso della madre e in tal modo una forma di regolazione emotiva. Si comporterà in modo differente se la madre manifesterà espressioni di disapprovazione o approvazione. Il riferimento sociale, quindi, ha un'importante funzione nel processo di adattamento all'ambiente. Crescendo il bambino apprende anche a comprendere le emozioni ambigue e le regole di ostentazione, ovvero riesce a simulare o fingere le proprie emozioni in relazione al contesto. Ultimo importante livello di consapevolezza è l'acquisizione della comprensione di emozioni ambivalenti.

31. Il candidato spieghi cosa si intende in psicologia con il termine "aggressività" e ne individui poi alcuni aspetti patologici

Punti chiave

- L'aggressività è energia.
- Il bambino deve imparare a incanalare le tendenze aggressive.
- Gli aspetti patologici dell'aggressività.

Svolgimento

L'aggressività è una pulsione sana e funzionale ai bisogni di crescita del bambino, la stessa etimologia del termine (*ad gredi* significa "andare verso") fa pensare a una componente normale del processo di acquisizione dell'autonomia. Secondo Donald Winnicott si tratta di un impulso naturale che però deve essere incanalato nella giusta direzione, perché, se mal gestita, l'aggressività può diventare energia distruttiva per sé e per gli altri. Di conseguenza, in momenti di crisi o di opposizione, tale comportamento può innescare la tendenza a farsi del male (come sbattere la testa contro il muro o sbattersi oggetti addosso), denotando come, in questi casi, sia assente nel bambino un'adeguata interiorizzazione e consapevolezza del concetto di limite e di pericolo. Se presente in eccesso e mal amministrata, l'aggressività ha buone probabilità di assumere contorni "patologici" in età evolutiva, favorendo la strutturazione di particolari disturbi come, ad esempio, l'"iperattività" o i comportamenti "oppositivo-provocatori".

L'iperattività (con o senza "deficit di attenzione") coinvolge nella società attuale un gran numero di bambini. Essa è caratterizzata da aumento dell'attività motoria, irrequietezza e difficoltà di concentrazione. Tale comportamento va spesso a interferire con altre funzioni, rallentandole, quali l'attenzione e l'apprendimento; inoltre influisce negativamente sul rendimento scolastico del bambino e, di conseguenza, sull'autostima e sulla motivazione allo studio.

I comportamenti oppositivo-provocatori, invece, sono contraddistinti da un atteggiamento aggressivo-distruttivo, nonché di disubbidienza e ostilità verso tutte le figure autoritarie. Il bambino che ne è affetto è incline agli accessi di collera, litiga con gli adulti, si rifiuta di rispettare le regole, accusa gli altri per i propri errori, è suscettibile, ostile e rancoroso, dispettoso o vendicativo.

Alcuni di questi comportamenti rientrano nella normale emancipazione dei bambini e possono ritenersi normali se assunti moderatamente entro i primi sei anni di vita. La loro persistenza oltre i sei anni, invece, può far pensare ad una manifestazione patologica. Comportamenti del genere, qualora mancasse un intervento adeguato, potrebbero rinforzarsi fino a diventare normali e dar luogo, a lungo andare, a condotte antisociali, sfociando in problematiche quali vandalismo, abuso di sostanze, bullismo.

32
Tra le diverse aree di indagine della psicologia dello sviluppo vi è quella dello sviluppo sociale. Il candidato spieghi cosa si intende per "sviluppo sociale" e ne delinei i momenti più significativi nella vita del bambino

Punti chiave
- Cos'è la socializzazione.
- I motivi per cui oggi si preferisce usare l'espressione "sviluppo sociale".
- La fase di "oggettivazione del Sé".

Svolgimento
La socializzazione è quel processo mediante il quale gli individui acquistano le conoscenze, le abilità, i sentimenti e i comportamenti che li mettono in grado di partecipare, più o meno attivamente, alla vita sociale. Fino agli anni Sessanta si pensava alla socializzazione o in chiave di "competenze progressive" determinate dalle influenze culturali, o in chiave di "controllo degli impulsi" e "consapevolezza del proprio ruolo sociale". Oggi si preferisce utilizzare l'espressione "sviluppo sociale", proprio per indicare come l'individuo sia, fin dalla nascita, immerso nei sistemi relazionali e come da questi tragga maggiore consapevolezza del proprio ruolo in ambito sociale. L'adulto perde il ruolo di "modello" e acquisisce quello di facilitatore, mediatore o interlocutore che agevola l'organizzazione di dette competenze e conoscenze.
L'età infantile, cioè quell'arco di tempo dell'esistenza umana che va da zero a due anni circa, è caratterizzata dall'assenza di una comunicazione di tipo verbale. Solo dopo i due anni, il bambino, con l'acquisizione di una prospettiva soggettiva, può aprirsi a nuovi campi di esperienza e di relazione. Ciò che cambia, in primo luogo, da un periodo all'altro, è proprio l'acquisizione del linguaggio, ma questa conquista si accompagna a nuove consapevolezze percettive e propriocettive, che consentono all'infante di esercitare le sue abilità sociali. In questa prospettiva sono importanti tanto i presupposti biologici quanto i comportamenti socialmente orientati prodotti dal bambino e influenzati dall'adulto. Uno dei momenti più significativi dello sviluppo sociale è quello in cui il bambino acquisisce consapevolezza di essere un individuo separato dagli altri, ovvero la fase di "oggettivazione del Sé". Tuttavia è chiaro che tra la comprensione di sé e quella degli altri si stabilisca un rapporto di interdipendenza. Più il bambino diventa consapevole di essere un individuo

che pensa, sente, agisce, interviene nelle interazioni, orientando il proprio comportamento, più è in grado di riconoscere gli stati d'animo, le emozioni, i pensieri e i comportamenti degli altri. In questo modo egli acquisisce anche quel complesso di norme e di valori che gli garantisce di poter vivere nel proprio sistema sociale e poter essere riconosciuto dagli altri.

33. Il candidato indichi i punti principali in cui si articola la metodologia del *mastery learning*

Punti chiave

- Il *mastery learning* si struttura in fasi ben precise.
- Lo scopo di tale metodo è di permettere a tutti gli alunni il conseguimento degli obiettivi prefissati.
- Bloom ha elaborato la "tassonomia degli obiettivi educativi".

Svolgimento

La corrente del *mastery learning* ("apprendimento per la maestria o padronanza") si diffonde dagli anni Cinquanta con l'intento di fornire alla scuola gli strumenti necessari per ottimizzare le risorse al suo interno. Per rendere concretamente attuabile il principio-base del *mastery learning*, e cioè fare in modo che un numero sempre più alto di alunni riesca a raggiungere gli obiettivi scolastici prefissati in fase di programmazione, è necessario, secondo i sostenitori di tale strategia, stabilire in maniera rigorosa i livelli di partenza degli allievi tramite l'ausilio di prove attitudinali scientificamente validate, strutturando gli obiettivi di profitto sulla base dei diversi livelli individuali. In questo modo gli obiettivi stessi sono scomposti fino ad assumere la forma di comportamenti facilmente controllabili, ai quali sono poi collegate le metodologie di verifica necessarie a vagliarne il raggiungimento.

Nello specifico il *mastery learning* è organizzato in passaggi ben precisi, definibili: nell'individuazione degli obiettivi che gli alunni dovrebbero possedere alla fine del processo educativo; nella divisione del contenuto disciplinare in piccole unità, fissando i livelli intermedi da raggiungere per favorire l'acquisizione delle competenze finali; nella strutturazione delle prove di profitto utili a valutare se sono stati conquistati gli obiettivi previsti nella fase iniziale; nella definizione di unità didattiche; nella realizzazione di attività di recupero per chi non avesse ancora raggiunto le soglie minime d'apprendimento prestabilite; nell'assicurarsi che tutti gli alunni passino all'unità seguente solo nel caso in cui siano padroni di un minimo di contenuti di quella precedente.

Le strategie proprie del *mastery learning* sono ulteriormente definite nel corso degli anni Sessanta per essere in seguito profondamente rivisitate e applicate;

la diffusione delle stesse è a opera principalmente di Benjamin Bloom, conosciuto soprattutto per la definizione della tassonomia degli obiettivi educativi. Bloom individua le componenti della qualità dell'istruzione, responsabili, secondo la strategia del *mastery learning*, delle differenze nei risultati d'apprendimento: i "suggerimenti", ovvero le indicazioni offerte all'alunno; la "partecipazione" di quest'ultimo al processo d'apprendimento; il "rinforzo" che viene erogato all'interno del processo educativo; infine, il sistema necessario per il "monitoraggio" e la "correzione degli errori".

34. Il candidato delinei il modello di educazione proposto da John Dewey, uno dei più importanti rappresentanti della pedagogia del Novecento

Punti chiave
- Dewey è considerato il padre dello strumentalismo.
- Il modello dell'"educazione progressiva" promuove la cultura democratica.
- Il concetto di "apprendimento attraverso il fare".

Svolgimento
Filosofo e pedagogista statunitense, John Dewey risente del pensiero di Hegel, secondo cui l'azione del singolo è da considerarsi all'interno del contesto storico-sociale di riferimento, e dell'evoluzionismo biologico di Darwin, dal quale riprende il concetto di corrispondenza tra organismo e ambiente. La conoscenza si configura come una risposta alle situazioni problematiche per trasformarle in condizioni ben definite: l'uomo si serve del pensiero riflessivo per risolvere i problemi; in questo senso il pensiero è considerato uno strumento di adattamento che subentra all'azione quando essa non riesce a risolvere i problemi. Per questa sua impostazione, Dewey è ritenuto il padre dello strumentalismo.

L'educazione è definita da Dewey come un processo sociale in virtù del quale l'allievo assorbe i contenuti culturali, la totalità delle conoscenze e delle tecniche prodotte dalla civiltà cui appartiene. Il processo educativo può favorire il cambiamento della società rendendola democratica: il primo passo in questo senso è costituito dalla relazione democratica fra discente e maestro. La scuola tradizionale è orientata all'ascolto o allo studio dal libro di testo, favorendo così la dipendenza di una mente da un'altra, considerata passiva e non attiva, come invece sostiene Dewey. La scuola, infatti, si configura come il luogo privilegiato in cui riprodurre la vita sociale per preparare i bambini ad affrontare i problemi reali che incontreranno all'esterno facilitandone l'integrazione sociale. Per questo motivo bisognerebbe provvedere anche a un'istruzione di tipo pratico oltre che intellettuale.

Dewey propone un modello di "educazione progressiva", necessario per migliorare la società e per incoraggiare lo spirito democratico, evidenziando l'importanza del lavoro manuale fin dalla scuola primaria, in particolar modo di gruppo, e dell'apprendimento tramite il fare, il cosiddetto *learning by doing*. La società industriale è colpevole di aver privato il bambino della partecipazione alle esperienze lavorative che un tempo si svolgevano in casa: è dovere della scuola supplire a questa mancanza, tramite i laboratori, al cui interno essi possono compiere semplici attività, come cucire, impastare il pane, tagliare e incidere il legno o altri materiali. Le istituzioni scolastiche, anche superando il divario tra cultura classica e pratica, devono assolvere all'arduo compito di modificare l'aspetto a volte repressivo e dispotico della società, promuovendo invece la condivisione e la partecipazione al dialogo sociale.

35. Il candidato esponga la proposta pedagogica di Jerome Bruner

Punti chiave
- La "co-costruzione di significati".
- L'"insegnamento a spirale".
- La metafora dello "*scaffolding*".

Svolgimento

Jerome Bruner parte dall'idea che il concetto di educazione, legato all'adattamento sociale, alla cultura e alla socializzazione, sia ristretto e limitativo, poiché i continui cambiamenti a livello economico e tecnologico creano la necessità di andare oltre la semplice trasmissione di conoscenze per favorire l'acquisizione di competenze e stimolare l'autostima. Il sistema educativo deve fornirsi di strumenti e metodologie adatte allo scopo, all'interno di un nuovo rapporto tra maestro e discepolo, improntato in un'ottica di mediazione e costruzione comune dei significati da attribuire alla realtà di cui fanno parte. In questo senso si parla di "co-costruzione di significati". Bruner afferma la necessità di una programmazione didattica basata sulla conoscenza delle reali attitudini e capacità iniziali dell'allievo, sulla predisposizione di un insieme di nozioni e informazioni necessarie all'apprendimento, sulla progressione dell'insegnamento in maniera consona alle attitudini dell'alunno, su un sistema di rinforzi e punizioni per incoraggiare il bambino a migliorarsi.

In particolare, la pedagogia deve indicare le idee di base per ogni singola materia e su di esse impostare la metodologia e gli obiettivi dell'insegnamento: l'analisi parte dal particolare per permettere la scoperta e l'acquisizione dei principi regolatori della cultura e del sapere. Tramite l'educazione il bambino è incoraggiato a confrontarsi, a discutere, a scoprire nuove realtà e reinterpretare continuamente quella in cui vive. Il metodo adottato da Bruner consente a ogni bambino di migliorare le proprie conoscenze e competenze, poiché potenzia la capacità di *problem solving* (soluzione dei problemi) e velocizza l'apprendimento tramite l'"insegnamento a spirale".

L'insegnante assume un ruolo centrale: per questo motivo, oltre a possedere competenze disciplinari e psicologiche, deve essere in grado di preparare e gestire, insieme agli altri colleghi, un curricolo di studi adatto alle esigenze dell'allievo. A proposito del ruolo ricoperto dall'insegnante e dall'adulto in generale, Bruner adotta la metafora dello *scaffolding*, che significa "fornire un'impalcatura". Con essa ci si riferisce alle diverse strategie messe in atto per favorire il coinvolgimento dell'alunno, ridurre le eventuali difficoltà di apprendimento, controllando le variabili che potrebbero inficiarne la riuscita. Più in generale lo *scaffolding* si riferisce all'insieme di pratiche e azioni adoperate da una persona esperta per facilitare il processo di apprendimento di un proprio simile.

36. Il candidato indichi le caratteristiche principali del *cooperative learning* soffermandosi anche sulla funzione svolta dal docente nell'ambito di tale metodologia di insegnamento

Punti chiave

- Gli aspetti costitutivi del *cooperative learning*.
- Le peculiarità della figura del docente.
- Le differenze con i metodi di apprendimento tradizionale.

Svolgimento

Il *cooperative learning* si configura come una metodologia didattica attraverso la quale gli studenti hanno la possibilità di apprendere in gruppi numericamente esigui, all'interno dei quali supportarsi e aiutarsi vicendevolmente. Tali gruppi favoriscono lo sviluppo di competenze importanti dal punto di vista sociale, capacità che rimandano a un insieme di abilità, sia personali che di gruppo. La figura del docente assume pertanto tratti peculiari e distintivi, ponendosi come supporto e guida alle attività avviate dagli studenti, creando cioè "ambienti di apprendimento" all'interno dei quali gli allievi hanno la possibilità di sperimentare e applicare le tecniche per la risoluzione dei problemi, tramite il contributo e la cooperazione di tutti.

La formazione dei gruppi (in genere costituiti da tre o quattro elementi) si configura come un momento critico per il futuro strutturarsi dell'esperienza educativa, poiché è indispensabile che essi siano caratterizzati dalla massima eterogeneità dei componenti, a differenza di quelli tradizionali il cui elemento di base è costituito da una certa omologazione. Un compito così delicato spetta in ogni caso al docente, che è chiamato a pronunciarsi in merito, basandosi sulla conoscenza della classe.

I vantaggi derivanti da tale metodo di apprendimento sono diversi, ma uno dei più importanti riguarda indubbiamente i legami d'interdipendenza, connotati positivamente, che si vengono a creare tra gli alunni e che li portano a interessarsi del rendimento raggiunto dagli altri compagni, nella consapevolezza che il risultato collettivo dipende strettamente dall'impegno profuso dal singolo, responsabile in prima persona del gruppo al pari degli altri.

Al termine del lavoro eseguito, il docente è chiamato a esprimere un giudizio di valutazione sulla qualità dell'apprendimento raggiunto e sulle modalità di funzionamento dei gruppi, permettendo così a ogni alunno di comprendere eventuali errori e modificare di conseguenza il proprio comportamento, acquisendo la consapevolezza che le competenze di carattere sociale hanno lo stesso peso e valore di quelle disciplinari. I gruppi cooperativi sono caratterizzati quindi da una *leadership* distribuita che permette a ogni componente di assumere la funzione di guida al momento opportuno, non assegnandola preventivamente a una sola persona, e da un'elevata autonomia che incentiva i vari componenti a ricercare la risoluzione a eventuali problemi, evitando il ricorso all'aiuto esterno fornito dal docente.

37. Il candidato spieghi cosa si intende nella pedagogia scolastica per "valutazione delle competenze"

Punti chiave
- Il concetto di "competenze chiave".
- La valutazione della metacognizione.
- La funzione accertativa, orientativa e certificativa della valutazione.

Svolgimento

Al termine "competenza" sono attribuiti numerosi significati, i più utilizzati si riferiscono alla capacità di eseguire un determinato compito nel modo adeguato o di rendere operative le conoscenze conquistate o di risolvere un particolare problema presentando delle soluzioni alternative. Si definiscono "competenze chiave" quelle competenze essenziali che ogni alunno dovrebbe possedere al termine di un ciclo di studi. La competenza racchiude un insieme di conoscenze, che possono essere di tipo "dichiarativo" (si riferiscono a nomi o eventi) o "procedurale" (come eseguire un determinato compito), e considera il comportamento non solo dal punto di vista cognitivo ma anche in relazione ad aspetti socio-affettivi.

In ambito scolastico la valutazione delle competenze è indicata per monitorare e verificare quali e quante competenze siano state raggiunte dagli alunni. Questo tipo d'operazione implica il dover valutare anche le conoscenze, effettuando una scelta fra i contenuti da sottoporre a verifica ed esaminando anche il modo in cui queste competenze sono state acquisite. La tecnica della memorizzazione, ad esempio, è alquanto sterile e riduttiva poiché non favorisce collegamenti fra i concetti. Per questo motivo si parla di "valutazione della mobilitazione", ovvero della capacità dell'alunno di effettuare paragoni, combinare insieme più elementi, considerare l'ambiente di riferimento e su di esso modulare le risposte. In generale ogni istituzione scolastica dovrebbe incentivare la ricerca di soluzioni alternative a quelle tradizionali per stimolare la creatività e l'iniziativa del singolo alunno oltre che il confronto critico: in questo senso si parla di valutazione della "metacognizione", riferita all'analisi delle tecniche che sottendono all'elaborazione del pensiero critico, operando per prove e verifiche. Una tecnica efficace per stimolare la creatività e l'iniziativa del singolo è il metodo *Synectics* elaborato da William Gordon, che si realizza nella presentazione di un problema e nella discussione-ricerca di possibili soluzioni operando per analogie e confronti.

Tra le funzioni svolte dalla valutazione, oltre alla tradizionale "accertativa", volta cioè ad accertare il profitto degli allievi, vi è anche quella "orientativa", ovvero la capacità di prevedere la predisposizione di un singolo alunno rispetto a una determinata materia (propedeutica ad essa è la didattica orientativa in grado di indirizzare gli studenti verso scelte libere e autonome). In aggiunta a queste, vi è la funzione "certificativa", che riguarda la certificazione delle competenze in uscita.

38. Il candidato illustri il metodo elaborato da Thomas Gordon per migliorare la relazione studente-docente

Punti chiave
- L'empatia e la congruenza.
- Il linguaggio dell'"inaccettazione".
- La "resilienza".

Svolgimento

Lo psicologo statunitense Thomas Gordon analizza e studia il rapporto docente-discente convinto che esso possa influenzare in modo significativo il rendimento scolastico. In un primo momento elabora un programma rivolto ai genitori, primi educatori dei propri figli, in cui traccia i principi necessari al corretto sviluppo della personalità, tra cui l'"empatia", intesa come la capacità di ascolto e di comprensione dei problemi altrui, e la "congruenza" di quanto effettuato con quanto affermato. In seguito si dedica alla definizione delle metodologie da adottare in classe per favorire un corretto dialogo e impostare una fruttuosa comunicazione tra l'insegnante e gli allievi.

La qualità del rapporto insegnante-alunno influisce notevolmente sulla motivazione e aumenta la soglia di attenzione. In primo luogo Gordon afferma l'importanza d'instaurare in classe un clima sereno, volto alla comprensione e all'ascolto dell'altro, così da favorire l'autonomia individuale e l'acquisizione di un grado maggiore di responsabilità. In generale l'utilizzo dei metodi tradizionali basati sul potere, sul controllo, sul rimprovero, sull'ordine e sulle punizioni provoca effetti contrari a quelli desiderati, come ribellione, senso di frustrazione, difficoltà a rispettare le regole.

Il modello proposto da Gordon prevede un docente meno inflessibile e più disposto al dialogo, in grado di cambiare i propri atteggiamenti in base alle esigenze manifestate dalla classe. Gordon parla di "linguaggio dell'inaccettazione" riferendosi a quel linguaggio che compromette ancora di più la comunicazione, rendendola a volte impossibile. In questo modo l'alunno riceve solo rimproveri o critiche invece del giusto conforto o consiglio. Il rapporto andrebbe al contrario improntato sull'"accettazione" e sull'"approvazione", promuovendo un ascolto sia attivo (porre attenzione all'interlocutore senza emettere giudizi personali) sia passivo (il silenzio), coadiuvato da messaggi d'intesa e accoglimento e da incoraggiamenti a esternare le proprie ansie e difficoltà. In questo modo è più elevata la possibilità di conseguire buoni risultati anche in presenza di difficili condizioni di partenza: questa capacità di affrontare e superare le avversità è denominata "resilienza". Il metodo proposto da Gordon si configura dunque come un processo di comprensione reciproca, che mette l'alunno in grado di capire le conseguenze e le reazioni che un suo comportamento sbagliato può provocare, tecnica di confronto che lo studioso chiama "messaggio-Io".

39. Il candidato illustri gli aspetti essenziali della "pedagogia non-direttiva" teorizzata da Carl Rogers

Punti chiave

- Il modello della "terapia centrata sul cliente".
- L'insegnante come "facilitatore".
- Accettazione, comprensione empatica, autenticità: elementi essenziali del processo comunicativo.

Svolgimento

Per comprendere l'impostazione didattico-educativa di Carl Rogers è necessario analizzare gli elementi principali per lo studio della personalità dell'individuo identificati dallo psicologo statunitense, secondo cui ogni persona possiede una capacità di autoregolazione che la porterebbe a soddisfare la necessità di realizzarsi appieno nel rapporto che intreccia con l'ambiente sociale. Quest'ultimo condizionerebbe in maniera determinante il processo di sviluppo dell'individuo fin dalla più tenera età, dal momento che ogni bambino può essere spinto ad agire secondo i propri desideri seguendo le motivazioni più profonde e, allo stesso tempo, essere costretto ad acquisire come propri i bisogni e le esigenze degli altri, che gli impedirebbero di realizzarsi completamente.

Tale visione è trasferita da Rogers anche sul terreno dell'indagine psicologica, arrivando a teorizzare il modello di una "terapia centrata sul cliente" in cui il paziente diviene parte attiva. La "terapia centrata sul cliente" viene successivamente estesa alla scuola, assumendo così i caratteri di una "pedagogia non-direttiva" incentrata sullo studente, dove per "non-direttività" non s'intende la mancanza di regole, ma piuttosto un potere autoritario che cerca di andare oltre quello tradizionale esercitato dall'insegnante, per incentivare lo sviluppo delle potenzialità inespresse degli alunni stessi. L'insegnante, al pari del terapeuta, assume le vesti di un "facilitatore", dal momento che non è più rivestito della classica autorità, né trasmette precetti e nozioni o interroga, se non dietro esplicita richiesta dei propri alunni. In questa nuova relazione è fondamentale la comunicazione che s'instaura tra allievo e maestro, utile a produrre rapporti emotivi dinamici e coinvolgenti.

Alla base di ogni processo comunicativo, infatti, Rogers individua alcuni punti fondamentali riscontrabili nell'"accettazione", nella "comprensione empatica" e nell'"autenticità": la prima fa riferimento alla capacità del docente di saper distinguere e accettare atteggiamenti peculiari dell'alunno, anche qualora dovessero risultare d'intralcio alla relazione; la seconda si riferisce al rapporto empatico che si deve stabilire tra allievo e docente, il quale deve essere in grado di comprendere le reali difficoltà del proprio alunno; l'ultima implica che l'insegnante deve essere a propria volta autentico, senza nascondersi o cercare di presentarsi in modo differente da quello che realmente è, manifestando coerenza e congruenza delle proprie azioni e del proprio operato.

40 Il candidato spieghi cosa si intende in ambito educativo con il termine "motivazione"

Punti chiave

- La differenza tra motivazione estrinseca e intrinseca.
- I vantaggi della motivazione intrinseca.
- Le strategie per favorirne lo sviluppo.

Svolgimento

In ambito scolastico generalmente si distingue tra motivazione "estrinseca" e motivazione "intrinseca". La motivazione estrinseca spinge lo studente a portare a termine il proprio lavoro unicamente per ottenere riconoscimenti esterni come voti o ricompense, implica un impegno svolto solo nel caso di una verifica o interrogazione, determinando l'acquisizione di poche e lacunose conoscenze, spesso dimenticate dopo un breve periodo. La motivazione intrinseca comporta invece la fervida partecipazione all'intero processo di apprendimento e l'acquisizione di conoscenze stabili e durature nel tempo, favorendo un "apprendimento autoregolato" in cui l'alunno da solo è in grado di scegliere gli obiettivi e monitorarne il conseguimento.

Il modello utilizzato nelle scuole italiane favorisce soprattutto la motivazione estrinseca, concentrando l'interesse e l'attenzione sui voti: lo stesso atto valutativo negativo ripetuto più volte può incidere in maniera determinante sull'autostima e sulla sfera percettiva dell'allievo. Questo capita anche nei casi in cui non siano chiari i criteri adottati per la valutazione o nell'esternazione di giudizi umilianti e mortificanti che investano l'intera personalità dell'alunno. Un altro elemento che può alterare la valutazione è costituito dal cosiddetto "effetto Pigmalione" in virtù del quale il docente, sulla scorta di un approssimativo giudizio iniziale, si lascia condizionare da esso nel processo di valutazione dell'alunno, che si convincerà della fondatezza e della validità di quel giudizio.

Per favorire lo sviluppo della motivazione intrinseca si possono adottare varie strategie, volte a suscitare la curiosità degli studenti nei confronti di situazioni ed elementi nuovi o inaspettati.

È fondamentale inoltre tener conto dei vari aspetti della personalità, sviluppando un intervento educativo che contempli l'alunno nella sua interezza e non solo negli aspetti cognitivi: dal punto di vista teorico quest'impostazione trova fondamento all'interno della prospettiva della "psicologia umanistica", nata intorno alla metà del 1900, che propone una rivalutazione dell'individuo partendo dalla sua dimensione soggettiva e interiore. L'apprendimento e l'impegno scolastico sarebbero alla base, secondo quanto stabilito dalla teoria dell'"intelligenza incrementale", di un processo di miglioramento e accrescimento continuo dell'intelligenza dell'alunno, in grado di raggiungere un elevato livello di padronanza nella risoluzione di problemi e nell'applicazione di pratiche e tecniche.

Appendice
Tracce assegnate in precedenti concorsi a cattedra

Classe di concorso A-18 Filosofia e Scienze umane (ex 36/A Filosofia, psicologia e scienze dell'educazione)

Filosofia e Scienze dell'Educazione

Concorso ordinario 1982

1) Valutazione critico-storica del pensiero di Kirkegaard.
2) Empirismo classico e neoempirismo contemporaneo. Illustri il candidato i punti di diversificazione e di affinamento del secondo rispetto al primo.
3) Il candidato esponga le linee critiche essenziali di una, o di alcune, delle principali teorie dell'apprendimento affermatesi nella ricerca psico-pedagogica contemporanea.

Concorso riservato 1983 (art. 35)

Il candidato, sotto forma di lezione e privilegiandone l'aspetto metodologico-didattico con riguardo agli alunni cui la lezione stessa sarebbe destinata, tratti di uno dei seguenti argomenti:
1) Il pensiero di Hobbes dai presupposti antropologici alla costruzione del "Leviatano".
2) Motivi essenziali della svolta positivistica attraverso il pensiero di Augusto Comte.
3) Sviluppi del pragmatismo americano nel pensiero pedagogico di John Dewey.
4) L'impiego dei materiali di manipolazione, di sussidi visivi e sonori, e di altri materiali didattici nella pratica educativa. Tipologie e differenze di funzioni pedagogico-didattiche.
5) L'influenza dell'ambiente familiare nello sviluppo del bambino nei primi tre anni di vita: tecniche di esplorazione e di intervento educativo.

Durata della prova: 8 ore.
È consentito l'uso del vocabolario.
Il candidato, nell'elaborato, indichi a quale tipo di scuola appartengono gli alunni cui rivolge la propria lezione.

Concorso riservato 1983 (art. 76)

Il candidato, sotto forma di lezione e privilegiandone l'aspetto metodologico-didattico con riguardo agli alunni cui la lezione stessa sarebbe destinata, tratti di uno dei seguenti argomenti: 1) Il pensiero filosofico di Platone dalla definizione del concetto di giustizia alla proposta dello stato ideale nella "Repubblica".
2) Il problema morale in Kant: il formalismo dell'imperativo categorico e l'accesso al mondo sovrasensibile.
3) La reazione del neohegelismo italiano al pensiero positivistico.
4) L'educazione nell'età umanistico-rinascimentale.
5) Sviluppo intellettuale, affettivo e sociale. Rilevanza pedagogica dei diversi fattori e ricerca del loro equilibrio nella pratica educativa. Considerazioni critiche e possibili modelli didattici.
6) Criteri di analisi e tipologia di intervento nell'ambiente familiare del bambino per favorirne un armonico sviluppo psico-fisico.

Durata della prova: 8 ore.
È consentito l'uso del vocabolario.

Concorso ordinario 1984

1) Si analizzi criticamente il pensiero filosofico di Nietzsche, con particolare riferimento ai concetti di "eterno ritorno" e "morte di Dio", di "superuomo" e "volontà di potenza".
2) Lo sviluppo dei pensiero di Rousseau dai due noti Discorsi al Contratto sociale.
3) Il contributo offerto alle scienze dell'educazione dalla psicologia genetica del Piaget.

Concorso riservato 1988

Il candidato tratti, sotto forma di lezione, uno dei seguenti argomenti, privilegiandone l'aspetto metodologico-didattico con riguardo agli alunni cui la lezione stessa sarebbe destinata:

1) Attualità dei Sofisti, maestri di "arte politica" e di retorica.
2) Il problema dell'infinito nella filosofia di Giordano Bruno e la rivoluzione copernicana.
3) Pedagogia e didattica nel pensiero di Giovanni Gentile.
4) Il metodo Montessori ed il rinnovamento dei sistemi di educazione infantile.
5) Sviluppo cognitivo e apprendimento.
Il candidato, nell'elaborato, indichi a quale tipo di scuola appartengono gli alunni cui rivolge la propria lezione.

Concorso ordinario 1990

Il Candidato svolga, a scelta, uno dei seguenti temi:
1) La scoperta del pensiero di Platone, riproposto attraverso lo sviluppo originale di modelli neoplatonici e la ripresa in una prospettiva nuova dei temi dell'aristotelismo segnano profondamente il dibattito filosofico tra Quattro e Cinquecento.
Se ne illustrino gli aspetti e le posizioni di maggior rilievo.
2) L'originalità del concetto di "essere" dà luogo in Heidegger ad una profonda modifica della ontologia tradizionale, che implica, a sua volta, una prospettiva radicalmente rinnovata dell'uomo e del mondo.
Si affronti criticamente la questione proposta, con riferimento alla genesi e allo sviluppo del pensiero heideggeriano.
3) Si sviluppi in una sintesi critica il pensiero pedagogico del Pestalozzi, con opportuni riferimenti alle esperienze più significative attraverso cui esso andò maturando.

Psicologia sociale e pubbliche relazioni

Concorso ordinario 1982

1) Il candidato descriva ed analizzi criticamente una delle principali tecniche di studio della struttura di gruppo.
2) Le pubbliche relazioni nelle società di massa: aspetti teorici e metodologici.
3) Il candidato esponga criticamente la problematica dell'informazione, le teorie ad essa inerenti e le metodologie più accreditate.

Concorso ordinario 1984

1) Il problema del tempo libero nella società contemporanea: si consideri la questione con particolare riferimento alle attività sociali e al turismo.
2) Analizzi il candidato il problema della persuadibilità di gruppi più o meno estesi di individui in relazione alle varie forme di propaganda e di pubblicità.
3) Analizzi il candidato nei suoi molteplici aspetti il fenomeno della frustrazione, con particolare riferimento all'esperienza scolastica.

Concorso ordinario 1990

Il candidato svolga, a scelta, uno dei seguenti temi:
1) La "valutazione" e la "selezione" sono dei mezzi per fare previsioni sulle persone.
Il candidato, nell'indicare gli strumenti o i metodi adottati in una organizzazione industriale, amministrativa o scolastica, analizzi quelli che, a suo parere, ritiene più coerenti.
2) Analizzi il candidato le esperienze che chiariscono l'influenza del linguaggio sul comportamento umano e quelle per controllare le capacità del pensiero indipendentemente dal linguaggio.
3) L'importanza della psicologia sociale nella formazione dell'esperto delle relazioni pubbliche.

Durata massima della prova: ore otto.
È consentito soltanto l'uso del vocabolario italiano.
È fatto divieto di svolgere più di un solo tema, pena l'annullamento della prova.

Concorso riservato 1983 (art. 35)

Il candidato, sotto forma di lezione e privilegiandone l'aspetto metodologico-didattico con riguardo agli alunni cui la lezione stessa sarebbe destinata, tratti di uno dei seguenti argomenti:
1) Le comunicazioni di massa negli orientamenti della ricerca psico-sociale contemporanea.
2) Evoluzione storica del fenomeno turismo. Il candidato si soffermi sui caratteri e gli aspetti psicosociali del turismo di massa.

3) L'atteggiamento estroverso, l'atteggiamento introverso e l'accoglienza del cliente. Il candidato analizzi i due atteggiamenti con riguardo ai modi più corretti di esercizio della professione e ai rapporti col pubblico.

Durata della prova: 8 ore.
È consentito l'uso del vocabolario.
Il candidato, nell'elaborato, indichi a quale tipo di scuola appartengono gli alunni cui rivolge la propria lezione.

Concorso riservato 1983 (art. 76)

Il candidato, sotto forma di lezione e privilegiandone l'aspetto metodologico-didattico con riguardo agli alunni cui la lezione stessa sarebbe destinata, tratti di uno dei seguenti argomenti:
1) Lo studio dei processi di socializzazione in uno o più indirizzi della ricerca socio-psicologica contemporanea.
2) Comunicazione e persuasione nella pubblicità turistica.
3) Il candidato tracci due o più profili psico-sociali di possibili clienti e individui i modi opportuni per orientare gli stessi clienti a una scelta di carattere estetico o turistico.

Concorso ordinario 1999

■ **Prova scritta di PSICOLOGIA E SCIENZE DELL'EDUCAZIONE**
Il candidato svolga, a scelta, uno dei seguenti temi:
1. Il problema della motivazione, alla luce delle più diffuse teorie psicologiche. Ne discuta il candidato, illustrandone adeguatamente il ruolo e la funzione nei processi di apprendimento e le modalità di stimolazione in contesti scolarizzati, in vista del successo formativo.
2. La dicotomia fra individuo e società ha impegnato il dibattito fra behavioristi e cognitivisti.
Il candidato illustri le molteplici e sostanziali differenze fra le due correnti. Indichi, inoltre, i nuovi scenari e gli orientamenti di pensiero che, dagli anni cinquanta, hanno sottolineato, al contrario, la interdipendenza dinamica fra uomo, ambiente e agire in esso.
3. Mass media: fattori di socializzazione o corresponsabili di isolamento e sradicamento?

Il candidato discuta sul controverso concetto di "massa" e riferisca sulle discordanti interpretazioni date dai sociologi alla funzione dei mass media, avendo presenti i teorici più significativi della psicologia delle comunicazioni di massa.

Durata massima della prova: ore otto.
È consentito soltanto l'uso del dizionario della lingua italiana.
È fatto divieto di svolgere più di un solo tema, pena l'annullamento della prova.

Concorso a cattedra 2012

- **Prova scritta Scienze Umane (A036): Piaget, multiculturalità, rilevazioni campionarie, studio del territorio**

Le tracce proposte
1) Commento ad una citazione di Piaget " le conoscenze non partono in effetti né dal soggetto (conoscenza somatica o introspettiva) né dall'oggetto (poiché la percezione stessa comporta una parte considerevole di organizzazione), ma dalle interazioni tra soggetto ed oggetto e da interazioni inizialmente provocate tanto dalle attività spontanee dell'organismo quanto dagli stimoli esterni. A partire da queste interazioni primitive in cui i fattori interni ed esterni collaborano in modo indissolubile (e soggettivamente confusi) le conoscenze si orientano in due direzioni complementari poggiandosi contemporaneamente, sulle azioni e sugli schemi di azione al di fuori dei quali non hanno alcuna presa né sul reale né sulla analisi interiore".
2. La multiculturalità nella scuola e nei processi educativi: problemi, prospettive e sfide.
3. Il candidato esponga e spieghi le principali proprietà delle rilevazioni campionarie ed alcune modalità di estrazione di un campione da un universo.
4. "I confini persistono nonostante il flusso di persone che li attraversa". Si rifletta come questa famosa affermazione di Barth ha modificato profondamente lo studio antropologico del territorio percepito come matrice locale della identità.

Classe di concorso A-19 Filosofia e Storia (ex 37/A Filosofia e storia)

Concorso ordinario 1982

1) Si delinei un quadro storico-critico del pensiero di Giambattista Vico, con particolare riferimento allo sviluppo della polemica anticartesiana e della nascita della "scienza nuova".

2) Secondo Croce è facile dimostrare che "anche quella che si chiama la scienza naturale, col suo completamento e strumento che è la matematica, si fonda sui bisogni pratici del vivere, ed è indirizzata a soddisfarli" (B. Croce, La storia come pensiero e come azione).
Si discuta questo assunto crociano, implicante il declassamento conoscitivo delle scienze naturali, alla luce delle attuali teorie sul concetto della storia e sulla struttura delle scienze della natura.

3) La formazione del docente è una delle questioni più ampiamente trattate nell'odierno dibattito pedagogico. Se ne illustrino gli aspetti più salienti, quali emergono dall'esigenza di una professionalità illuminata da un'adeguata conoscenza della problematica pedagogica e saldamente ancorata alla padronanza delle metodologie puntualmente connesse ai singoli ambiti disciplinari.

4) Albori del capitalismo, tensioni socio-politiche e conflitti religiosi nell'Inghilterra del Seicento.

5) Ideali di unità nazionale, sviluppo economico e potenziamento burocratico-militare quali strumenti essenziali del programma di Bismarck.

6) La prima guerra mondiale fu il segno di una crisi profonda e insieme l'inizio di rivolgimenti radicali nel campo politico-sociale e culturale.

Concorso riservato 1983 (art. 35)

Il candidato, sotto forma di lezione e privilegiandone l'aspetto metodologico-didattico con riguardo agli alunni cui la lezione stessa sarebbe destinata, tratti di uno dei seguenti argomenti:
1) Il pensiero di Hobbes dai presupposti antropologici alla costruzione del "Leviatano".
2) Motivi essenziali della svolta positivistica attraverso il pensiero di Augusto Comte.
3) Sviluppi del pragmatismo americano nel pensiero pedagogico di John Dewey.
4) L'impiego dei materiali di manipolazione, di sussidi visivi e sonori e di altri materiali didattici nella pratica educativa. Tipologie e differenze di funzioni pedagogico-didattiche.
5) L'influenza dell'ambiente familiare nello sviluppo del bambino nei primi tre anni di vita: tecniche di esplorazione e di intervento educativo.
6) Genesi storica e caratteri economici, politici e sociali dell'impero di Carlo Magno.
7) Luigi XIV e il rinnovamento economico, politico e culturale della Francia del "gran secolo".
8) La politica di equilibrio del Metternich e i suoi effetti in Europa nel quarantennio posteriore al Congresso di Vienna.

Durata della prova: 8 ore.
È consentito l'uso del vocabolario
Il candidato, nell'elaborato, indichi a quale tipo di scuola appartengono gli alunni cui rivolge la propria lezione.

Concorso riservato 1983 (art. 76)

Il candidato, sotto forma di lezione e privilegiandone l'aspetto metodologico-didattico con riguardo agli alunni cui la lezione stessa sarebbe destinata, tratti di uno dei seguenti argomenti:
1) Il pensiero filosofico di Platone dalla definizione del concetto di giustizia alla proposta dello Stato ideale nella "Repubblica".
2) Il problema morale in Kant: il formalismo dell'imperativo categorico e l'accesso al mondo sovrasensibile.

3) La reazione del neohegelismo italiano al pensiero positivistico.
4) L'educazione nell'età umanistico-rinascimentale.
5) Sviluppo intellettuale, affettivo e sociale. Rilevanza pedagogica dei diversi fattori e ricerca del loro equilibrio nella pratica educativa. Considerazioni critiche e possibili modelli didattici.
6) Criteri di analisi e tipologia di intervento nell'ambiente familiare del bambino per favorirne un armonico sviluppo psico-fisico.
7) Processi di trasformazione del Comune in Signoria nell'Italia del sec. XIV.
8) La nascita degli Stati Uniti d'America.
9) Cavour e il decennio di preparazione all'unità d'Italia.

Durata della prova: 8 ore.
È consentito l'uso del vocabolario.
Il candidato, nell'elaborato, indichi a quale tipo di scuola appartengono gli alunni cui rivolge la propria lezione.

Concorso ordinario 1984

1) Si illustri, attraverso una rapida sintesi critica, il pensiero di E. Husserl, con particolare riferimento alle teorie esposte nella Crisi delle scienze europee.
2) Gli apporti della filosofia di Giordano Bruno alle origini del pensiero moderno.
3) Esaltazione dei valori umani e ottimismo pedagogico nell'ideale pansofico del Comenio.
4) Presupposti culturali e ragioni politiche del dispotismo illuminato attraverso le sue più cospicue manifestazioni nell'Europa del Settecento.
5) La "Destra storica" di fronte ai gravi problemi politici, economici e sociali del Regno unitario.
6) La civiltà dei Comuni e la sua incidenza nella storia culturale, sociale e politica dell'Italia.

Concorso riservato 1988

Il candidato tratti, sotto forma di lezione, uno dei seguenti argomenti, privilegiandone l'aspetto metodologico-didattico con riguardo agli alunni cui la lezione stessa sarebbe destinata:

1) Attualità dei Sofisti, maestri di "arte politica" e di retorica.
2) Il problema dell'infinito nella Filosofia di Giordano Bruno e la rivoluzione copernicana.
3) Pedagogia e didattica nel pensiero di Giovanni Gentile.
4) Il metodo Montessori ed il rinnovamento dei sistemi di educazione infantile.
5) Sviluppo cognitivo e apprendimento.
6) La politica economica e finanziaria dei governi italiani dalla proclamazione dell'Unità, alla caduta della Destra.
7) La Società delle Nazioni (1919) e l'Organizzazione delle Nazioni Unite (1945): origini, analogie e differenze.
8) La rivoluzione americana e la rivoluzione francese: le dichiarazioni dei diritti.
Il candidato, nell'elaborato, indichi a quale tipo di scuola appartengono gli alunni cui rivolge la propria lezione.

Concorso ordinario 1990

Il candidato svolga, a scelta, uno dei seguenti temi:
1) Il dibattito filosofico dell'età ellenistica, caratterizzato dall'abbandono dei grandi temi speculativi, si concentra essenzialmente sul problema morale.
Se ne analizzino le ragioni storico-filosofiche, illustrando criticamente le soluzioni proposte dalle diverse scuole.
2) Dal "Tractatus" alle "Ricerche" il pensiero di Wittgenstein si sviluppa attraverso un processo evolutivo che, muovendo dal concetto di esaustività descrittiva del linguaggio logico, sbocca nella valorizzazione del linguaggio comune e nella legittimazione del "gioco linguistico".
Se ne tratteggi una sintesi critica, ponendo anche in luce gli elementi di continuità individuabili tra i due momenti.
3) Si illustri il pensiero pedagogico di Herbart, sviluppandone le implicazioni didatticometodologiche.
4) Si illustrino fattori ideologici e conseguenze storico-politiche dell'espansionismo islamico nei secoli VII e VIII, avendo presenti le più significative interpretazioni della critica storica.
5) Luci ed ombre nella politica interna ed estera di Luigi XIV.
Si affronti la questione con riferimenti agli esiti più significativi della critica storica.

6) La egemonia giolittiana nel primo quindicennio del secolo. Se ne elabori una sintesi critica, soffermandosi sui metodi e gli eventi di maggior rilievo che segnarono la politica estera ed interna dello statista piemontese.

Durata massima della prova: ore otto.
È consentito soltanto l'uso del dizionario della lingua italiana.
È fatto divieto di svolgere più di un solo tema, pena l'annullamento della prova.

Concorso ordinario 1999

■ **Prova scritta di STORIA**
Il candidato svolga, a scelta, uno dei seguenti temi:
1. Il Medioevo barbarico: dalla formazione dei regni romano-barbarici alle vicende storiche che avviarono il processo dell'unità politica e religiosa dell'Europa.
Ne discuta il candidato con espliciti riferimenti alle più significative questioni critiche che caratterizzano il dibattito storiografico sull'argomento.
2. Il 24 ottobre 1929 viene ancor oggi ricordato come "il giorno nero" della Borsa di Wall Street, che fu funestata dal crollo disastroso e irreversibile del mercato azionario.
Illustri il candidato la nota vicenda, con particolare riferimento alle origini e alle fasi successive della lunga crisi economica, propagatasi con gravi conseguenze anche in Europa. Si soffermi altresì sui tempi e sulla natura dei provvedimenti adottati per ristabilire la normalità finanziaria ed economica negli Stati Uniti e in Europa.
3. La costruzione del sapere storico nella scuola secondaria superiore. Ne illustri il candidato finalità, metodi e strumenti, indicando i principali tipi di fonti cui attingere e i vari modelli storiografici in relazione alle peculiarità formative dei diversi indirizzi di studio.

Durata massima della prova: ore otto.
È consentito soltanto l'uso del dizionario della lingua italiana.
È fatto divieto di svolgere più di un solo tema, pena l'annullamento della prova.

Concorso ordinario 2012

1) La candidata/il candidato indichi le principali questioni, storiche e storiografiche, che affronterebbe in un ipotetico ciclo didattico volto all'illustrazione della storia della Civiltà greca in età classica (V-IV sec. a. C)
2) L'espansione islamica e l'organizzazione della conquista tra VII e VIII secolo
3) Partendo dal caso inglese, la candidata/il candidato si soffermi - a sua scelta - sugli aspetti produttivi e tecnologici oppure sulle trasformazioni sociali che caratterizzano la "prima rivoluzione industriale"
4) Alle origini dell'Unione Europea: si indichino le tappe principali del processo di integrazione economica e politica del nostro continente

Concorso ordinario 2016

■ **Prova di Storia per ambito disciplinare 6 - A19 Filosofia e Storia**

Domande a risposta aperta
Quesito 1 - L'evoluzione del warfare nel lungo periodo compreso fra Medioevo e prima età moderna è stato un fenomeno di grande rilevanza e dalle notevole conseguenze sia sul piano politico-militare sia sul piano socio-economico.
Il candidato ricostruisca dunque tale evoluzione in una serie di lezioni dall'approccio interdisciplinare, descrivendo i sussidi audiovisivi/digitali che utilizzerebbe e indicando – motivandolo - un riferimento bibliografico da suggerire agli alunni eventualmente interessati ad approfondire la questione.
Quesito 2 - Alla luce del recente superamento del "paradigma della sedentarietà" che ha per lungo tempo condizionato la storiografia sulle migrazioni, il candidato ricostruisca in una serie di lezioni dall'approccio interdisciplinare l'evoluzione dei fenomeni migratori dal XII all'inizio del XXI secolo, evidenziandone continuità/discontinuità nel lungo periodo e individuando argomenti

e materiali utili a organizzare una lezione di Cittadinanza e Costituzione con un approccio laboratoriale sulle migrazioni oggi.

Quesito 3 - Negli ultimi vent'anni lo studio dei meccanismi di nation building ha profondamente modificato la comprensione dei processi che hanno condotto alla nascita degli stati-nazione fra Otto e Novecento, tanto in Europa quanto in ambiti extraeuropei. Applicando il concetto di nation building ad un caso di studio a sua scelta, il candidato ricostruisca tale processo ed il connesso dibattito storiografico sulla natura artificiale delle nazioni in una serie di lezioni dall'approccio interdisciplinare, proponendo infine viaggi d'istruzione e/o uscite sul territorio utili a mostrare agli alunni strumenti ed effetti del nation building nel contesto scelto.

Quesito 4 - In una scuola programmaticamente votata all'inclusione e alla formazione della cittadinanza attiva, appare sempre più ineludibile un'adeguata conoscenza delle culture e della storia delle civiltà extraeuropee, ed in particolare di quella islamica. Pertanto, il candidato ricostruisca e periodizzi in una serie di lezioni dall'approccio interdisciplinare le ragioni, l'andamento ed i principali lasciti della diffusione globale dell'Islam fra VII e XX secolo, indicando almeno una fonte ed un riferimento bibliografico da suggerire agli alunni eventualmente interessati ad approfondire la questione.

Quesito 5 - L'elezione nel 2009 di Barack Obama a presidente degli Stati Uniti d'America ha segnato un momento simbolicamente importante nel lungo processo di emancipazione degli afroamericani. Il candidato ricostruisca tale processo nel periodo compreso fra XVIII e XX secolo in una serie di lezioni improntate ad un approccio interdisciplinare e di tipo culturalista, descrivendo i sussidi audio-visivi/digitali che utilizzerebbe e individuando all'interno della vigente Costituzione italiana i passi utili a proporre una lezione di Cittadinanza e Costituzione sul tema del razzismo.

Quesito 6 - Il moltiplicarsi dei corsi di laurea e della loro tipologia, e il continuo evolversi delle competenze richieste per l'accesso nel mondo del lavoro rendono sempre più complessa l'attività di orientamento demandata ai docenti delle scuole secondarie di secondo grado. Immaginando di dover predisporre tale attività per una classe del monoennio finale, il candidato indichi i criteri e gli strumenti che utilizzerebbe per individuare il tipo di studi verosimilmente più adatto ad ogni alunno.

Ambito disciplinare - classi di concorso A18 Filosofia e Scienze umane - A19 Filosofia e Storia (ex 36/A - 37/A)

Concorso ordinario 1999

■ **Prova scritta di FILOSOFIA**

Il candidato svolga, a scelta, uno dei seguenti temi:

1. Il modello socratico di comunicazione filosofica, così come ci è trasmesso da Platone, rappresenta un ineludibile punto di riferimento, anche didattico.
Il candidato, avendo presente la più recente letteratura critica, tracci un percorso interpretativo del pensiero socratico, con espliciti riferimenti ai dialoghi platonici.

2. Analizzi il candidato il problema del rapporto tra scienza e tecnica nel XVII secolo con particolare riguardo al rovesciamento del concetto di scienza che aveva governato il sapere nei secoli precedenti.
Dica altresì per quali ragioni il nuovo modello di scienza costituisce il presupposto della odierna "modernità" fatta di autonomia della scienza e del sapere, di sperimentalismo e fiducia nella scienza come fondamento della tecnica.

3. Il concetto di libertà è passato attraverso diverse e successive interpretazioni: scelta assoluta, autodeterminazione, necessità di ordine morale, fisico-naturale, giuridico.
Ne discuta il candidato, verificando le suindicate interpretazioni nell'opera di alcuni dei pensatori più rappresentativi dall'antichità ad oggi.

Durata massima della prova: ore otto.
È consentito soltanto l'uso del dizionario della lingua italiana.

È fatto divieto di svolgere più di un solo tema, pena l'annullamento della prova.

Concorso ordinario 2012

1) In che modo è organizzata la Repubblica platonica? Qual è in particolare il ruolo attribuito in essa alla filosofia e ai filosofi?
2) Il candidato commenti questa citazione di Kant "Io ho posto particolarmente nella materia religiosa il punto culminante dell'illuminismo, che rappresenta l'uscita degli uomini dallo stato di minorità che è a loro imputabile, poiché in fatto di arti e scienze i nostri reggitori non hanno alcun interesse a esercitare la tutela sopra i loro sudditi. Oltre a ciò la minorità in materia religiosa è fra tutte le forme di minorità la più dannosa ed anche la più umiliante"
3) Che cosa si intende con l'espressione con linguistic turn? Il candidato proponga e illustri due esempi delle conseguenze di questa "svolta" nella filosofia del Novecento
4) Il candidato riassuma i punti fondamentali intorno ai quali organizzerebbe una lezione su uno dei seguenti autori: Tommaso D'Aquino, Cartesio, Wittgenstein. Il candidato indichi anche la bibliografia alla quale fare riferimento.

Concorso ordinario 2016

- **Prova comune di Filosofia per ambito disciplinare - A18 Filosofia e Scienze umane - A19 Filosofia e Storia**

Domande a risposta aperta
Quesito 1 - A partire dagli anni '80 del secolo scorso Pierre Hadot ha reso celebre un'interpretazione della filosofia antica secondo cui essa è costituita essenzialmente da una maniera di vita e solo in forma secondaria dalla giustificazione teorica di essa. Il candidato presenti brevemente i testi filosofici antichi che userebbe per illustrare questa prospettiva in un itinerario didattico organico.
Quesito 2 - Theodor W. Adorno affermò nel 1962 che il problema sollevato dalla cosiddetta «prova ontologica» di Anselmo d'Aosta gli appariva sempre più «come il centro della riflessione filosofica». Il candidato mostri come presenterebbe questo problema e la sua rilevanza teorica durante una o più lezioni.

Quesito 3 - Il candidato delinei brevemente un'unità di apprendimento dedicata al Cogito cartesiano alla luce delle interpretazioni della filosofia contemporanea.

Quesito 4 - L'opera di Søren Kierkegaard presenta numerose componenti che possono dar vita ad itinerari didattici differenziati. Il candidato ne ipotizzi uno in cui siano particolarmente sottolineati i legami interdisciplinari, anche facendo uso di materiali multimediali.

Quesito 5 - «Noi sentiamo che, anche una volta che tutte le possibili domande scientifiche hanno avuto una risposta, i nostri problemi vitali non sono ancora neppur toccati». Questa affermazione del Tractatus di Wittgenstein si pone nel preciso contesto del dibattito filosofico degli inizi del Novecento ma è in grado di avviare una riflessione sul ruolo della scienza in generale. Il candidato illustri come imposterebbe un itinerario didattico tematico, dando spazio ad alcune importanti prese di posizione in merito a partire dal XX secolo.

Quesito 6 - La Costituzione italiana si occupa dell'istruzione e dell'insegnamento nel Titolo dedicato ai «rapporti etico-sociali», che utilizza fin dal proprio nome una categoria tipica della riflessione filosofica. Il candidato indichi le linee fondamentali di un'unità didattica che prendendo spunto dal testo della Costituzione approfondisca la funzione umana e civile dell'istruzione.